中华文明的印迹

国家出版基金项目
NATIONAL PUBLICATION FOUNDATION

古代坛庙

礼法与道德的圣殿

GUDAI TANMIAO
LIFA YU DAODE DE SHENGDIAN

龙霄飞　刘曙光／著

辽宁师范大学出版社
·大连·

图书在版编目 (CIP) 数据

古代坛庙：礼法与道德的圣殿 / 龙霄飞，刘曙光著
. -- 大连：辽宁师范大学出版社，2021.12（2023.1 重印）
（中华文明的印迹）
ISBN 978-7-5652-3173-5

Ⅰ. ①古… Ⅱ. ①龙… ②刘… Ⅲ. ①祭祀 - 古建筑 - 介绍 - 中国②祠堂 - 古建筑 - 介绍 - 中国 Ⅳ. ① K928.75

中国版本图书馆 CIP 数据核字 (2020) 第 008443 号

中华文明的印迹

古代坛庙
礼法与道德的圣殿

出 版 人：王　星
策划编辑：王　星　邓丽萍
责任编辑：王　星　李潇潇
责任校对：韩福娜
装帧设计：李小曼
出 版 者：辽宁师范大学出版社
地　　址：大连市黄河路 850 号
网　　址：http://www.lnnup.net
http://www.press.lnnu.edu.cn
邮　　编：116029
营销电话：（0411）82159912　82159913
印 刷 者：大连金华光彩色印刷有限公司
发 行 者：辽宁师范大学出版社
幅面尺寸：170mm × 230mm
印　　张：21
字　　数：350 千字
出版时间：2021 年 12 月第 1 版
印刷时间：2023 年 1 月第 2 次印刷
书　　号：ISBN 978-7-5652-3173-5
定　　价：115.00 元

总序

“中华文明的印迹”丛书，集当代中国文博考古、历史文化领域专家学者的力量，从学术文化视角，依据档案文献，对中国文物古迹进行深入的学术解读与研究，是一部既有较强的学术性又适合大众读者的丛书。

中国是悠久的文明古国，有大量的古迹遗存，这些不可移动的文物就是凝固的历史，是中华文明历史传承的表征，是印证历史、传承文明的载体。数千年来历史的积累和叠加形成的古迹遗存，是中华文明传承不断的历史见证。其保护传承的艰难，甚至战火的摧残，都没有改变和动摇其根基。今天，保护和研究这些老祖宗留下的古迹遗存，是我们的一种神圣职责，辽宁师范大学出版社敏锐地选择这一课题具有独到的眼光。

古迹遗存是文化遗产，是文明实体的标志。中华古迹遗存遍布于960万平方公里的辽阔土地之上。展示中华文明，宣传中华文明，需要各领域的专家学者通力合作，田野考古、踏查闾里、寻访遗存，需要做大量的组织工作和细致的踏查寻访，同时还要查阅大量的档案文献，包括官书方志、笔记丛书、手稿日记等，要完成这样繁杂而艰苦的工作，没有坚守中华文明的信念是很困难的。为此，我们感谢出版社和各路专家的积极策划与辛勤付出。

本套丛书作者的研究方法是独到的，即将古迹遗存与档案文献相结合、相比较，探索文物遗存背后的历史真相。许多古迹遗存由于各种原因，历经磨难甚至战争的摧残，都或损或残。今天对文物的研究和书写就是一种修复和保护，也是对中华文明的传承和发扬，以此给中华民族的子孙后代留下传承中华文明的依据。

因此，我以为“中华文明的印迹”

系列丛书具有继承中华文明、观照当代文明、发扬文明传统的意义。

近年来，有些国家标榜其文明优越，贬低其他国家民族文化。“文明冲突论”再次甚嚣尘上，他们害怕失去“自我优越”，进而歪曲历史，贬损其他国家民族的文明。文明是文化的内核和内在价值，文化是文明的外在表现。中国有五千多年的文明历史，是世界上唯一的文明血脉与历史传统未曾中断的大国。人类文明包括物质文明、精神文明与制度文明，文明囊括了人类历史活动的所有建设性成果。“中华文明的印迹”中涉及的古迹遗存有都城、坛庙、建筑、陵墓、桥梁、名塔、长城、瓷窑、名城、古镇，其文化内涵既包含物质文明，也包含精神文明，又包含制度文明。同时，中华文明又有其特殊性和独特价值。当今时代是一个多维度、全媒体时代，外来文化和本土文化的冲突与碰撞愈演愈烈，中华传统文明受到一定的冲击。因此，树立坚定的文化自信、坚守中华文明、宣传中华优秀传统文化，亦成为当务之急，“中华文明的印迹”系列丛书正是应运而生的产物。

著名的老一辈文物研究保护专家罗哲文先生曾经提出“文物古迹的保护，是一种上对祖先、下对子孙后代的千秋大业。因为文物是具有历史、科学、艺术价值的物质遗存，不仅传给我们这一代，还要传给子孙后代，它又是不能再生产的，一旦遭到破坏就不可再得。因此，我们每一个人都负有保护文物的义务和责任”。中华民族的悠久历史和灿烂的文化印迹，就是这些古迹遗存。它们从古到今一直展示在世人面前，代代呵护，代代传承。因为各种原因，尽管古都名城曾遭破坏，殿阁楼亭曾经斑驳，桥塔寺庙曾经残破，遗址陵墓曾经荒芜，但中华儿女追念先祖、传承国脉的初心一直未变。经过一代代人的不断修缮和保护，古迹遗存的历史得以延续。“中华文明的印迹”系列丛书的出版必将大力促进中华大地上几千年来保存下来的古迹遗存得到更有效的保护和传承。

“中华文明的印迹”系列丛书即将付梓，感念先祖，寄望后代，赘言为序。

朱诚如

于北京故宫城隍庙

2021 年 9 月 16 日

目录

序言

第一章　天地尊神的礼拜台——祭坛

第二章 祖宗的享堂——宗庙与家庙

第三章 儒教的圣地——孔庙

第四章　上古圣德贤王的奠堂——中华人文初祖庙

第五章　全民的教馆——忠臣祠庙（上）

文丞相祠

第七章　社会良心的纪念馆——文人祠庙

后　记

中华文明的印迹

序 言

一 崇拜与祭祀

本书所要介绍的祭坛和祠庙，就其类别而言，都属于古代祭祀建筑。所以，我们的话题自然要从祭祀谈起。

所谓祭祀，通常是指人们在某个特定的场所，借助某些特定的物品和形式向某个或某些特定对象表达情感和愿望的行为。这种行为无疑具有宗教性，但更具有政治性和文化意味。一般说来，这种行为的最早发生，可以追溯到史前时期人类的自然崇拜和祖先崇拜。

由于受到社会生活内容简单和思维能力低下等诸多因素的制约，处在旧石器时代中晚期（距今十多万年至距今一万年）的史前人类，既不能正确地认识和理解自身构造的特点和机能，也不能正确地认识和理解各种自然现象、自然物和自然力的奥秘，同时又不能正确地认识和理解人与自然的相互关系。在他们看来，包括人类自身在内的大自然当中的一切，都具有某种莫测的神秘性。其中，有关人类自身的生老病死及梦境幻觉的感受和体验，是最让他们困惑和不安的。于是，远古人类便产生了种种猜想和臆测，他们认为人和各种自然现象、自然物、自然力都是由两部分组成的，即除了可供人们感知的外在的形态、光泽、色彩、声音等外，还都有其内在的灵魂。这种观点被称为“万物有灵论”，是原始社会自发宗教的基础，也是自然崇拜和祖先崇拜得以发生的前提条件。

自然宗教是原始社会自发宗教的重要部分，而自然崇拜则是其最基本的表现形态。进入新石器时代以后，随着原始农业和原始畜牧业的产生与发展，自然界对人类社会生活的影响力日益增大，农业是丰收还是歉收，畜牧业是羊肥马壮还是牲畜大批死亡，都直接取决于大自然是风调雨顺、水丰草美还是旱涝不均、风雪严寒。这种情况，自然造就了人们对自然力和自然现象既崇拜又畏惧的心理。他们认为一些自然力和自然现象具有灵性和神奇的能力，可以轻易地祸福人类，因而，便将它们作为崇拜的对象，对它们顶礼膜拜，表示敬畏并祈求其保护和降福于自己。自然崇拜包括了对天体（如天地日月星）、自然力（如风雨雷电）和自然物（如山川石木）等多种对象的崇拜。一般说来，由于所在地理环境和经济类型的不同，不同地区的人们具体的崇拜对象也各不相同，近山者崇拜山神，近河、海者崇拜水神。越是与自身生活联系密切的自然物和自然现象就越容易成为人们崇拜的对象。由于社会生活内容的丰富性，自然崇拜的对象往往并非只有一种。

祖先崇拜亦是原始社会自发宗教的重要构成部分，它是鬼魂观念不断发展的产物。最初，在灵魂不死观念的支配下，人们认为人死曰“鬼”，相信死人的灵魂（即“鬼魂”）仍是与自己存在着血缘关系的氏族成员，他们虽然生活在另一个世界，却仍然需要活人的关怀和照顾，同时也在时刻关注并影响着活人的生活。于是，人们便以较为简单的丧葬礼仪来表达对“鬼魂”的敬意。后来，随着人们社会生活、社会关系的日益复杂和生产、活动能力的提高，史前人类的鬼魂观念也日趋复杂。一方面，有些死

图序 -1　唐玄宗《纪泰山铭》刻石

者在世时作恶多端，人们便会在头脑中幻化出作祟能力大、报复性强的“恶鬼”和“厉鬼”；另一方面，有些死者在世时的创造能力和英雄事迹又被夸大、被神化。对于前者，人们充满畏惧之心；对于后者，人们则充满崇敬之情。所以，在丧葬礼仪及习俗日趋复杂并备受重视的同时，祖先崇拜出现了。不过，并非所有死去的先人“鬼魂”都是人们崇拜的对象，只有本氏族的始祖或曾经对本氏族建有功勋者的“鬼魂”才能受到后人的祭拜。之所以如此，是因为人们相信只有这些强有力的“鬼魂”才具有庇佑和降福于子孙后代的神秘力量。从时间上看，祖先崇拜的出现要晚于自然崇拜，一般是在进入父系氏族制度（父权制）时期以后才发生的。

图序 -2　牛河梁女神庙

无论是自然崇拜还是祖先崇拜，都是一种团体性、公众性的宗教意识，崇拜自然和祖先的目的也并非为了个人利益，而是为了本氏族、本部落的公共利益。在自然崇拜和祖先崇拜的形成过程中，相关的祭祀活动便已开始，考古学家发掘出来的一些遗迹，已经为此提供了充足的证据。

在甘肃省永靖县大何庄齐家文化遗址中，发现了 5 处利用天然砾石排列而成的石圆圈，它们的直径约 4 米，周围分布着许多墓葬，而且还发现了卜骨和牛、羊骨架，这可能是一种为追悼死者而举行的祭祀活动的遗迹。

在河南省杞县鹿台岗龙山文化遗址发现了一组建筑遗迹，外室呈方形，内为一直径约 5 米的圆室，圆室内有两条直角相交的十字形纯净黄土带，与太阳经纬方向一致；附近又有一组祭坛，中间是一个直径约 1.5 米的大圆土墩，10 个直径约 0.5 米的小圆土墩均匀地环绕在其周围，这似乎与先民们对太阳的观察和崇拜有关。

图序 -3 牛河梁女神庙积石冢及祭坛

更能够说明问题的是辽西地区红山文化晚期的一系列发现。在阜新蒙古族自治县胡头沟、凌源市城子山、喀喇沁左翼蒙古族自治县的东山嘴以及凌源市和建平县交界处的牛河梁，都发现了祭祀遗址。其中，胡头沟和城子山遗址规模较小，只有一个石围圈；东山嘴的规模较大，主体建筑为一方形和一圆形的坛状基址，出土了一批泥塑人像和其他物品；牛河梁规模最大，它以“女神庙”为中心，周围分布着许多积石冢群。有关专家认为，这几处遗址是互有联系的整体：胡头沟、城子山可能是属于一个村落或村落群的祭祀址；东山嘴遗址则是统一若干个村落群的组织中心的祭祀场所；牛河梁遗址则是红山文化系统大部分地区居民的祭祀中心。

图序 -4　牛河梁女神庙祭坛立石

从逻辑上推论，史前人类早期的祭祀活动应该是非常简单的，大概只是通过语言和动作向崇拜对象表示敬意、感激、祈求、屈服，早期祭祀活动也是直接面对自然物、自然现象或先人遗体、遗物来进行。后来随着社会的发展，逐渐演变成一些较为复杂的祭祀礼仪，有了祭品和牺牲的供奉，有了相对固定和专门的祭祀建筑和祭祀场所。上述祭祀遗迹，显然已是史前社会后期的产物。

进入文明时代以后，有关祭祀的礼仪、制度在漫长的历史进程中发生了许多复杂的变化。对此，我们不做详细的考究，只进行简略的叙述。

总体来说，中国古代的祭祀文化在夏商时期初具轮廓，至西周时期基本定型，经孔子等先秦儒家的整饬，在秦汉以后不断发展。

夏商时期是中国的奴隶制时代，原始社会的自发宗教已经过渡为早期的人为宗教。王权政治的建立，使得这一时期的祭祀文化较史前的祭祀礼仪发生了许多重大的变化：

首先，有关天神、地祇、人鬼的信仰在这一时期已进一步规范化和制度化，《尚书·尧典》中所载虞舜"禋于六宗"（汉代经学家贾逵把六宗解释为日、月、星三天宗及河、海、岱三地宗）的说法，很可能反映了夏商时期宗教分野规范明简的史实。

其次，在天神、地祇、人鬼的祭祀中，对"人鬼"（即祖先）的祭祀尤为时人所重，《礼记·表记》云："殷人尊神，率民以事神，先鬼而后礼。"从殷墟的考古发掘可知，殷商晚期的统治者为祭祀先王、先妣而兴建了专门的宗庙，对高祖远公和先公、先王、近祖这两类祖先的祭礼，既繁缛又隆重。其中，对先公、先王、近

图序 -5　殷墟武官北地祭祀坑

祖的祭祀礼仪达 140 多种，既有单独向某一位祖先致祭的独祭，又有合多位祖先而同时致祭的合祭，合祭又分为按先公、先王的世系顺序先后致祭的顺祀（从祀）与逆先公、先王世次而祭的逆祀两种，此外，还有将独祭与合祭之顺祀结合转化而来的周祭。

再次，由于去古未远，夏商时期的祭祀还较多地保留着史前祭祀野蛮、残忍的特征，带有浓重的血腥气味。在河南偃师二里头遗址 1 号宗庙遗址周围，发现了大约 50 余个人骨架，他们或被置于浅坑，或没有坑穴，有的双手被绑，有的身首异处，显然是用于祭祀的人牲。安阳小屯宗庙区所有建筑基址中都有人祭遗迹，其中的乙七基址发现了人牲约 600 个。在侯家庄王陵区的西北岗，发现了中国古代规模最大的人牲祭祀场，它东西长 450 米，宽 250 米，考古学家们共发掘出了 1400 多个祭祀坑，全躯者每坑 1 ~ 10 人，身首分离者每坑 1 ~ 10 人，无头躯体者一般每坑 10 人，埋头骨坑每坑 3 ~ 39 个不等，被杀者多是成人，但也不乏 6 至 10 岁的儿童。据卜辞所示，用于祭祀的人牲，多是羌人战俘，也有一些奴隶，每次祭祀杀人，少则几个，多则数百，甚至有一次杀 1000 人的惊人记录。根据卜辞中不完全的统计，商王祭祀共用人牲 14000 余人，而武丁一代就用人牲 9000 多个。这累累白骨，不仅说明了夏商奴隶主阶级的凶残，也反映了那个时代的宗教狂热。

由于历史和文化传统的差异，同时也是出自对殷商亡国教训的借鉴，由周公主持制定的西周王朝的祭祀礼仪和制度，在对殷商祭祀文化有所继承的情况下，更多地表现出了周人自己的特征：

首先，在尊天敬德保民思想的指导之下，西周祭祀礼仪和制度的宗教色彩淡化了许多，但其维护现实统治的政治意向却有增无减。西周的统治者有意把祭祀礼仪和制度纳入王权政治的体系中，把祭神视为统治权力的一种，使周天子和各级诸侯成为天神、地祇、人鬼的主祭人，而各种神职人员则退居配角位置。

其次，西周的祭祀文化虽然具有某种公众性和团体性，但已与现实社会的等级制度密切相连。不同等级的人士，在祭祀对象、

祭祀规格等诸多方面都存在着具体而明确的限制。《礼记·王制》称："天子祭天地，诸侯祭社稷，大夫祭五祀。天子祭天下名山大川，五岳视三公，四渎视诸侯。诸侯祭名山大川之在其地者。"类似的说法还有一些，都反映了祭祀礼仪等级森严、名目繁多的史实。《礼记·祭法》："有天下者祭百神。诸侯在其地则祭之，亡其地则不祭。"从《礼记》的记载中我们可以看出，政治地位越高，祭祀的对象也就越崇高、越多，而随着政治地位的不断变动，祭祀权的归属也在不断游移。

再次，西周的祭礼显示出兼容并包和重视功利的原则。《礼记·祭法》有云："夫圣王之制祭祀也：法施于民则祀之，以死勤事则祀之，以劳定国则祀之，能御大菑则祀之，能捍大患则祀之……及夫日月星辰，民所瞻仰也；山林、川谷、丘陵，民所取财用也。非此族也，不在祀典。"

按此说法，凡生前建有功业者均可上升为神格而受祭，一些传说中的英雄人物，不论其是否为本族或本国的祖先都可入祀，这显然是为了适应周人统治疆域不断扩大的现实需要而设定的，而将那些与民众关系密切的天地神祇列入祀典，也同样是出自一种非常实际的考虑。

最后，在周人的祭典中，天地神祇之祭的名目虽多，礼祀虽隆，但最重要、最频繁、最复杂的祭祀礼仪莫过于祭祖。周成王以后，周王直接被尊为"天子"或是天之"元子"，周王成为上天的人格体现，具有极大的神圣性。由于西周实行宗法制度，周天子还是天下的大宗，所以，通过对尊祖敬宗的强调，可以极大地强化周天子的地位。基于这种考虑，西周王朝的祭祖礼仪便成为实际上凌驾于一切祭礼之上的最高层次的祀典。为此，周人新创了"天子七庙"的宗庙制度，设计了春礿、夏禘、秋尝、冬烝等名目繁多、形制复杂的宗庙祭祀礼仪。

正是由于西周时期的祭祀礼仪和制度具有极强的现实性和政治性，成为维护王权统治的有力工具，所以才会有《左传·成公十三年》中“国之大事，在祀与戎”的说法，而将祭祀与战争相提并论，也充分说明了祭祀礼仪的重要性。

进入东周以后，随着周天子地位的不断下降以及诸侯、卿大夫地位的不断上升，逐渐出现了被称为“礼崩乐坏”的极度混乱局面。反映在祭祀礼仪方面，首先是出现了大量的、普遍的以下僭上的违制现象，传统祭礼的等级限制遭到了严重的破坏。其次，由于这一时期的社会思潮由崇尚神明转向世俗，有关天道、天命、神灵的信仰开始受到一些人的怀疑，从而在某种程度上冲淡了祭礼的神圣色彩。但在春秋后期君主专制制度日益强化和发展的情况下，社会上又出现了一股重建秩序的热潮，以孔子为代表的先秦儒家学者主张恢复周礼古制，整合祭祀礼仪，提出了一系列的社会改良主张，对后世产生了深远的影响。

从孔子的“未知生，焉知死”“祭神如神在”等言论及“子不语怪力乱神”的记载中不难看出，他并不是一个坚定的有神论者。受孔子的影响，先秦儒家虽然以“复礼”相号召，却不满于西周时期祭祀活动的频繁，他们认为，“祭不欲数，数则烦，烦则不敬。祭不欲疏，疏则怠，怠则忘”（《礼记·祭义》），主张祭祀应当有节制地定时举行，反对无限制的“淫祀”。先秦儒家反复强调祭礼的重要性，认为“凡治人之道，莫急于礼。礼有五经，莫重于祭”（《礼记·祭统》），在诸种祭礼当中，又尤其重视对祖先的祭礼。这里的祖先不是创造并管理人类、世间万物的最高主宰，也不是高踞于众神之上的至上神，而是具有很浓厚的血缘情感味和世俗生活性的实实在在的人。所以，先秦儒家实际关注和重视的，仅仅是祭祖这种形式而并不过分注意神明是否真实存在。《礼记·檀弓下》对此讲得非常明白：“唯祭祀之礼，主人自尽焉尔。岂知神之所飨，亦以主人有齐敬之心也。”显然，祭祖的目的并非一定是达于神明，更主要、更重要的是要唤起、激发致祭者内心虔敬的情感和为忠臣、为孝子的良知。不宁唯是，在对天神、地祇的祭祀中，先秦儒家也同样倾注了一种着眼于现实的理性精神。总之，经过先秦儒家整合捏塑后的祭礼，由于时代的变迁而失去了先前可与战争相提并论的畸重，同时也失去了先前浓艳的宗教装扮，但仍然保留了先前祭礼所有的维护现实社会的政治和宗法秩序的功能。《礼记·祭统》说得好："夫祭有十伦焉：见事鬼神之道焉，见君臣之义焉，见父子之伦焉，见贵贱之等焉，见亲疏之杀焉，见爵赏之施焉，见夫妇之别焉，见政事之均焉，见长幼之序焉，见上下之祭焉。此之谓十伦。"在这里，所有与维护社会现实秩序有关的伦理意蕴、道德价值、政治原则，统统都被揉进这古老的祭礼当中。而且，儒家已经把祭祀的目的从以悦天地鬼神为主，完全转变为以治人、济世为主，从而

图序 -6 陕西凤翔雍山血池秦汉祭祀遗址

使祭礼成为教化之本，它的政治性、伦理性、功利性，就一目了然了。

正是由于儒家的祭祀观念礼仪很好地适应了最高统治者维护其“家天下”的基本需要，所以，自从汉武帝“罢黜百家，独尊儒术”以后，儒家的祭祀观念和礼仪便成为历朝历代官方祭礼的主流，长期支配了中国古代的社会政治和人的客观性存在；而道教、佛教及其他宗教的祭祀观念和礼仪则始终只能扮演从属、点缀的角色。

大致说来，秦汉以后的祭祀活动分别在宫廷、官府和民间三个层次上进行。宫廷祭祀和官府祭祀都是历朝历代推行礼乐教化的重要内容，虽然在具体的规定和制度上互有不同并不断衍化变革，但都是以儒家的祭祀观念和礼仪为指导，强调通过对天地神祇及其他人物的祭祀而表现皇权的神圣与崇高，维护封建社会的等级秩序，宣扬封建的政治思想和伦理道德观念。就其外部特征而言，宫廷祭祀和官府祭祀往往与一系列繁缛复杂的礼仪制度、隆重宏大的场面及庄严肃穆甚至是沉重压抑的气氛相关联，同时又往往伴随着巨大的人力、物力、财力的浪费。至于民间祭祀，则是另一番情形。它们一般不具备明显的政治性，但其主旨仍然是宣扬和强化社会、家庭的伦理道德观念。在不同的地区和民族之间，同类的祭祀活动往往在形式、规模等诸多方面表现出明显的差异，突出了民间祭祀的地域性和民族性特征。另外，民间祭祀虽然没有脱离儒家祭祀礼仪的规范，却受到佛教、道教及其他宗教的强烈影响，在祭祀对象、祭祀方式等方面表现出了驳杂不纯的特点。民间祭祀并不乏神秘与庄严，但往往又与热烈的气氛和喧闹的场面相伴，祭神之日通常是百姓的节庆之日，这种人神同乐的娱乐性，为民间祭祀平添了许多生动和趣味。

顺便要提及的是，中国古代的祭祀活动大多是与乐舞表演同时进行的。在宫廷祭祀当中，不同的祭祀对象使用不同的音乐和舞蹈，其仪式规定非常繁缛。例如，西周时期在祭祀黄帝、尧、舜、禹等所谓以文德服天下的君王时，使用《云门》《大章》《大韶》《大夏》等文舞；祭祀商汤和周武王等以武功夺取天下的君王时，要以《大濩》《大武》等武舞配祭。民间祭祀乐舞相对来说较为简单，音乐旋律和舞蹈形式大抵以自由奔放、激动热烈为特色，与宫廷祭祀乐舞雍容和顺、庄严肃穆的风格形成了鲜明的对照。由于乐舞的使用，古代的祭祀礼仪便成为颇具观赏性和艺术审美特征的文化行为。

总之，中国古代祭礼的内容是十分丰富多彩的，我们的介绍，只能是挂一漏万的提示而已。

二 祭坛与祠庙

专供祭祀之用的建筑，是在祭祀活动已经充分展开之后才出现的。在自然崇拜的早期，祭祀自然神没有固定的场所，只要感觉有此需要，人们可以随时随地祭献；而对于祖先的祭祀，起初也多是在墓地或在日常所居的房屋内进行的。从考古发掘所得到的材料来看，至少从新石器时代的中晚期（距今6000年左右）开始，中国就出现了专门的祭祀性建筑。

中国古代的祭祀性建筑，包括许多种类。众多的佛寺、道观、石窟寺、摩崖、陵寝等，均可划入广义上的祭祀性建筑的范畴。不过，本书所谈论的是狭义上的祭祀性建筑，即以祭祀发生时的基本对象为标准（中国古代的山、海、河神诸庙及民间俗神庙亦在此范围之内，由于它们大多具有道教的色彩，本书不予赘述）。这些建筑，我们通常称之为“坛庙”，依其祭祀对象的不同，可以分为三类：

第一类是祭祀自然神，包括天地日月、风云雷雨、社稷、先农之坛以及五岳、五镇、四海、四渎之庙（即山神、水神庙）等。其中，天地日月、社稷、先农等由皇帝亲祭，其余则由皇帝遣官致祭。中国古代还有一种名为“明堂”的重要建筑物，是帝王于秋季大享祭天、配祀祖先、朝会诸侯及颁布政令的场所，今北京天坛祈年殿即是明堂建筑的变形。

第二类是祭祀祖宗，包括帝王宗庙（太庙）及臣民家庙（祠堂、宗祠）两种。帝王宗庙被视为统治的象征，具有特殊的神圣性和极其崇高的地位。而家庙则被视为家族的根本，是每一位家族成员的精神支柱。

图序-7　唐长安城圜丘遗址

第三类是祭祀圣哲先贤，包括孔庙及儒家贤哲庙、古圣王庙、贤相良将庙、清官廉吏庙、著名文学艺术家庙、忠臣义士烈女庙等。此类纪念性建筑，在历史上出现的数量最多，分布的范围最广，涉及的对象最宽泛，对古人的社会生活影响亦最大。这些祠庙，除去帝王敕建或官府修造的以外，有相当多的建筑是民众或私家所建，所以既有形似宫殿的堂皇巨制，也有园林式、民居式的典雅之作，并且还根据所处地区的不同呈现出鲜明的个性，表现出丰富多彩的风格，是古代官府祭祀和民间祭祀的基本演仪所。

对古人来说，这些坛庙建筑是神秘、神圣和崇高的，他们心目中的坛庙，是神灵与苍生的感应场，是进行人神对话与交流的圣域。随着时代的变迁，这些坛庙建筑已经完全失去了祭祀功用，其原始的外观也发生或多或少的改变。更为重要的是，由于科学技术的发展，现代人的世界观、自然观、生死观都大大不同于古人了，对祭神、祭祖的认识也发生了改变。那么，保存至今的古代坛庙建筑的价值何在？我们又应当如何去看待它们呢？

如前所述，古人对天神、地祇、人鬼的祭祀，是与一系列复杂的社会思想、社会观念及典章制度密切相关的。因此，作为祭祀场所的坛与庙，绝不仅仅是一些物质的构架，其选址、规划、造型以及材料的使用、技术的处理，都深深地受到了某种思想、观念及制度的影响，并且强烈地表现出了这种思想、观念及制度的特点，从而为我们研究古代的政治制度、社会思潮及精神文化提供了具体、形象、直观、生动的原始材料。例如，北京明清太庙那三座黄琉璃瓦庑殿顶的大殿，为中国古代等级社会的基本特点做了形象的说明；而天坛圜丘坛的圆形结构及地坛方泽坛的方形结构，则是中国古代“天圆地方”观念的具体表现。所以，即便是从纯史学研究的角度来看，这些坛庙建筑也具有极高的物质史料的价值。

除此之外，祭祀建筑对于古人具有特殊重大的意义，因此，古人往往不惜投入大量的人力、物力、财力，运用当时最为成熟的技术和艺术，使用最好的建筑材料，去营造坛与庙。这样就使各种祭祀建筑，特别是祭坛、宗庙、大规模的宗祠等建筑代表了某一历史时期（或地区）建筑艺术的最高成就，如北京天坛的祈年殿，就可以说是中国古代造型最优美、韵律最生动、色彩最雅丽、象征最丰富的单体建筑之一。而皖南地区的一些宗祠则是古徽州民居建筑当中的佼佼者。所以，坛庙建筑不仅可以从一个侧面反映某一历史时期的社会生产力水平，而且也为人们研究中国古代建筑提供了技术、艺术等许多层面的重要鉴证，具有极高的科学和艺术价值。

此外还要看到，在中国古代的祭祀建筑中，除了帝王祭祀的场所严禁百姓入内之外，其他各类祠庙大多是对公众开放的。千百年来，分布在全国各地的祠庙都是当地的名胜，它们不仅保存了许多和古代帝王、达官显贵、文人墨客有关的诗文、绘画、碑刻，成为当地文物的荟萃之所，而且还对当地民风、民俗的发展起到了不可忽视的作用。有些祠庙甚至已经成为某一地方的象征，被当地人视为荣誉和骄傲。所以，参观当地的祠庙，往往是我们了解某一地方的历史沿革、风土民情的最好方式之一。尤其是在今天，古时的祠庙大多成为地方的综合或专题博物馆的所在，到那里一游，肯定会使我们在短时间内获得多方面的收益。

本书以前述三类祭祀性建筑为写作内容，将分散在全国各地的著名坛庙建筑分为六类，不仅为读者提供一些较为具体的知识，而且还可以帮助读者从总体上观察、把握某一类祭祀性建筑的特征，进而加深对中华传统文化的认识。

第一章 天地尊神的礼拜台
——祭坛

一 祭坛说略

（一）祭坛的出现

坛，是中国古代举行祭祀天地、社稷等活动的台型建筑。东汉许慎在《说文解字》中说：“坛，祭场也，从土，亶声，徒干切。”指在平坦的地面上用土堆筑的高台。在我国古代，坛的主要功能是祭祀，所以就有了“祭坛”的称谓。但在盟誓、朝会、封拜之时，古人也经常筑坛行事以示郑重。例如，当年汉高祖刘邦就曾筑坛聚会，拜韩信为大将。后来，坛逐渐成为中国封建社会最高统治者专用的祭祀性建筑。坛的规模由简而繁，形状随祭祀对象的特征而有变化，或是圆形，或是方形。

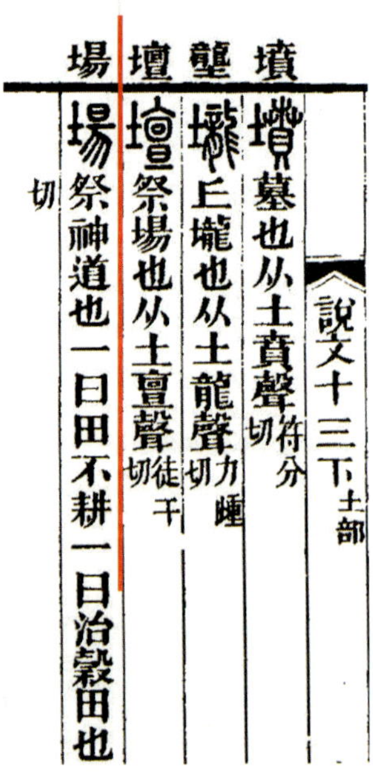
墳 壟 壇 場
說文十三下土部
墳 墓也从土賁聲符分切
壟 丘壠也从土龍聲力踵切
壇 祭場也从土亶聲徒干切
場 祭神道也一曰田不耕一曰治穀田也
切

图 1-1《说文解字》中对“坛”字的释义

祭坛的出现，与史前人类在露天环境下祭拜自然神的活动密切相关。当时，人们为了吸引神明的注意，使自己的祈望更好地达于神明，往往利用自然形成的土丘、高冈或山头等较高的地形来构筑祭坛。例如，在辽宁省凌源市城子山发现的红山文化祭坛即坐落在山顶；位于凌源市与建平县交界处的牛河梁女神庙遗址亦在高山之顶；而在浙江省杭州市余杭区的瑶山之顶，也发现了一处良渚文化的祭坛。

从有关的考古发现可以看出，早在距今大约4500年的史前时期，祭坛建筑在材料、形制、规模等方面已表现出了相当的复杂

图1-2 牛河梁女神庙祭坛

性。红山文化的祭坛以石头为基本材料，形制以圆形为主，但在具体构造和建筑规模上却有很大差别：阜新蒙古族自治县胡头沟的祭坛，是以埋葬一个死者的墓坑为中心，6.5 米左右为半径放置一圈彩陶碎片，再于这个碎陶片圈上建成一个石围圈，石围圈的两端并不闭合，一端延伸至圈外，好似围圈的入口，在圈外还建有一座石椁墓。喀喇沁左翼蒙古族自治县东山嘴遗址的主体部分是用石块堆砌的一座方形和一座圆形的坛状建筑。此外，由于这里曾是人们长期使用的祭场，所以还存在着若干个不同时期的方形或圆形基址。这种方圆结合的形式，是明清时期北京天坛建筑的基本模式。但东山嘴遗址并非祭天的场所，从其出土的那些丰乳肥臀的裸体孕妇泥塑来看，这里祭祀的对象应当是“地母”之神。位于浙江余杭瑶山的良渚文化祭坛平面略呈方形，每边长约 20 米，坛面中心是一红土台，围绕红土台有一灰土带，其外则是原先铺有砾石的黄褐土。根据考察，构筑这座祭坛所用的红土、灰土和砾石都是从他处搬运过来的，工程量颇大。而在余杭发现的反山墓地，实际上是良渚文化时期人工堆筑的一座大坟山，考古学家根据某些遗迹推测，这座东西长约 100 米，南北宽约 30 米，高在 6.35 ~ 7.30 米之间的大土山，最早可能也是一座祭坛。在上述复杂性之外，我们还发现这些祭坛大多与墓葬有某种联系，这或许反映出早期祭坛在祭祀对象上的宽泛性和多样性。

（二）祭坛的祭祀对象

进入文明时代以后，大型祭坛的建筑和使用逐渐被统治者所垄断。其所祭祀的对象，也逐渐集中在天、地、日、月、社稷、先农等几种最高的自然神和带有浓重的自然神色彩的高级神祇上。由人间最高的统治者（或其代表）来主祭自然界中最高的神祇，这就使祭坛在古代祭祀建筑中占据了较高的地位与规格，拥有了一种不同凡响的神圣性，而这种特性，又是除了宗庙以外的其他祭祀建筑所没有的，因而，各种祭坛一般建筑在统治者所在地。

祭坛的祭祀对象主要有以下几种：

1. 天

古代对于天的称呼，据《周礼》记载，共有三种：一是天或昊天，二是上帝，三是五帝，但三者的内涵又有所不同，礼制也各不一样。“昊天”是圜丘所祭祀的“天”，是自然的天体，而“上帝”“五帝”是人格化的天神，意思是说天的威力大，如同人间的帝王一般。

2. 地

大地是自然万物的载体，五谷生长、万物繁衍都依赖于大地，因而古代有“父天而母地”的说法，可见对地神的祭祀也极为隆重。地神，古代称作“地示”，又写作“地祇”，它包括的内容很多。方丘祭地是与“上天”相对的“大地”的祭祀；祭五岳、五镇、四渎、四海是对某一处山川、河海神的专门祭祀；社稷同样是地神的一种，“社”指某一片土地的神，“稷”指谷神，因为五谷生长于大地之上，所以也属于地神，常与“社”连为“社稷”，表示国家的政体，成为国家的代称。

图 1-3　太阳神纹石刻（湖北省博物馆藏）

3. 日

日，即太阳。黑夜过后，红日升起，光芒四射，光明与温暖充满大地，这对古人来说是不可思议的，也就会引起更多的注意。太阳在古代神话中是常见的题材，在中国古代神话里，红日中央有一只黑色的三足乌鸦，周围是金光闪烁的红光，因此就用“金乌”来代称太阳。由此可见，古人对太阳的祭祀是十分重视的。

4. 月

月，即月亮，它的圆缺变化明显、变化

周期短，易于观察，成为人们确定时间的重要标志之一。月亮在古人的心目中占据了一定位置，这样就有了对月的崇拜，进而对其加以祭祀。

5. 星辰

古人很早就认识到星辰有指示方向的作用，处于不同地区的人通过对星辰位置的观察可以辨别方向，确定时间与季节。古人认为星辰主宰着国家的兴亡、人的命运，特别是秦汉时期谶纬学说的盛行，使星辰的作用充满了复杂的社会内容和迷信成分。这种观点逐渐在社会上流行开来，导致人们对星辰的进一步神化与崇拜。

6. 风雨雷电

对风雨雷电的祭祀是基于它们的破坏性以及由此产生的畏惧心理，它们有声有色，与日月星辰对比明显，个个都像喜怒无常的恶神，使得人们不得不小心翼翼，对其祀奉有加。

7. 农神

农神，也叫“田祖”，又称为“先啬”，汉代以后称为“先农”，通常即指教民耕作的神农氏。

8. 蚕神

相传西陵氏嫘祖是黄帝的妃子，她是养蚕缫丝的始祖，被尊为蚕神，受到历代妇女的祭祀。《后汉书·礼仪志》注引《汉旧仪》说“今蚕神曰菀窳妇人，寓氏公主”，“菀窳”，《晋书·礼志》上作“苑窳”。

9. 高禖

高禖是祈求生子的祭祀。宋代学者罗泌的《路史·余论二》中说“皋（通高）禖古祀女娲”，注引《风俗通》上说“女娲祷神祠，祈而为女媒，因置昏姻”，因此，古代一般把女娲作为高禖之神加以祭拜。高禖是远古妇女祈求生育祭祀的延续与发展，然而，对高禖的祭祀因时代变化与民族不同而有所差异。据闻一多先生《高唐神女传说之分析》讲，夏代人祭祀的高禖神是涂山氏，即女娲；商代人祭祀的高禖神是简狄；周代人祭祀的高禖神是姜嫄。这样看来，古代各民族所祭祀的高禖神都是该民族的女性始祖。

依据祭祀的等级，坛有层数的分别：以清代祭坛看，天坛为三层，社稷坛、地坛为两层，日坛、月坛、先农坛为一层。层数的多少，完全是依照当时统治者对所祭祀神的等级的规定而确定的。

（三）祭坛的建筑

中国古代的祭坛建筑与其他古代建筑有着明显的不同，祭坛建筑分布较为松散，极力营造一种静谧、肃穆、庄重的氛围。

中国历代各种坛的建筑制度有所不同，坛坐落的方位也并不相同。清代分布于北京城内外的坛有天坛、地坛、日坛、月坛、祈谷坛、社稷坛、先农坛、天神坛、地祇坛、太岁坛、先蚕坛，其中天坛、地坛、日坛、月坛分别位于当时清代都城的南、北、东、西四郊。

祭坛建筑有着广义与狭义的区别。坛既是祭祀建筑的主体，也是整组建筑的总称。狭义的祭坛仅指祭祀的主体建筑——或方形或圆形的祭台，而广义的祭坛则包括了主体建筑和各种附属建筑。按照后一种含义，祭坛的主体建筑四周要筑一至二重低矮的围墙，古代称“壝”，四面开门；墙外有殿宇，用来收藏神位、祭器；又设宰牲亭、水井、燎炉和外墙、外门，有的坛内设斋宫，供皇帝祭祀前斋戒之用；壝墙和外墙之间，密植松柏，气氛肃穆。整个建筑群的组合既要满足祭祀仪式的需要，又要严格遵循礼制。以现存北京的明清天坛为例：狭义的天坛即指圜丘坛，而广义的天坛则包括了圜丘坛、斋宫、祈年殿、皇穹宇、宰牲亭及其他附属建筑物。

作为建筑主体的坛来说，它的建筑形式可以说是较为简单的。一般为方、圆两种造型，主要依据古代的阴阳五行学说。坛最初是堆土而成，极为简朴，后来才演变为用砖石包砌，并不断用各种不同的手法加以装饰。坛基本为露天建筑，以体现出人要直接与神灵对话的思想。

与古代社会等级森严的现实相对应，封建时代的统治阶级也将天地神祇分出了不同的等级。这样，作为祭祀建筑的祭坛也就在

形制、规模、材料等诸多方面有了明显的高下之分。以明清朝时期所筑祭坛来看，神格的不同决定了祭坛层数的多寡，天帝是最高的神，因而祭天之坛便被设计为三层；社稷坛为三层；地坛为下一等，做成两层；日坛、月坛和先农坛为再下一等，做成一层。

（四）祭坛的种类

从坛的形状上看，有方形的坛和圆形的坛两种。早期考古发掘的祭坛遗迹以圆形坛为主，例如明清时期的天坛圜丘；而地坛、

图 1-4　天坛坛壝

社稷坛等就是方形坛。

从坛的祭祀对象上看，有祭天的圜丘坛，有祭地的方泽坛，有祭日的日坛，有祭月的月坛，有祭祀先农的先农坛，等等。

从坛的建筑材料上看，早期的祭坛以土和石为主，进入封建社会以后，基本上是以石头为原材料。

（五）祭坛的发展

在中国历史上，祭坛是作为礼制建筑出现的，对其形制、仪式做出相应规定大约是在西汉晚期。汉成帝建始元年(公元前32年)按阴阳方位建天地之祠于长安城（今陕西省西安市）南北郊。汉平帝元始四年（4年），当时身任宰衡的王莽提出设坛祭祀，并指出“圆丘象天，方泽则地”，这样便有了“圆入觚，径五尺，高九尺”的上帝坛与“方五丈六尺”的后土坛，并规定冬至祭天，夏至祭地。此后南郊祭天，北郊祭地成为定制。但不同时代、不同时期祭坛的层数、高度、坛壝及坐落的具体地点都不尽相同。早期的祭坛主要祭天地，后汉时在宗庙右侧建社稷坛，之后逐渐建立朝日坛、夕月坛、先农坛、亲蚕坛、高禖坛等奉祀不同对象的祭坛。祭坛的主要种类从魏晋时期开始基本确定下来，历代沿用直至明清，它们是：圜丘坛、方泽坛、社稷坛、朝日坛、夕月坛、先农坛、先蚕坛、高禖坛。但在不同时期，依照当时的具体情况又设立新的祭坛，如隋代有雨师坛、风师坛，唐、五代时有神州坛、五帝坛、腊坛等。

（六）祭坛的祭祀礼仪

单纯的祭坛建筑并不能完全体现它的功能与价值，它要与具体的祭祀礼仪结合起来才能发挥其功用。因此，历代统治者对祭坛的祭祀礼仪极为重视，并对此做出了严格而繁缛的规定。

我们以明代为例说明有关的具体规定。

1. 神位

不论祭祀哪一种神灵，都要供奉神位。天、地、祖宗的神位叫作“神版”，其余的都叫作“神牌”。关于神位的尺寸也有严格的规定，不同神位的尺

图 1-5 “皇天上帝”神版

寸并不相同，如天坛圜丘的神版长二尺五寸，宽五寸，厚一寸，座高五寸，用栗木制成，中间写着“皇天上帝”，蓝底金字；而社稷坛的神位则高一尺八寸，宽三寸，朱漆底金字，显然有了等级的差别。

2. 祭品

祭品即祭祀所供奉的物品，包括礼器、食物、玉帛等。

礼器指盛放献给神祇食物的器皿，有笾、豆、簠、簋、登、爵、铏，不同的神祇所使用的礼器种类与数目也不同。这些礼器当然不能空着去献给神灵，因此要装满各种美味，并且不同的礼器内盛放的食物也不同。

食物又分为牲牢、酒以及称为“笾豆之实”的各种食物。牲牢指牛、羊、猪。牲即牺牲，是祭祀用的大型肉食动物，牢指太牢、少牢。祭祀时用牛与羊、猪同时作为祭品称为太牢，用羊或猪作为祭品称为少牢。笾里边盛放形盐（与散盐对称，是特制成虎形的盐）、薧鱼（即干鱼）、枣、栗、榛、菱、芡（鸡头米）、鹿脯、白饼（熬稻米）、黑饼（熬黍米）、糗饵、粉糍（饵即今天的糕，糍即饼；糗与粉为同一种东西，是把炒米粉或炒豆粉加于糕、饼的外面）。豆内盛放韭菹（韭菜丝）、醓醢、菁菹（大头芥菜丝）、鹿醢（鹿肉酱）、芹菹（芹菜丝）、兔醢（兔肉酱）、笋菹（笋丝）、鱼醢（鱼肉酱）、脾析（牛胃，也叫百叶）、豚拍、饨食、糁食（即饭粒）。笾、豆的使用数目也随祭祀等级的高低而变化，上边列举的是使用 12 个笾、豆所盛放的食物品名；如果用 10 个笾、豆，则从后边依次减去两种食物；如果用 8 个笾、豆，则从后边依次减去 4 种食物；如果用 2 个笾、豆，则笾里盛放栗、鹿脯，豆里盛放菁菹、鹿臡。簠、簋里则盛放黍稷、稻粱，登内盛放太羹（羹为肉有汁者），铏内盛放和羹。除了这些食物以外，古人还会用酒来祭祀，酒在古代是很珍贵的东西，因而，把它作为祭品献给神也是理所当然的，酒要用樽来盛放。

玉帛指玉制的礼器和丝织品。玉器包括苍璧、黄琮、圭，分为三个等级：上帝用苍璧，地祇用黄琮，太社、太稷两圭有邸，朝日、夕月圭璧五寸。古代祭祀时还需要丝织品，但是不同的神使用的丝织品颜色不同，上帝为青色，地祇为黄色，社稷用黑色，大明用红色，夜明、星辰、太岁、风云雷雨、天下神祇用白色，五星用五色，岳、镇、四海、陵山以其所处方向代表的颜色为准，四渎用黑色。

3. 祭祀日期

祭祀日期由钦天监选择，太常寺预先在十二月朔到奉天殿向皇帝汇报，之后，皇帝命太常寺把议定好的祭祀日期写出来公布，按时祭祀。每当祭祀的时候，还有专门的官吏监督，如果有不恭敬的还要治罪。

4. 习仪

在正式祭祀的前 6–7 天，文武百官要演习祭祀礼仪。

5. 斋戒

斋戒是对主祭者（即天子）的要求，以示对神祇的虔敬，是祭礼的前奏。以祭天为例，斋戒分为散斋四天，致斋三天。在此期间，皇帝要专心致志，做到不饮酒、不吃荤、不看病、不吊丧、不听音乐、不理刑名，心中默想要祭祀的神灵，就如同神在自己身旁一般，并且要在斋宫内进行。对于过惯了舒适生活的天子来说，斋戒的过程实在是如苦行僧般的日子，因此，他们想尽办法简化。

6. 祭祀大典礼仪

古代的祭祀礼仪是颇为隆重的国家祀典，受到历朝历代帝王的高度重视，其中尤以圜丘祭天最为重要，也最为繁缛隆重。从祭天仪式可见古代祭坛盛典之一斑。

天子在祭祀前两天要亲自或派大臣查看祭祀所用的牺牲和器皿。祭祀前一天，有关部门把一切物品陈设停当。神位正中为皇天上帝，两侧配享祖先以及日、月、星辰、风、雨、雷、云诸神，神位前摆放登、笾、豆、簠、簋、樽、爵等礼器，分别盛有各种祭食。

祭天仪式从冬至日拂晓开始，因为从冬至这天夜里阳气开始逐渐增强，而阳气滋生繁衍万物。由于仪式在拂晓举行，所以在圜丘坛内墙外面西南方向立有灯杆，上面悬挂大灯笼，叫作天灯，照得坛内通明。皇帝从斋宫坐车来到事先搭好的大帷幕内更换衮冕，然后就位。整个仪式在赞礼官的指挥下进行。祭天大典分为迎帝神、奠玉帛、进俎、行初献礼、行亚献礼、行终献礼、撤馔、送帝神、望燎九项程序，直到祭品焚烧完才算结束。祭祀过程中，皇帝要率领文武百官不断跪拜行礼。赞礼官就如同我们看到的司仪一般，高声唱和，人们随之做相应的动作。在赞礼官的唱和下，《中和之曲》奏响，迎帝神开始。乐声之中，祭祀者想象皇天上帝率领众神来到祭坛，然后郊社令把燎坛上的柴草点燃，焚烧牺牲。随着烟雾飘飘而起，也就意味着祭品送到了上天那里。皇帝行完拜礼后，走到盥洗位搢圭（把手里的圭插在腰间），洗净手，拿出圭，走上祭坛。《肃和之曲》随之奏响，皇帝跪在皇天上帝的神位前，再搢圭，三上香，奠玉帛，出圭，行再拜礼，回到原位。开始奏《凝和之曲》，皇帝到神位搢圭，进俎，出圭，回到原位。接着行初献礼，皇帝走到爵洗位，搢圭，洗爵，擦爵，交给执事者，出圭。又走到酒樽所，搢圭，执爵承酒，交给执事者，出圭。当《寿和之曲》响起，随之跳武功之舞，皇帝在神位前下跪，搢圭，上香，祭酒，奠爵，出圭。读祝官读完祝文后，皇帝俯身下拜，起身，再拜，然后回到原位。亚献礼在《豫和之曲》与文德之舞中进行，行终献礼时奏《熙和之曲》。亚献礼和终献礼与初献礼仪式相同，但不读祝文。

在赞礼官“饮福受胙”的唱和声中，皇帝再次走上祭坛，在饮福位行再拜礼，下跪，搢圭，接过爵，祭酒，饮福酒，把爵放在坫上，然后从奉胙官手中接过胙，交给执事者，出圭，下拜，起身，再拜，回到原位。随之《雍和之曲》响起，掌祭官把豆撤下，在《安和之曲》中送神，皇帝行再拜礼，

图 1-6 天坛斋戒铜人

走到望燎位，在《时和之曲》中看着焚燎祝版丝帛。至此，祭天大典九项程序才全部完成，皇帝回到大帷幕中，脱去衮冕，全部祭天仪式才告结束。

祭天仪式既繁缛又枯燥，皇帝平日里威福有加，但在皇天上帝面前却要毕恭毕敬，丝毫不敢怠慢，毕竟他自称是“上天之子”，自然就要表现出万分虔诚的态度。

其他的祭坛拜仪与圜丘坛祭仪大同小异，仅在祭器、牲牢的数目多少、仪式的繁简上有所区别而已，在此便不做赘述了。

图 1-7　祭天燔柴炉

二 北京天坛与祭天

在北京市东城区南部的永定门内，一片绿树掩映之中，有一处规模宏大的古建筑群，这便是明清两代帝王祭祀皇天，祈求五谷丰登的场所——天坛。

天坛建于明永乐十八年（1420 年），因为当时是天地合祀，故名曰天地坛。明嘉靖九年（1530 年），朝廷制定了四郊分祀制度，决定天地分祀，在北郊安定门外另建方泽坛祭地。明嘉靖十三年（1534 年），原天地坛改名为天坛，成为帝王祭天、祈谷、祈雨之所。

天坛的整个建筑群被内外两重坛墙包围，总面积约为 270 万平方米。天坛的大门在外坛墙西面，共有两座，北边的门称“祈谷坛门”，南边的门叫“圜丘坛门”，东、南、北三面没有门，1975 年后，增修了现在的东门和北门。

天坛是现今我国保存下来的最为完整、最为重要、规模最为宏大的一组封建王朝的祭祀建筑群，同时也是我国古代建筑史上极为珍贵的实物资料与历史遗产。它充分运用了各种建筑手法与建筑形式，充分体现了美学、力学、声学、几何学的原理，代表了中国古代建筑的最高成就。

天坛建筑按照使用性质大体上可以分为四组，以祈谷坛为中心是一组，主要包括祈年殿、皇乾殿、祈年门等，是举行孟春祈谷大典的场所；以圜丘坛为中心是一组，主要包括圜丘、皇穹宇等，是皇帝冬至祭天大典的场所；斋宫是一组，是皇帝举行祭天大典前

图 1-9　祈谷坛与祈年殿

进行斋戒的场所；内坛墙与外坛墙西门以内的神乐署又是一组，是举行祭祀礼乐演习的场所。

从西边的祈谷坛门进入，穿过内坛墙的西天门，经过长长的步道，便来到了被称为“海墁大道”的丹陛桥，这是连接南北两组建筑的中心干道，长 360 米，宽 30 米，高 4 米，由砖石砌成。丹陛桥之所以名“桥”，是因为在这条大道和东西天门相交的地方是一条曲尺形、拱券顶的券洞穿过台基，它的用途是让祭祀用的牲畜从牺牲所赶往宰牲亭时通过，因而叫进牲门，又叫鬼门关。

站在丹陛桥上，向北望去便是祈年殿。祈年殿是祈谷坛的一部分，初名大祈殿，明嘉靖二十四年（1545 年）改建后，称为大享殿，殿顶从上至下用青、黄、绿三色琉璃瓦覆盖，三色分别代表昊天、皇帝和庶民，清乾隆十七年（1752 年）再修时，将殿顶统一更换为蓝色琉璃瓦。

图 1-8　丹陛桥

图 1-10 祈年殿

祈年殿

祈年殿是天坛的象征，设计精美，最能体现建筑之美。大殿为三层檐圆形攒尖顶，若不仔细看，会以为三层檐的直径是成比例的，各层之间的距离也相等。其实不然，我们古代聪明的工匠在设计上独具匠心，使建筑物最大限度地显露出它的美。上层檐直径最小，中层檐比下层檐直径略小，上层和中层之间的距离要大于中层和下层之间的距离。如此安排，克服了建筑物呆板、僵硬的弊病，使得祈年殿庄严而不失活泼，规整而不失灵动，生趣盎然。白色的坛台上一座红墙蓝瓦的大殿，殿上白云缭绕，宝顶金光灿灿，四周苍松翠柏映衬，美如一幅绚丽的图画。

祈年殿除了外部设计精美之外，内部也结构雄伟，架构精巧，设计独到。大殿内部结构独特：不用大梁和长檩，而用 28 根楠木大柱与 36 根枋桷衔接支撑。殿内四周彩绘的龙凤和玺金碧辉煌、装饰精美；殿顶的蟠龙藻井富丽堂皇、雕刻精工。殿内中央有 4 根构造独特的柱子，名叫龙井柱，高 19.2 米，直径 1.2 米，因为这是殿内最高的柱子，又名通天柱。这些柱子合围成一个纵向的空间，并逐层向殿顶的藻井收缩，造成内部空间层层上升向中心聚拢的态势。而大殿内的其他 24 根柱子则密集地安排在外沿，把空间尽量多地留给中央的四根柱子合围出的空间。这样一来，增强了殿内空间纵向的延伸，人在进入大殿时注意力便被它的“高”所吸引，与此相对应，外部的台基和屋檐层层也收缩上举，形成了强烈的向

图 1-11　祈年殿内景

上动感，显示了独具匠心的设计构思。祈年殿没有像通常的传统建筑那样用高围墙封闭起来，而是用高度仅为1.8米的矮墙环护。三层洁白的台基把大殿高高托起，院子地面高出院外地面4米，院外高大茂密的柏林仅露树冠，相映对衬，大殿超然在上，似有凡界尽在脚下之感，进入视线的仅仅是矗向天空的祈年殿与其上的冥冥青天，以及在下的色调深沉的大片柏林，静谧、肃穆、与天接近之感不觉油然而生。

在祈年殿的周围还有与之相配套的几处建筑。皇乾殿在祈年殿的北面，又叫祈谷坛寝宫，是存放皇天上帝神版的地方；神库、神厨、宰牲亭在祈年殿的东面，由俗称七十二连房的长廊与祈年殿相连，是收藏祭祀用品和备制祭品的地方，这是祭祀场所必不可少的组成部分。

从祈年殿向南走过长长的海墁大道，跨过成贞门，便来到了皇穹宇，这里是放置圜丘神版的地方，建于明嘉靖九年（1530年），当时名为泰神殿，后来才改叫皇穹宇。清乾隆十七年（1752年）将重檐圆攒尖顶的殿堂改建成单檐圆形亭子式的殿堂。大殿正中为汉白玉雕花石座，龛设在上面，供奉“皇天上帝”的神版。

皇穹宇最为吸引人的地方倒不是这神圣的牌位，而是那神奇的回音壁。回音壁是围绕大殿的一道圆弧形磨砖对缝的砖墙，又叫传声墙。围墙的弧度十分规整，墙面极其光滑，对声波的折射十分规则。如果两人分别站在东、西配殿后，面北站立，一个人挨着墙说话，另一个人耳贴墙壁，即使声音很小，对方也能听得清楚，而且回音悠长，好似从墙中发出一般。

穿过皇穹宇，眼前豁然开阔，展现在面前的便是圜丘坛。这里也是天坛的主要建筑，又叫祭天台，于明嘉靖九年（1530年）用蓝色琉璃砖砌成，清乾隆十四年（1749年）又加以扩建，栏板、望柱改用汉白玉，坛面改为艾叶青石。这种从北京房山采挖的青石细腻润滑，坚硬耐久。这些石板大小形状相同，而且拼合得严丝合缝，密不容针，二百多年来，依然水平如镜，更没有上翘下沉的现象出现，足见当时工匠们设计之精妙，技艺之高超。坛中心有一块石板被称作太极石或天心石，当人站在这块石板上轻轻呼喊时，就会有回声从四面八方传来，清晰响亮。但站在圆心以外说话或听起来，却没有这种感觉，可以想象，当年皇帝站在天心石上，四周寂寥无声，只有自己无比响亮的声音在天空中回荡，仿佛自己真能与上天对话，他的内心，一定是充满了无比的自豪感。

圜丘坛真正体现了天的魅力，它并不是很高，但周围没有任何高于它的建筑，只有翠柏森森。人站在上面，天是那样的近，那样的蓝，白云轻轻飘过，你无法抗拒那种力量，仿佛要投入它的怀抱。坛虽然独立于此，但工匠们巧妙地运用了借景手法，使你眼前出现了苍茫林海，巍峨宫阙，红墙蓝瓦，斗拱彩绘，尽管相隔很远，却尽收眼底，组成了一个建筑整体，让人赞叹，令人神往。

图 1-12 回音壁

与祈年殿一样，圜丘坛以东也建有神库、神厨、宰牲亭等。坛的东南方为燔柴炉，西南方有望灯台，灯台上设有长杆，高悬大灯笼，用以照明。在坛的周围还有燎炉 12 座，用以焚烧供品。这些建筑与圜丘坛共同组成了一个整体，为皇天上帝服务。

从圜丘坛向西，在西天门以南沿内坛墙一侧以里便是斋宫。斋宫是又一处较为重要的建筑，属于祭天的辅助性建筑，供皇帝在祭祀之前斋戒沐浴之用。斋宫坐西朝东，平面呈正方形，占地约 4 万平方米，两重高大的宫墙把宫殿围得严严实实，两道宽宽的御河令人望而生畏，不敢越雷池一步。在外沟内岸还建有 163 间回廊，是皇帝斋戒时侍卫放哨警卫的处所。斋宫主要有正殿、寝宫、钟楼等，布局严谨，结构规整，有“小皇宫”之称。正殿气宇轩昂，立于台基之上，红墙绿瓦，对比鲜明。大殿面阔五间，是拱券形砖石结构，没有一根梁枋木柱，技艺超群，手法精湛，被称作无梁殿，确是名副其实。正殿殿前丹墀上一左一右两座石亭子，右边放置时辰牌，报告时间；左边放置斋戒铜人。在皇帝斋戒期间亭子内放一张方几，上罩黄云缎桌衣，再设约半米高的铜人像一尊，铜人双手捧着写有“斋戒”二字的简牌，让皇帝“触目惊心，恪恭罔懈”。大殿后是寝宫，为皇帝斋宿所在。这里有宿卫房、衣包房、茶果局、御膳房、什物房等，宫中所有为皇帝服务的机构在这里一应俱全，无怪乎有“小皇宫”之誉。

图 1-13　斋宫

图 1-14　圜丘坛

在外坛西墙内祈谷门和西天门一线以南便是神乐署与牺牲所，前者在北，后者在南。神乐署是祭天时管理演奏古乐的机关，也是乐舞生练习乐舞的排练场，建于明永乐十八年（1420 年），当时叫作神乐观，清乾隆十九年（1754 年）才改叫现在的名字。整组建筑坐西朝东，有大殿 5 间，明代叫太和殿，清康熙十二年（1673 年）改叫凝禧殿，殿后为显祐殿，共 7 间；此外还有奉祀堂、掌乐堂及存放乐生冠服的库房等一系列建筑。牺牲所则是祭祀时用的牲畜的饲养场所。

天坛建筑宏伟雄奇，个性鲜明，是中国古代坛庙建筑的典范之作，具有很高的历史艺术价值。它所包容的深刻的文化象征意义，把天坛的个性特征烘托得更加鲜明，极富吸引力。

突出天空的辽阔与高远，从而表现天帝的至尊无上，这是天坛建筑设计的中心思想。为此，天坛建筑布局最引人注目的一点，是摆脱了古代建筑群中惯用的以中轴线为对称的设计方案。打开天坛平面布置图即可发现，天坛设有呈“回”字形的两重坛墙，把整群建筑分为内坛和外坛两大部分，主要建筑都处在内坛之中。但内坛却并未安置在外坛的南北中轴线上，而是位于这条中轴线偏东，从而在主体建筑群以西留出了一大片旷地。这样，当人们从西门进入天坛之后，映入眼帘的首先就是那开阔的天宇，神圣、博大与至高无上的天帝立刻在蓝天白云的映衬之下凸现出来，人们顿时会感觉到自身的渺小，因此，便会心甘情愿地向天帝顶礼膜拜，祈求保佑。祈年殿、圜丘坛等建筑的设计，也遵循了同样的原则。

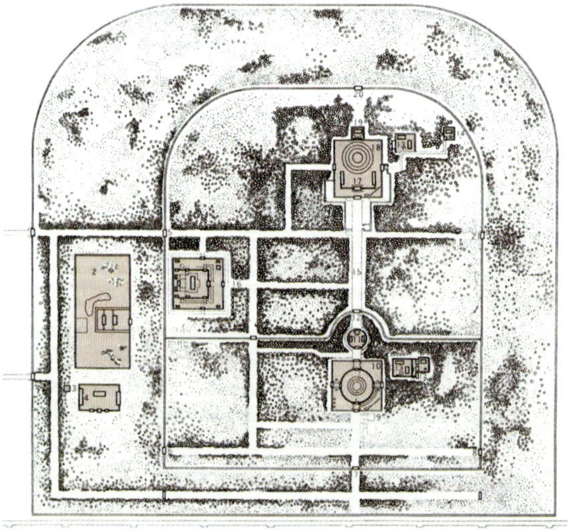

图 1-15　天坛平面图

天坛在建筑设计思想上，充

分体现了它的祭祀功能，每一处建筑的设计都与天地息息相关，透露出深刻的文化象征意义。

“天圆地方”的说法反映了古人对自然界的初步认识。天坛北沿为圆弧形，南沿与东、西墙成直角，呈方形，北圆南方，象征着“天圆地方”的观念，因此，天坛的外墙被称作天地墙。祈年殿立于圆形基座之上，大殿为圆形攒尖顶，围墙方形，也正是“天圆地方”思想的体现。圜丘坛外有两道壝墙，外方内圆，同样是“天圆地方”思想的显昭。圜丘坛初建时坛面为蓝色琉璃砖，皇穹宇、祈年殿、皇乾殿等建筑的屋顶都用蓝色琉璃瓦，这些设计都是以蓝色象征天空，以此加重了人们进入天坛后对“天”的感觉与敬重。祈年殿三重攒尖顶逐层向上收缩，象征与天相接。大殿内的大柱也是按天象所建的，中央的 4 根龙井柱代表着春、夏、秋、冬四季，中间 12 根楠木柱代表一年 12 个月，外围的 12 根檐柱则代表一天的 12 个时辰，而中、外两层柱子加起来共 24 根，象征着一年的二十四节气，3 层相加共 28 根柱子，表示周天的二十八星宿，再加上柱顶的八根童柱就象征三十六天罡。

我国古代把一、三、五、七、九等单数称作“阳数”，阳代表天，故又叫“天数”，而九是最高的，常被用来表示天的至高至大。作为祭天的圜丘坛，是万万不能违背“天数”的，所以坛上的石板、石栏以及台阶都与“九”这个阳数密切相关。坛的每一层除 4 个出入口外，周围都有石栏板环绕，上层为 72 块，中层是 108 块，下层最多，为 180 块，这三个数都是九的倍数，相加共 360 块，象征周天 360 度。从坛中心的天心石向外三层台面，每层铺设九圈扇形石板，上层第一圈 9 块，第二圈 18 块，第三圈 27 块，到第九圈为 81 块，中层从第十圈到第十八圈，下层从第十九圈至第二十七圈，一共378圈，共计3402块石板。坛面的直径也是如此，上层直径9丈，中层直径 15 丈，下层直径 21 丈，三层合起来共 45 丈，不仅是 9 的倍数，而且象征着“九五之尊”。这些数字与中国古建筑合而为一，几何学在这里得到了充分的应用，同时它又与古老的帝王神权

哲学紧紧相扣，包含了深刻的文化象征意义。可以想象，聪明的古代工匠在设计时恐怕也是绞尽脑汁，煞费了一番苦心！

天坛的建筑多姿多彩，亭、坛、殿、宇，雕梁画栋，红墙碧瓦，翠柏苍松，相映成趣，把这座古典建筑群映衬得亦庄亦谐。色彩的搭配、结构的造型、建筑的布局，无不表现出古人对美的追求，体现了古人的审美情趣。

整个天坛面积广大，但建筑物并非充满其中，而只是疏朗地分散其间。整组建筑的主题十分突出，即用一条高出地面的丹陛桥作为轴线贯通南北，两端恰当地安排了体量与形状不同的建筑，作为全部建筑的重心所在。空地遍植翠柏，远隔尘氛，衬托出环境的静谧。圜丘坛、丹陛桥和祈年殿高出地平面，矮墙之上树梢微露，建筑物高出林表与天相接的效果鲜明。

从空中俯瞰天坛，建筑物顶部大多数都覆盖蓝色琉璃瓦，简直就是一片蓝色的海洋，浩渺无垠。白色的汉白玉石栏杆、阶梯恰似汪洋中的一片小岛，而红色的墙围与星星点点的门窗给这庄严甚至有几分肃杀的气氛增添了几许活力，让人感到兴奋与欢愉。天坛的色彩虽不能说丰富，但颇有特色，层次分明，配合巧妙。

走进天坛，极目远眺，几乎全是青蓝的天空颜色，在这里，你真正体会到了天的存在。人们敬畏天，祭拜天，希望能够得到庇护与福佑。明清时的郊祀每年三次都由皇帝亲自主持，在天坛举行。天坛并非仅仅用来祭天，它兼有祈谷和祈雨的功能。每年正月上辛日要在祈年殿举行祈谷礼，祷告上天保佑五谷丰登；四月吉日在圜丘坛举行雩礼，为百谷祈求膏雨；而每年冬至皇帝要来圜丘坛举行告祀礼，禀告上天五谷业已丰登，主祭皇天上帝，配祭皇帝列祖列宗及日、月、星辰、云、雨、风、雷，这就是祭天大礼。

祭天是随着先民对天的不断认识而逐渐发展、完善的。在中国，对“天”的信仰从周朝时就已固定下来。历代统治者都认为自己是“天子”，受命于天，天能主宰世间一切，天是人间帝王的君父，帝王顺理成章成为“天子”。《礼记·经解》中说：“天子者与天地参，故德配天地，兼利万物，与日月并明，明照四海而不遗微小。”因而，祭天理所当然成为“天子”的特权。

祭天的种类也有多种，古代主要有三种情况，一是季节性常祀，分为孟春祈谷，孟夏大雩，季秋大享明堂；二是皇帝于冬至在圜丘举行的南郊大礼；三是最隆重的祭天礼即在泰山举行的封禅大典。

周朝时，祭天被列为国家的重大典礼之一，有了一套颇为复杂的仪式。在南郊设圜丘举行祭天大礼始于汉代，汉成帝在位时，在长安（今陕西省西安市）南郊设立圜丘，并按古代礼仪举行了隆重的祭典。这套仪礼制度曾有反复，直到西汉末年才最终确定下来，明确了天（皇天上帝）的至上地位，而曾受人尊崇的五帝则变成了皇天上帝的属神。从此以后，历代统治者沿袭此制，在南郊建立圜丘祭天直至清末。

历代帝王在南郊设立的圜丘都称作天坛，它渐渐成为一个王朝政权合法的标志。历史上的每一代帝王都极为重视天坛的兴建，祭天成为国家政治伦理中必备的仪式大典，成为王朝政治生活中的一个程式。这一程式，不但被汉族帝王所传承，就是少数民族进入中原建立的政权也都沿袭不改。金人在重五、中元、重九这几天要举行颇具草原民族豪情的“拜天射柳”仪式，而一旦入主中原，立

图 1-16 祈谷坛全景

即放弃旧俗，建坛拜天。

祭天通常露天举行，这样，人们供奉的祭品上天才容易看见并接受。圜丘坛建于旷野，直面蓝天，正体现了古人的这一思想。祭品在仪式中必不可少，因为它是虔敬的象征。苍璧、黄琮是首要的祭品，其次才是牺牲、醴酒、绢帛、黍稷。璧圆琮方，象征“天圆地方”，其意义在于表达一种理念上的崇敬心情，而牺牲主要有牛、羊、猪等，是供奉上天的食物，要经过严格挑选。就牛而言，在祭祀仪式之前进行拣选，首先得是公牛，皮毛要纯净，选好后精心喂养，祭祀用的牛不能有丝毫损伤，倘若有任何一点比比纰漏，都要随时更换，因为给天的祭品必须是完美无缺的。羊、猪等作为祭品必须要挂上绣好的锦袍，而牛则不用，可见古人对于牛作为祭品是相当看重的，反映了牛在人们生活中的重要地位。

封建帝王敕建天坛祭天，虽然名义上是为百姓祈福，但实际上却只是祈求上天保佑自己一统万年。因此，无论祭日还是平日，天坛都是把百姓摒于门外的。只有在人民成为国家主人的今天，百姓才可以自由地徜徉于天坛之内，尽情地欣赏我国古代劳动人民的伟大创造。今日的天坛虽然失去了原来的功能，但它那精美的建筑以及特有的文化氛围，仍然具有强烈的吸引力。曾经担任美国国务卿的基辛格几乎每次访华，都要到天坛参观。在这位曾是建筑师的政治家眼中，天坛的祈年殿等建筑，不仅代表了中国乃至东方古代建筑的最高成就，而且也是中国乃至东方古代世界哲学体系的物质反映。因此，它们便成为中国古代建筑遗存中最好看、最值得看、最耐看的一组。在北京申办2000年奥运会主办权的活动中，组委会也以祈年殿为原型设计了会徽，而以祈年殿为主要图形的各种标志、徽记也随处可见。这些情况充分说明，天坛建筑群已经成为中国古代文明的典型代表，在世界范围内拥有极高的声望和巨大的影响。

三 北京社稷坛与社稷崇拜

中国是一个历史悠久的农业大国，土地对每一个人来说都是十分重要而宝贵的。“民以食为天”，人们离不开食物，而食物必须在土地上耕种。因此，土地和食物格外受人重视，人类逐渐产生了对土地和五谷的崇拜。相传共工氏之子名叫勾龙，能平水土，被人称作“后土”，即社神。关于稷神，一说厉山氏之子名叫农，能播植百谷，被人当作稷神；另一说商汤灭夏以后，周人的始祖弃（后稷）被奉为了稷神，这就是社稷的由来。

历代帝王十分重视社稷，把它看作是国家存亡的标志，于是社稷成了国家的同义语。《白虎通·社稷》上说：“王者所以有社稷何？为天下求福报功。人非土不立，非谷不食。土地广博，不可遍敬也；五谷众多，不可一一祭也。故封土立社示有土尊。稷，五谷之长，故封稷而祭之也。”这段话说的就是这个道理。社稷，又象征着农业生产，因此它是国家的根本。社稷比天神更实际些，更贴近生活，无论官方还是民间都普遍奉祀。祭祀社稷之礼，从天子到诸侯都可以举行。《礼记》上讲，帝王为群姓立的社叫大社，帝王自己立的社叫王社，诸侯给百姓立的社叫国社，诸侯自己立的社叫侯社，大夫以下成群立的社都叫置社。北京的社稷坛就是明清两代皇帝祭祀土地和五谷神的地方。

北京社稷坛坐落在北京天安门的西侧，现在的中山公园内，与东边的太庙一左一右，体现了“左祖右社”的帝王都城设计原则。社稷坛早期是分开设立的，称作太社坛、太稷坛，供奉社神和稷神（社即土地，稷即五谷），后来才逐渐合而为一，共同祭祀。北京

图1-17 社稷坛远眺（龙霄飞摄）

社稷坛建于明永乐十八年（1420年），它所在的地方在唐代是幽州城东北郊的一座古刹，辽代将其扩建为兴国寺，元代又被圈入大都城内，改叫万寿兴国寺，明成祖朱棣迁都北京后，在万寿寺的基础上建起了社稷坛。

社稷坛整个园区平面呈南北稍长的不规则长方形，南部东西宽345.5米，北部东西宽375.1米，南北长470.3米，占地面积达

24 万平方米。社稷坛共有两道坛墙，外坛墙周长约 2015 米。东墙开有东向的大门三座：南边的叫社稷街门，是清代社稷坛的正式街门，举行献俘礼时押解战俘从这道门经过；中间是社稷左门，这是社稷坛的旁门，皇帝行祭礼的时候，陪同祭祀的王公大臣们从这道门出入；北边的叫社稷东北门，明代专门供卒役及参加祭礼的小官吏出入，清代成为社稷坛的总大门，当中门洞专供皇帝出入，两侧门洞是王公大臣、兵卒等人出入的通道。内坛墙南北长 266.8 米，东西宽 205.6 米，黄琉璃瓦顶红墙皮，每面正中有门一座。北门是主门，跨入这道门便来到了社稷坛的中心建筑——祭坛。祭坛位于园中心偏北。现存的社稷坛是明清时期的建筑，用汉白玉石砌成，正方形三层平台，上层边长 15.95 米，中层边长 16.9 米，下层边长 17.83 米，总高 0.96 米，每侧正中各有汉白玉石台阶 4 级。《周礼·春

图 1-18 社稷坛（龙霄飞摄）

图 1-19　社稷坛五色土（龙霄飞摄）

官》上说，社稷坛要建在“中门之外，外门之内”，而且建筑的材料也十分讲究。坛的最上层铺垫五色土：东为青色土，南为红色土，西为白色土，北为黑色土，中间为黄色土，分别象征着木、火、金、水、土五行。根据阴阳五行说，金、木、水、火、土是构成世界的五种最基本的物质，代表五方五色，所以五色土寓含了全国的疆土。对于五色土的理解，仁者见仁，智者见智，现代人更有新的理解。李燕先生曾经创作了一幅名为《五色土回想曲》的画，他把画面分割成五块，中间黄色代表皇权，左右两侧蓝和黑色代表国家统治的强权机构——军队和司法，上方为一片穿着红袍的官僚形象，在红、黄、蓝、黑的重压之下，用白描手法刻画出各种职业的老百姓挣扎在社会的底层。画家的这种处理，似乎是更形象、更直接地道出了五色土的实质内涵。五色土厚两寸四分，明弘治五年（公元 1492 年），改为一寸。每年春、秋两季祭祀前要由顺天府负责更换新土，新土由全国各地纳贡交来，以表明“溥天之下，莫非王土”之意。祭坛的正中是一块5尺高、2尺见方的石社柱，一半埋在土中，每当祭礼结束后全部埋在土中，上边加上木盖。祭坛四周有壝墙环护，墙上青、红、白、黑四色琉璃瓦按东、南、西、北的方向排列，每面墙上正中各有一座汉白玉石的棂星门。

每年春秋两季皇帝要亲自来祭社神和稷神，祭礼繁缛冗长，少不了迎神、升坛、跪拜、奠玉帛、蹈献爵、终献礼等流程，前后达二三个时辰。每当天气不好，遇上刮风、下雨时，祭祀仪式就在坛北的拜殿中举行。拜殿为一座大型木结构建筑，面阔五间，进深三间，庑殿顶覆黄琉璃瓦，殿内无天花板。社稷坛拜殿一反中国传统建筑的布局方式，设在了祭坛的北方，由北向南行礼，这正符合《礼记·郊特牲》上所讲的“社祭土而主阴气也，君南乡于北墉下，答阴之义也”。1925年，孙中山先生在北京逝世后，这里曾作为停灵场所，所以1928年改叫“中山堂”，直至今日，每年孙先生的诞

图1-20 社稷坛、拜殿与后殿（龙霄飞摄）

辰与祭日都要在此举行隆重的纪念活动。

拜殿后是戟门，即中山堂后殿。当中的三个门洞中各陈列24把大铁戟，这些铁戟长一丈一尺，戟头镀金，戟镦镀银，还有个好听的名字，叫银镦红杠金龙戟，所以这道门也就被称作戟门。戟门建于明代，面阔五间，进深三间，黄琉璃瓦歇山顶，清代是社稷坛的正式宫门，叫作大戟门。

神库、神厨与宰牲亭是祭祀建筑必不可少的配套建筑，社稷坛也不例外。神库、神厨位于坛的西南，坐西朝东，神库在南，神厨在北，是两座形制完全相同的建筑，黄琉璃瓦悬山顶，进深三间。宰牲亭位于内坛墙西门外南侧，黄琉璃瓦歇山顶，四角重檐，亭内有方井一口，亭外有矮墙环绕。

社稷坛共有内、外两道坛墙，主要建筑都集中于内坛墙里。建筑中树木葱茏，苍翠浓郁。据史书记载，在“社”中必须种植松、柏、栗、梓、槐五种树木，而且树栽种时也要按一定的方位排列，可见古人对社稷之礼的高度重视，其中也包含了浓厚的阴阳五行学说，特别是坛内五色土的布置尤为明显。

社稷，国脉所系，民脉所系，是政权的标志，又是农业的象征。古人选择社与稷奉祀不是随随便便的，社稷之神是文明的产物，它的出现既有政治上的作用，又有经济上的意义。官民都普遍祭祀社稷神。官方建坛奉祀，礼仪繁缛，庄重肃穆；民间祭祀则是另一番景象，充满了生活气息，社日成为睦邻欢聚的日子，同时还有各种欢庆活动，“社戏”“社火”就是很好的例子。现代生活中的“社会”一词，也与社日活动有关。

北京的社稷坛现已辟为中山公园。1914 年以后，陆续添建、迁建了许多风景建筑和纪念建筑。保卫和平坊记述了近代中国一段屈辱的历史；兰亭八柱碑亭让人领略了天下第一行书的风采；来今雨轩风景宜人；四宜轩、习礼亭、唐花坞、投壶亭、格言亭等各具特色；而那昔日庄严神圣的社稷坛如今只是孤零零地躲在一旁，与坛墙外喧闹的人群形成两个截然不同的世界。

时代的变迁，在这里不是十分强烈地展示出来了吗？

图 1-21　习礼亭（龙霄飞摄）

四 北京地坛与祭地

大地是滋生万物的源泉，人们一向看重土地，把它喻为母亲，特别是在中国这样一个古老的农业大国，人们对土地更有一种特殊的情感。从遥远的新石器时代开始，人们就以血祭地母的形式来表达对土地神与土地的崇拜。之后，为了祭祀地神，求得保佑与恩赐，人们修建各种场所供奉、祭祀地神。相传周朝时已经有了“祭地于泽中方丘”的制度。汉成帝建始元年（公元前 32 年）按阴阳方位建天地之祠于长安城（今陕西省西安市）南北郊，自此之后，祭地之坛成为历代都城规划中必不可少的项目。北京的地坛是中国历史上修建的最后一座祭地坛，同时也是中国历史上修建的规模最大的一座祭地坛。

北京地坛坐落在北京市东城区安定门外，是明清两代皇帝祭祀皇地祇（即地神）的所在，也是中国历史上连续祭祀时间最长的一座地坛。明代前期，祭地与祭天是合并在今天的天

图 1-22 方泽坛棂星门

坛内举行的，直到明嘉靖九年（1530年）订立四郊分祀的制度以后，才另建坛祭地，当时称作方泽坛。明嘉靖十三年（1534年），改称地坛。清代沿用明代的地坛，乾隆皇帝在位时进行大规模修建，将坛壝和皇祇室的绿琉璃瓦顶换成了黄瓦；将坛面的黄琉璃瓦改为白色墁石块；修建了望灯、牌坊等附属建筑物，形成了今天的大体规模。

地坛分为内坛和外坛，以祭坛为中心，周围建有皇祇室、斋宫、神库、神厨、宰牲亭、钟鼓楼等。方泽坛是地坛的中心建筑，俗称拜台，坛为正方形，为上下两层，用汉白玉石砌造而成，上层高1.28米，边长20.35米，下层高1.25米，边长35米，坛四面出陛，每面各8级台阶。在坛的下层东西两侧放置四个精工雕造的石座，这些石座不是单纯的装饰品，而是祭祀时不可缺少的物品，它

图1-23　方泽坛

们是用来摆放五岳（即东岳泰山、西岳华山、南岳衡山、北岳恒山、中岳嵩山）、五镇［即东镇青州沂山（今山东省青州市）、西镇雍州吴山（今陕西省陇县）、南镇扬州会稽山（今浙江省绍兴市）、北镇幽州医巫闾山（今辽宁省北镇市）、中镇冀州霍山（今山西省霍州市）］、四海（即东海、西海、南海和北海）、四渎（即长江、黄河、淮河和济水）神位的。依照被祭祀对象特性的不同，这些石座上雕造的花纹也各不相同：五岳、五镇为山的形状，四海、四渎为水的形状。围绕方泽坛是两重正方形壝墙，内墙厚 80 厘米，边长 86.1 米，外墙厚 89 厘米，边长 132.9 米，墙顶为黄琉璃筒瓦；四面各有棂星门一座，东、南、西三面为二柱一门式，北面为四柱三门式，是方泽坛的正门。在内壝墙北门外东北角有望灯台一座，为祭祀时挂灯照明之用；西北角有瘗坎一座及燎炉五座，瘗坎是

用来埋藏祭祀时牺牲的毛血等东西的。

围绕方泽坛的外壝墙有一条水渠，长167米，宽2米，深2.9米，渠中贮水，为祭祀时提供用水。水渠西南角有一个石雕龙头，在祭祀大典举行之前，从暗沟向渠内引水，水深以石雕龙头为准。这条水渠称作方泽，方泽坛的名字即由此而得。

出方泽坛南门便是皇祇室，有大殿五间，坐南朝北，单檐歇山顶，上覆黄琉璃瓦。这里是平时存放皇地祇神位以及五岳、五镇、四海、四渎神位的地方，祭祀的时候从这里移到方泽坛，祭祀完毕后再送回到这里继续供奉。皇祇室有东西配殿各三间，四周有正方形垣墙环绕，北面开一门与方泽坛相通。

方泽坛西门外是神库、神厨，这是一处独立的小院，专门用于存放祭器和制备祭品，由四座大殿和两座井亭组成。神库西边为宰牲亭，亭前左右各有一座井亭，是祭祀前宰杀牺牲、准备祭品的场所。神库、神厨、宰牲亭都以绿琉璃瓦覆顶。

图 1-24　地坛皇祇室

图 1-25 地坛斋宫

斋宫是祭祀大典前皇帝斋戒的地方，是必不可少的一处建筑。它位于方泽坛的西北，坐西朝东，正殿七间，单檐歇山顶，上覆绿琉璃瓦；左右各有配殿七间，后有守卫住房，四周有两重围墙环护，戒备森严。

在古代，祭祀地祇是仅次于祭祖、祭天的国家大典，地坛和天坛一样，是非常重要的礼制建筑。但是，当天坛以其精美绝伦的建筑形式和艺术氛围享誉天下之时，地坛却一直鲜为人知。最近几年举办的地坛庙会，虽然给地坛营造了一些声势，但在不少人的心目中，那座占地不过半公顷，高度不及 1 层楼的平台实在是其貌不扬，看不出有什么独特的建筑技巧和丰富的内涵，这实实在在是一种误会。

地坛面积确实不大，约 37 万平方米，仅是天坛面积的八分之一左右。举行祭地大典的方泽坛，乍一看去，似乎给人以矮小、简单之感。但是，就在这看似一无所有的表象下面，却隐含着象征、对比、透视效果、视错觉、夸大尺度、突出光影等一系列建筑艺术手法，隐含着古代建筑师们的匠心巧思。

在古代中国，“天圆地方”的观念源远流长，因此，作为祭祀地祇场所的地坛，最突出的一点，即是以象征大地的正方形为几何母题而重复运用。从地坛平面的构成到墙圈、拜台的建造，一系列平面立面，大小方向不同的正方形的反复出现，与天坛以象征苍天的圆形为母题而不断重复的构造形式形成了鲜明的对照。这些重复的正方形，不仅具有强烈的象征意义，而且还创造了构图上平稳、协调、安定的建筑形象，而这又与大地平实的本色是何等的一致！

按照古代天阳地阴的说法，方泽坛坛面的石块均为阴数，即双数：中心是 36 块较大的方石，纵横各 6 块；围绕着中心点，上台砌有 8 圈石块，最内者 36 块，最外者 92 块，每圈递增 8 块；下台同样砌有 8 圈石块，最内者 100 块，最外者 156 块，亦是每圈递增 8 块；上层共有 548 个石块，下层共有 1024 块，两层平台用 8 级台阶相连。凡此种种，皆是“地方”学说的象征。

空间节奏的完美处理，是方泽坛建筑艺术上的又一突出成就。全坛方形平面向心式的重复构图，使位于中心的那座体量不高不大的方形祭台显得异常雄伟，这种非凡的气魄，主要来自两个方面：首先是最大限度地去掉周围建筑物上一切多余的部分，使其尽可能地以最简单、最精炼的形式出现，从而形成了一个高度净化的环

图 1-26 《大清会典》方泽坛总图

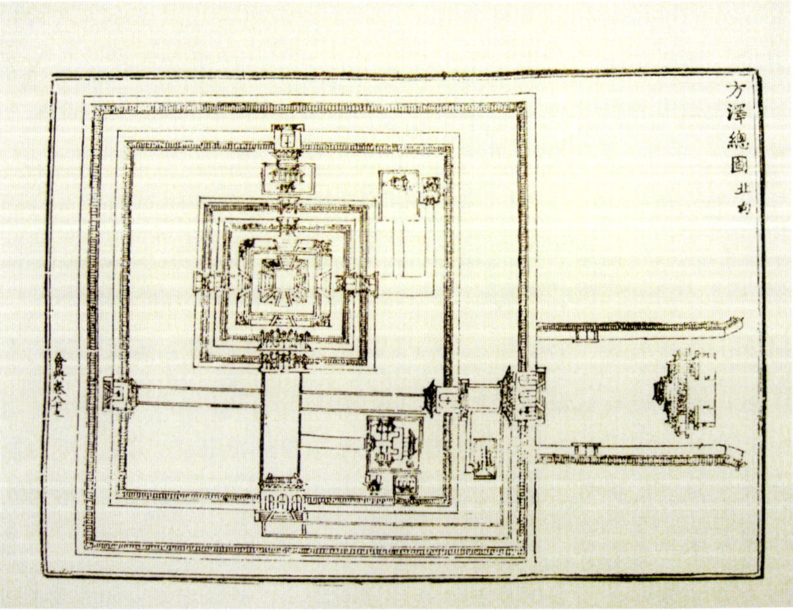

境；其次则是巧妙的空间节奏处理手法：两层坛墙被有意垒砌出不同的高度，外层墙封顶下为1.7米，内墙则只有0.9米，外墙比内墙高出了将近一倍；外门高2.9米，内门高2.5米。两层平台的高度虽然相近，但台阶的宽度却不同，上层台宽3.2米，下层台宽3.8米。这种加大远景、缩小近景尺寸的手法，大大加强了透视深远的效果。更重要的是，这样的安排还造成了祭拜者的一种特殊的心理节奏，当他沿着神道向祭坛走去时，越向前走，建筑物就越是矮小，而祭拜者本人则越是显得高大，当他最终登上祭坛时，自然会有一种临空抚云、俯瞰尘世之感。除了视觉上促使人产生节奏感之外，这里还重视人的触觉，特别是脚的感觉。中国建筑历来重视地面的铺设和道路、台阶的距离远近和曲直，目的是要创造出一种特定的意境或气氛。方泽坛的空间距离，从一门到二门，二门到台阶前都是32步左右，两层平台都是8级台阶，上二层平台又是32步左右。这种人行进间持续时间相同的重复，自然而然地使人脚的触觉转化成心理上的节奏，舒畅的平步青云之感便油然而生。如果说，帝王祭天是为了表现自己是天之元子、受命于天的话，那么，他们在祭地之时，所要强调的则是自己君临大地、统治万民。因此，天坛建筑以突出天的至高至大为主，祭天者被放到了从属的地位；而地坛建筑则不然，它虽然也要表现大地的平实与辽阔，但更要突出作为大地主人——君王的威严，要唤起帝王统治万民的神圣感和自豪感。所以，营建地坛的古代建筑师们才煞费苦心地做了上述构思与设计。

地坛建筑在色彩运用方面也颇具匠心。全部方泽坛只用了黄、红、灰、白四种颜色，便完成了象征、对比、过渡等艺术形式，起到了协调艺术整体、创造气氛的作用。祭台侧面贴黄色琉璃面砖，既标明其皇家建筑规格，又是地祇的象征，在中国古代建筑中，除了九龙壁之外，很少见到这种做法。在黄瓦与红墙之间以灰色起过渡作用，又是我国古代宫廷建筑常见的手法。整个建筑物以白色为主并伴以强烈的红白对比，给人以深刻的印象。红墙庄重、热烈，

汉白玉高雅、洁静；红色强调粗重有力，白色暗示纯净无瑕；红色在视觉上近在眼前，象征尘世，而白色则透视深远，象征苍天。它们的强烈对比加强了祭坛环境透视深远的效果，远方苍松翠柏的映衬，又使祭坛的轮廓十分鲜明，更增添了它神秘、神圣的色彩。

祭地大典是极为重要的国家典仪，历代帝王都要出席。时代的变迁使当年帝王祭地的盛典不复存在，但借助于文献，我们仍可想象出祭地大典的大致情形。以清代为例，祭典定在每年的夏至这一天举行。皇帝照例要提前三天进行斋戒，以示虔诚。致祭的当天，祭坛上层南面正位摆放皇地祇的神位，下层东侧摆放五岳、四海神位，右侧摆放五镇、四渎神位。为表示敬重，各神位都以三层明黄色帷幔遮覆。黎明时分，身着祭服的皇帝率领文武百官，沿着密林中幽邃的神道，向着方泽坛缓缓走去，在庄严肃穆的礼乐声中，皇帝庄严肃穆地迎神、上香、献帛、献爵、进俎，不断地三跪九拜。当他完成了这套繁缛的仪式之时，灿烂的阳光已洒满大地。在大臣跪拜称贺、高呼万岁的欢呼声里，喜气洋洋的皇帝乘兴回宫，祭地大典遂告结束。

晚清时期，由于幼帝不能亲祭以及政局的混乱，祭地典仪已名存实亡。进入民国以后，地坛更是迅速走向衰败与荒芜，当年充满神秘与庄严的祭坛，几乎成了废墟。1925 年，京兆尹薛笃弼将地坛辟为京兆公园，建立了世界园、通俗图书馆、公共体育场，三年后改为市民公园。不久之后，因为费用困难，加上驻军的破坏，地坛又一次荒落下去，世界园成了育苗场，斋宫成了种子交换站，神库也被用来训练警犬。1935 年，当时的北平市政府接管了地坛，随即停办市民公园，仍以地坛名义开放。卢沟桥事变后，侵华日军为修整西郊机场，强行将地界内的贫民迁至地坛，后来又将地坛房地分拨给这些贫民居住和耕种。中华人民共和国成立后，于 1954 年 4 月将地坛恢复为公园。20 世纪 70 年代以后，有关部门对地坛古建筑进行了大规模的植树绿化，较好地恢复了古坛风貌，使之成为一处人民群众娱乐的重要文化场所。

五 北京先农坛与籍田之礼

我国古代传说中把最先教农民耕种并受奉祀的农神称作先农。在我国历史上，有把神农当作先农祭祀的，也有供奉后稷的，而对后世影响最广的是以炎帝神农为先农。先农坛即为祭祀先农而建，又叫山川坛，坐落在北京市西城区永定门内，和天坛一西一东，相对而立，是明清两代帝王祭祀先农、山川、神祇、太岁诸神的地方，尤以祭祀先农之礼最为隆重。

先农坛建于明永乐十八年（1420 年），当时叫作山川坛，一切都遵从明太祖朱元璋在南京所建山川坛的规制，但较之更高敞壮丽。明嘉靖年间改变了山川坛一坛多神的祭祀格局，又增建了太岁殿、天神坛、地祇坛，明嘉靖十一年（1532 年），山川坛改叫天

图 1-27 先农坛地祇坛

神地祇坛。明万历年间，又增建了旗纛庙、神仓、斋宫等，格局趋于完整，此时更名叫先农坛。清乾隆年间，又将原本为木质结构的观耕台改建为砖石琉璃建筑，改建斋宫并将其更名为庆成宫。乾隆皇帝在对先农坛进行修缮的同时，还下令在坛内植树，增添了坛内幽静肃穆的氛围。这样看来，虽然名为先农坛，但它并非只有先农坛一处建筑，而是由多组建筑组成的古建筑群，包括先农神坛、太岁殿、观耕台、神仓、庆成宫和神祇坛等。先农坛全部建筑分为内外两层，主要建筑都集中在内坛之中。

图 1-28 先农坛祭坛

先农坛现在的形制形成于明嘉靖年间，以后历代都有修葺。先农坛由内外两座坛墙围成，外垣南北长约1424米，东西宽约700米，北圆南方，占地860万平方米。整座神坛大建筑群的格局并没有采用中国古代建筑传统的中轴对称形式，但在每一组小建筑群中又严格遵循中轴对称的平面布局形式，体现了大处松散、小处严谨的独特风格，展示了既协调统一又富于变化的设计思想。

先农神坛在先农坛墙内西北隅，始建于明嘉靖年间，清乾隆时重修。神坛坐北朝南，是一座砖石结构的方形平台，一层，周长约为60米，高约为1.5米，四面各出8级台阶，祭祀先农的礼仪就在这里举行。坛北为正殿，这里是一处由红墙环绕的小院，正殿坐北朝南，面阔五间，殿内供奉着先农神位；东西两侧是神库和神厨，均面阔五间，它的南面是两座井亭，一东一西排列；宰牲亭位于小院的西北侧，祭祀时所用的牛、羊、猪三牲都在这里被宰杀。

先农坛的东南有一座观耕台，是举行籍田仪式的地方，皇帝在行完躬耕礼之后在这儿观看群臣从耕。观耕台始建于明嘉靖年间，原本是木结构的，而且往往是在举行籍田仪式时临时搭建的，清乾隆十九年（1754 年）改为砖石结构。台南向，为方形平台，周长约 64 米，高约 1.5 米，比先农神坛稍大些。台座四面包砌琉璃砖，砖上以谷穗图案为装饰；台面四周为汉白玉石栏杆，台阶为浮雕莲花图案，制作十分考究，装饰庄重大方而又寓意吉祥。

图 1–29　先农坛观耕台

先农神坛的东北是太岁坛，又叫太岁殿，是祭祀太岁及春夏秋冬等自然神的场所，是先农坛内最雄伟的单体建筑，它面阔七间，坐北朝南，黑琉璃筒瓦绿剪边歇山顶。建筑外部为和玺彩画，色彩浓艳，金碧辉煌；内部为旋子彩画，色彩古朴，肃穆典雅，这二者

图 1-30　先农坛太岁殿

一浓一淡，一动一静，互相呼应，相得益彰。大殿对面为拜殿，与东西配殿组成了宽敞的院落。每逢祭祀太岁，逢水、旱或出征、凯旋等重大事件时，皇帝都要派官员来这儿行祭礼。

太岁殿的东侧便是神仓，又称东院。神仓外有围墙环护，分为前后两进院落，中间有门相通，这里在明代为旗

图 1-31　先农坛神仓

囊庙，清乾隆时期改建为神仓，是贮藏五谷祭品的处所。前院根据收谷、碾磨、贮藏等功能而设置了收谷亭、碾房、神仓和仓房等建筑。神仓为中心建筑物，圆筒形制，位于院中，黑琉璃筒瓦绿剪边，圆攒尖顶，为了防止祭品变潮，又在室内砖地上加设了一层木地板。收谷亭为方形四角攒尖顶，为利于空气流通而不设门窗，四面开敞。仓房在收谷亭东西各列一排。后院正中为祭器库，用于存放祭祀所用的瓷、铜祭器。

从神仓继续往东便是庆成宫。庆成宫是帝王在躬耕礼结束后休息并接受百官朝贺、犒劳随从官员的一组建筑。庆成宫坐北朝南，共有三进院落，占地约为 1.3 万平方米。这里在明代及清初叫作斋宫，清乾隆二十年（1755 年）改叫庆成宫，有正殿、后殿、配殿等建筑。

神祇坛在太岁殿的正南，包括天神坛和地祇坛两座，建于明嘉靖十一年（1532 年）。天神坛在东边，坐北朝南，方形砖石结构；地祇坛在西边，坐南朝北，也是方形砖石结构。天神坛奉祀风、云、雨、雷四神，地祇坛奉祀五岳、五镇、四海、四渎之神，祈佑风调雨顺，国泰民安。

中国自古重农，农业是国家的根本，是人民生活的保证。中国的历代皇帝都十分重视农业生产，虽然不可能自己亲自下田劳动，但是也要做出某种姿态，让天下百姓知道皇帝是重视耕种的，于是便有了“籍田礼”。

籍田礼是指皇帝在特定的地方模拟耕田的仪式，尽管这种仪式就其本质而言，是统治者为了美化自己、笼络百姓的一种政治手段，但反映出农业在古代中国政治、经济中的重要地位。籍田仪式通常在都城的南郊举行，虽然是象征性仪式，皇帝也要亲自率领文武百官出城耕田。汉武帝刘彻在位时，把籍田仪式从郊外搬到了京城的行宫。隋唐以后，籍田大都在宫苑里进行，同时还建起了观耕台，用于皇帝观看群臣籍田。虽然这种仪式并不是年年举行的常典，但当皇帝觉得有必要加强一下对农业的重视，或是想显示一下太平盛世的景象时，都会进行一次籍田仪式。唐宋以后，籍田之礼尽管不断松弛，但一直都没有废掉，特别是明清两代还专门在城南建立了先农坛，作为举行籍田之礼的场所，以示对农业的重视。

明代的制度是皇帝右手扶犁，左手执鞭，往返犁三趟，府丞捧着装有种子的青箱，由户部侍郎跟着皇帝播种。皇帝亲耕之后，

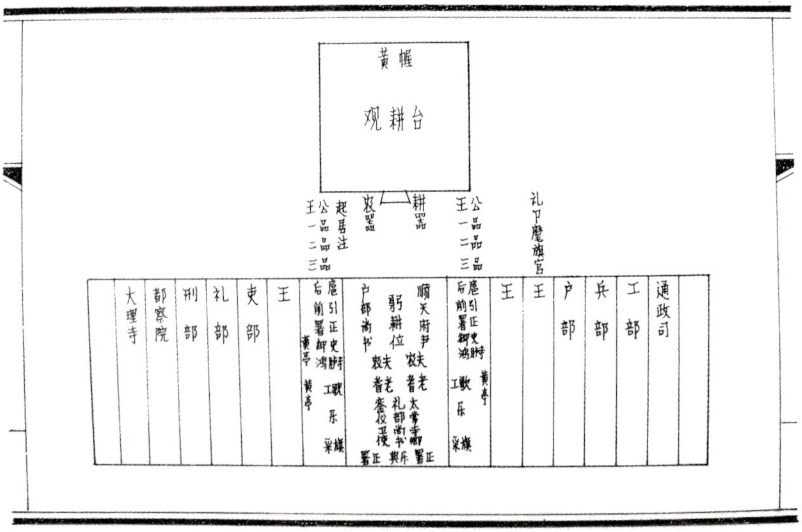

图 1-32 《大清会典》先农坛皇帝躬耕位次图

由教坊司乐工唱《三十六禾词》，礼部尚书、顺天府尹跪接耒耜、牛鞭，皇帝上观耕台看三公九卿籍田。在清代，每年的农历三月上亥日，皇帝都要到先农坛亲耕，行籍田礼。籍田礼举行的前一天，户部、礼部的堂官要和顺天府的官员把耕籍器具与农作物的种子送到太和殿，待龙目御览后，再授还给顺天府官，顺天府官捧着器具和种子从午门左门出，放在备好的彩亭内，送到先农坛籍田处。籍田仪式举行的当天清晨，在午门钟鸣后，皇帝身着礼服，坐着龙辇，在陪耕文武官员的簇拥下来到先农坛。皇帝先到先农神坛行祭礼，然后在具服殿换上明黄色的龙袍，稍作休息，由导驾官和太常寺卿充当导引，来到耕籍位。亲耕田就在观耕台的东面，共 1.3 亩，民间流行的“一亩三分地”的典故就是由此而来的。亲耕田两旁分为十二畦，由三公九卿从耕。皇帝在亲耕田面南站立，鸿胪寺官开始赞唱仪式，户部尚书、顺天府尹分别向皇上敬献耒耜、牛鞭，然后礼部銮仪卫、太常寺官引导皇上亲耕。亲耕仪式后，皇帝到斋宫，听礼部尚书跪奏终耕的亩数。后面还有一系列的赐茶、设宴、歌舞、杂戏等活动，直至皇帝乘辇回宫，午门再次钟鸣才宣告籍田礼仪结束。

然而，籍田礼也有不成功的时候。清嘉庆二十年（1815 年），嘉庆皇帝率领文武百官像往常一样来先农坛祭祀先农，行籍田礼。皇帝开始亲耕时，顺天府准备的耕牛不服驯导，失去了往日的温顺，死活不往前走。皇上没办法，只好命令换牛。不承想，换的这头牛还是不听话。皇上只得让御前侍卫来帮忙，十来个人乱作一团，勉勉强强让皇帝亲耕完毕。之后，皇帝登上观耕台，观看三公九卿从耕。此时，嘉庆皇帝早已忙得浑身是汗，可是，当他站在观耕台上时，看到的情景令他龙颜大怒。观耕台下三公九卿们所用的耕牛也是不听驯导，有的耕牛还四处乱跑，实在是不成体统。嘉庆皇帝勃然大怒，将专司供办耕牛的大兴县知县、宛平县知县免去官职，并严加议处，顺天府尹等专职人员和其他兼管人员一并受到了处分，

隆重的籍田仪式也只好草草收场。

清末，先农坛随着封建王朝的没落也失去了往日的神采，日渐破败。特别是八国联军的入侵，使先农坛再次遭到摧残，渐渐被人们遗忘了。辛亥革命后，先农坛收归国有，1913 年对外开放。但由于战事仍然频繁，作为公园的先农坛也命运不济，破坏严重。1949 年以后，先农坛长期被一些单位占用，直到 20 世纪 80 年代末才得到了应有的保护。

如今，北京古代建筑博物馆就坐落在先农坛内，人们虽然再也不会听到籍田礼乐的鸣奏，却能领略中国古代华美建筑的风采。博物馆内展示的历代建筑与祭坛建筑互为依托，相得益彰。先农坛并未被历史前进的车轮所抛弃，在新时代找到了自己合适的位置。

六 北京日坛与祭日

古代的祭日礼制在很早就形成了，但直至秦汉时期，还没有形成一定之规，仪式也不十分严格。秦始皇曾在成山祭日，汉代有祭日神的“东君祠”。春分东郊朝日的礼仪制度是在魏晋南北朝时期确定的。唐代以后，祭日之礼和圜丘祀天相似，但规格稍低，一般为中祀，偶尔也有作为大祀的。春分在东郊的日坛祭日，属于正祭。除此之外，在祭祀天地等大礼仪时，还作为配祀参加。诸侯朝觐天子行礼时要到南门拜日。明清两代建有日坛，专门举行祭日之礼。

日坛坐落在北京市朝阳区朝阳门外东南日坛路东，又叫作朝日坛，它是明清两代皇帝在春分这一天祭祀大明神（太阳）的地方。

图 1-33 朝日坛

日即太阳，人类对太阳的崇拜起源很早。中国古代对太阳神的崇拜在七八千年前的新石器时期就已形成了，在这种观念下，人们赋予太阳以神性和神职，通过各种仪式来表达对太阳神的虔敬之心，希望得到太阳神的庇护。朝日仪式是最初的崇日仪式，每当日出的时候，人们作揖、叩头、跪拜，迎接太阳的升起，随着崇日仪式的不断规范与定型，形成了在固定时间、固定地点举行的祭日仪式。我国的历朝历代都十分重视祭日典礼，然而祭日的时间却不尽相同。三国时期的魏文帝在正月祭日，魏明帝在二月丁亥祭日；后周则在春分祭日；明清两代的祭日典礼也在春分进行。

日坛作为祭日的固定场所，是随着祭日礼仪的固定而逐渐形成的。古代帝王的祭日场所大多设在京郊，现在北京的这座日坛建于明嘉靖九年（1530 年）。朝日坛四周被外墙围绕，坐东朝西，这是因为太阳从东方升起，人要站在西边向东行礼。坛为圆形，坛台一层，直径 33.3 米，周围砌有圆形矮墙，东、南、北面各有棂星门一座。西面为正门，有三座棂星门，以示区别。墙内正中用白石砌成一座方台，叫作拜神坛，高约 1.9 米，周长约 64 米。明代建成时坛面用红色琉璃砖砌成，以象征大明神太阳，这本是一种非常富有浪漫色彩的布置，但到清代却改用青色方砖铺墁，使日坛逊色不少。

以朝日坛为中心，周围还建有神库、神厨、钟楼、具服殿、燎炉、瘗坎和宰牲亭等为祭日服务的附属性建筑。

祭日典礼虽然比不上祭天与祭地典礼，但仪式也颇为隆重。明代皇帝祭日时，用太牢、玉，礼三献，乐七奏，舞八佾，行三跪九拜大礼。当然，皇帝不是每年都来亲祭，但每逢甲、丙、戊、庚、壬年皇帝都会亲自来祭日，其他年份就由大臣们代祭了。

日坛现在已建成为日坛公园，面积也比原来扩大了不少。由于地处使馆区，所以各种肤色的外国人成为这里的常客，他们在此感受着古老的东方文化。

七 北京月坛与祭月

中国人对月有一种特殊的感情，农历八月十五日是中国传统的中秋佳节，全家人总要团坐畅饮、赏月闲谈。在普通人看来，“日”好像颇为遥远，且有几分神秘，不易接近，而“月”则更贴近人的生活，更亲切些，特别是“嫦娥奔月”“月宫仙子”等美丽的民间传说给人们留下了深刻的印象。古人赞美月的名篇佳作，俯拾皆是，如“举杯邀明月，对影成三人”“举头望明月，低头思故乡”“但愿人长久，千里共婵娟”“明月却多情，随人处处行”等。在古人的眼中，月虽然受人崇拜，却充满了亲情，颇有人情味。

在人们看来，月亮在天空星宿中的地位仅次于太阳，随着对月崇拜的加深，人们采取各种方式表达自己对月的崇敬之心。古代平民百姓或在院中，或在门前，摆上桌案，放好供品，焚香跪拜，甚至在晚上走路看到月亮也要停下来叩头作揖。设立专门的祭坛拜月是在都城或王侯居住的地方，平民百姓是没有这种能力和资格的。

古代的祭月礼仪和祭日礼仪一样，形成的时间较早，也是在秦汉时期，仍然没有形成一定之规，也没有较为严格的仪式规程。秦始皇曾经在莱山（今山东省莱州市一带）举行过祭月仪式。在魏晋南北朝时期，基本确定了秋分在西郊祭月的制度；唐朝以后祭月的礼仪近似于祭天大典，当然，在规格上要低一些，一般为中祀，但也有偶尔作为大祀的。秋分在西郊的月坛祭月属于正祭，除此之外，在祭祀天地等大礼仪时，月为配祀，诸侯朝觐天子行礼时要到北门拜月。历史上多数王朝都建坛拜月，现存比较完好的一座是北

京的月坛，它是明清两代统治者祭月的场所。

月坛，又叫夕月坛，是明清两代皇帝祭祀夜明神（月亮）和天上诸星宿的场所。北京月坛建于明嘉靖九年（1530 年），坐落在北京市西城区月坛北街路南。月坛坐西朝东，祭坛为中心建筑，坛台一层，全部用白石砌成，高 1.5 米，周长 56 米，比日坛规模小一些。祭台四周有壝墙环护，西、北、南各有棂星门一座，东边为正门，有三座棂星门。壝墙南门外西侧为神库、神厨各三间，宰牲亭、井亭各一间，南侧为祭器库、乐器库各三间，具服殿为南向，有正殿三间，东、西配殿各三间。此外还有钟楼、燎炉、瘗坎等一系列附属建筑，为祭月典仪服务。

每年秋分之日都要在这里举行祭月典礼，凡丑、辰、未、戌年份，皇帝要亲自参加祭礼，其他年份由大臣们代祭。祭月典礼在等级上较祭日之礼差一些，规模也小。祭祀所用牲玉、献舞同祭日仪式一样，而乐由七奏改为六奏，行三跪六拜之礼，显然不如祭日礼隆重。

月坛现在已辟为月坛公园，增建了不少新的景点，成为人们休闲的好去处。

图 1-34　夕月坛北大门

八 北京先蚕坛与蚕神祭祀

绝大多数的祭祀礼仪都是由皇帝亲自参加的，只有一项例外，是由皇后亲祭的，这唯一的特例就是蚕神祭礼，是在先蚕坛进行的。

“先蚕”的名字，在古代的《礼经》中并没有确切的记载。相传西陵氏嫘祖是黄帝的妃子，她是养蚕缫丝的始祖，被尊奉为先蚕神，受到古代妇女的祭祀。有明确记载的先蚕坛修筑于隋代，唐代和宋代的皇帝常派官员前往祭祀。先蚕祭仪在明代初年并未列入正式的国家祀典，明嘉靖年间，夏言上疏提出先蚕之礼不应该偏废。嘉靖皇帝也认为“天子亲耕，皇后亲蚕”可以为天下臣民做个榜样。于是，皇帝下令修建先蚕坛，岁时奉祀行礼。清代初期也没有将先蚕祭仪列入国家祀典，康熙皇帝在丰泽园建立了蚕舍；雍正年间河东总督王士俊上疏请求奉祀先蚕，工部侍郎图理琛提出在安定门外建先蚕坛，但并未实行；直到乾隆七年（1742年）才制定了亲蚕礼仪，两年后建造了先蚕坛，规格近先农坛。

清代北京的先蚕坛位于今天北海公园画舫斋的北部。整个建筑坐北朝南，南北长130米，东西宽132米，占地约1.7万平方米。据史籍记载，先蚕坛呈方形，高四尺，径四丈，四面有台阶。坛东、西、北三面种满桑柘，东面是观桑台，前边为桑园，后边是亲蚕门。坛院内共有两重殿宇，前殿为亲蚕殿，殿内悬挂皇帝御书匾额“葛覃遗意”，两侧是一副对联：“视履六宫基化本，授衣万国佐皇猷。”

亲蚕殿后为浴蚕池，池北即为后殿；后殿照例悬匾曰“化先无斁”，联曰：“三宫春晓觇鸠雨，十亩新荫映鞠衣。”殿左侧为蚕妇浴蚕河，浴蚕河上有南北两座木桥，南桥东侧是先蚕神殿。此外还有蚕署、蚕所、牲亭、井亭、神厨、神库等。全部建筑包围在长 160 丈的壝墙之内，所有这些设置都是依照古代礼制建造的。

清乾隆九年（1744 年）开始，每年春天皇后都要来先蚕坛举行亲蚕礼，如果皇后不能亲自来，那么就由内务府总管大臣、太常寺堂官、奉宸苑卿酌情派一人来行祭礼，或者派其他妃子代替皇后来行礼。亲蚕礼在清代属于中祀，全部礼仪分为亲祭先蚕坛礼、躬桑礼、献茧缫丝礼三项内容。

先蚕坛礼准备阶段的工作由礼部、工部、太常寺等机构的官员承担，具体行礼过程中的仪式由内务府总管大臣及所属机构官员或太监、宫女承担。

每年三月（季春）举行亲蚕大礼，行礼之前，皇后在交泰殿设斋戒铜人，斋戒两天后至先蚕坛行礼。行礼时要摆放好先蚕西陵氏的神位。祭祀先蚕由皇后行礼。祭祀这天的辰时（7—9 时）初刻，皇后穿好礼服，乘坐凤辇从宫内出发，在先蚕坛壝左门下辇，由妃嫔们陪着来到具服殿盥洗，然后到拜位行三跪三拜礼。仪式大体与祭先农相同，分为迎神、初献、亚献、终献、赐福酒福胙、撤馔、送神、视瘗等。皇后行完亲蚕礼后回宫，斋戒一天后行躬桑礼。参加躬桑礼的有蚕母 2 人，蚕妇 27 人，蚕宫令、丞各 1 人。在黎明时分，跟随采桑的侍班公主等人就要恭候在南门以内，巳时（9—11 时）初刻，皇后从宫中出发来到先蚕坛，换完礼服后，妃、嫔、公主等人等候在采桑位，典仪奏请皇后行礼。这时，皇后来到桑田北面正中，相仪 2 人跪着把筐、钩捧给皇后，皇后右手拿钩，左手提筐，开始采桑。与此同时，内监扬动彩旗，鸣响金鼓，唱起采桑歌。皇后采桑三次后把钩、筐交给相仪，然后走上观桑台，看妃、嫔、公主、命妇们采桑。采完以后把桑叶切碎，再交给蚕妇喂蚕。皇后到茧馆行礼后回宫。蚕茧长成后皇后要在蚕坛举行献茧缫丝礼。

皇后在织室正殿升座后，蚕母带领全部蚕妇挑选蚕茧装入筐内献给皇后，皇后亲自挑选圆形的、表面光洁的蚕茧，分别装入容器中，然后献给皇帝。献茧后，皇后带领嫔妃等人到缫丝处，皇后亲手在蚕母的帮助下做象征性的缫丝动作，皇后做完后，嫔妃们也要在蚕母的帮助下缫丝五次。蚕丝缫出后献给皇后，皇后回宫把蚕茧献给皇帝、皇太后，并把所缫的丝染成朱、绿、黑、黄各色，用来制作皇帝的祭祀礼服。至此，全部礼仪才算结束。

先蚕礼与先农礼一样，皇后、皇帝为劝导农桑而祭祀行礼，并非实际操作，具体事项由其他人完成。

先蚕坛并不像天坛、地坛、社稷坛那样早已开放为公园被人们所熟知，它只能静静地待在北海公园的一角，作为北海幼儿园的一部分，天天与小朋友为伴。我们希望有一天，先蚕坛能够向公众开放，让更多的人看到它的本来面貌，让普通人知道北京还存在一座唯一由皇后来祭祀的先蚕坛。

图 1-35　先蚕坛

第二章　祖宗的享堂

——宗庙与家庙

一　宗庙简说

宗庙是古代帝王、诸侯祭祀祖先的场所。从考古发现和文献记载的情况看，至少在夏王朝的后期，就已出现了专门的宗庙建筑。殷商晚期，宗庙制度已初具轮廓，宗庙建筑的规模也相当可观。西周以后，随着宗法制度的进一步完善，宗庙不仅被当作祭祖和宗族行礼的场所，而且更成为政治上举行重要典礼和宣布重大决策的地方，比如朝礼、聘礼及对臣下的策命礼等，都必须在宗庙举行，所有的军政大事也必须到宗庙向祖先的亡灵请示报告。这样一来，宗庙不仅在实际的政治生活中与朝廷并重，而且在礼制上的地位更是高于朝廷，成为国家和政权的最高象征。战国中期以后，随着君主专制制度的确立，君王的朝廷完全取代了宗庙的核心地位，宗庙只作为祭祀祖先和王族内部举行传统礼仪的处所，虽然在政治上的地位大大下降，但在礼制上仍不失其原有的神圣与崇高。这种情况一直维持到中国封建时代结束。

夏代的宗庙制度，由于史料太少，我们无从谈论。殷商时期，可能实行的是“五庙”制，即商王立太祖庙、显考庙、皇考庙、王考庙和考庙。太祖庙又称太庙，奉祀始祖；显考庙奉祀高祖父；皇考庙奉祀曾祖父；王考庙奉祀祖父；考庙又称祢（nǐ）庙，奉祀父亲的神主。周初沿用商制，但随着世系的延续，至西周中期时，对周朝有开国之功的文王和武王已逾四亲以上，如依然沿用商制便不能再享庙祭。因此，周天子便为文、武二王专门增设了两个世室庙，形成了“天子七庙”的新制。依文献所述，这种调整后的新制是序昭穆的：即从太祖计算世系，第二、四、六世为昭，第三、五、七世为穆，太祖居中，太祖庙百世不迁，七世以上远祖的神主则需移入太祖庙专设的夹室中享受合祀，以便让后来死去的人进入宗庙奉祀。这种“七庙”的布局，如图 2-1 所示。

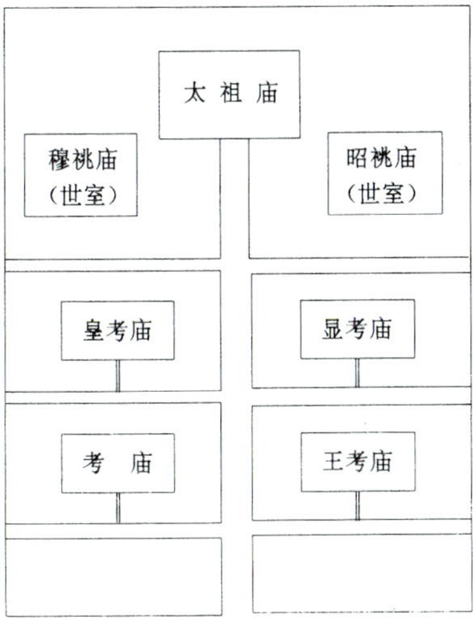

图 2-1 《礼记·祭法》所述宗庙布置示意图（刘曙光绘）

秦统一中国后，仿效周制而建七庙，西汉除沿用旧制外，又别出心裁，不仅在京师建庙，在陵旁立庙，还把祖庙建到了先帝曾经巡幸过的郡国，使宗庙数量大增，造成了惊人的浪费。东汉时期，汉明帝改革宗庙制度，不但废除了西汉的制度，还取消了“天子七庙”的古制，实行“同堂异室”的祭奉，即把许多祖先的神主集中在太庙内供奉。与此同时，汉明帝又建立了以朝拜和祭祀为主要内容的陵寝制度，使帝王祭祖的重心从都城内的宗庙转移到墓园附近的陵寝，这种做法，后代虽有改变，但在多数时间内被沿用不替。

如上所述，宗庙是中国古代宗法血缘政治的标志，是王权统治的精神支柱，所以，古代统治阶级都十分重视宗庙的营建。从考

古发现可知，夏商周时期，宗庙已赫然位于都城的中心，是当时规格最高、规模最大的建筑，同时也是形制最复杂、布局最严整、装饰最奢华的建筑。后来，由于宫殿成为都城规划的中心，宗庙建筑的规格有所下降，但依然是宫廷区重要的组成部分。周朝后往往依从《周礼·考工记》中所述“左祖右社”的说法，把宗庙建于宫城的左前方，这是一种充分体现了尊祖敬宗观念的规划方法。把宗庙置于宫城之外，是表示后辈不敢亵渎祖先，而在宫城左前方建宗庙，是因为“天道尚左”（《逸周书·武顺篇》），宗庙所在，即是“天道”所在。这种做法，大约从东汉时期开始实行，一直延续到明清时期。据文献记载，历代统治者所建的宗庙都极尽华美之能事，而保存在北京的明清太庙则为此提供了最好的例证。

二 考古所见宗庙遗址

在漫长的历史岁月中，中国历朝历代的统治者修建了大量的宗庙建筑，但它们当中的绝大多数都已毁坏无存了，只有很少的一部分以残破的形态掩埋于地下。自20世纪20年代在安阳小屯村发掘殷商晚期宗庙遗址以来，我国的考古工作者又先后在西安发现了王莽宗庙遗址，在偃师发现了夏王朝的宗庙遗址，在周原（今陕西省宝鸡市境内）发现了西周的宗庙遗址，在凤翔发现了秦国的宗庙遗址，在杭州发现了南宋的太庙遗址。这些遗址，大多还不具备旅游的观赏性，但它们的发现为探讨宗庙建筑的起源、各时期宗庙建筑的特点提供了重要的线索，同时也为我们参观现存北京的太庙提供了参考和对照。这里，我们将简要介绍有关的考古发现以飨读者。

1. 偃师二里头一、二号宫殿基址

偃师二里头遗址是目前发现的年代最早的一座青铜时代的都邑遗址，它处于洛阳盆地的东部、距偃师市西南约9千米的二里头村一带。二里头文化出现的时间介于河南龙山文化和郑州二里岗期商文化之间，成为探索夏文化的关键性研究对象。

遗址发现了两座宫殿基址。一号宫殿基址略呈正方形，坐北朝南，由大型的夯土台基、殿堂、廊庑、庭院、大门组成。殿堂为主体建筑，建于夯土基座之上，长方形基座四周有檐柱洞、石柱础，从檐柱和挑檐柱的排列可以推知，这是一座面阔八间，进深三间的“四坡出檐式”屋顶的大型殿堂。殿堂前为广阔的庭院，四周有墙

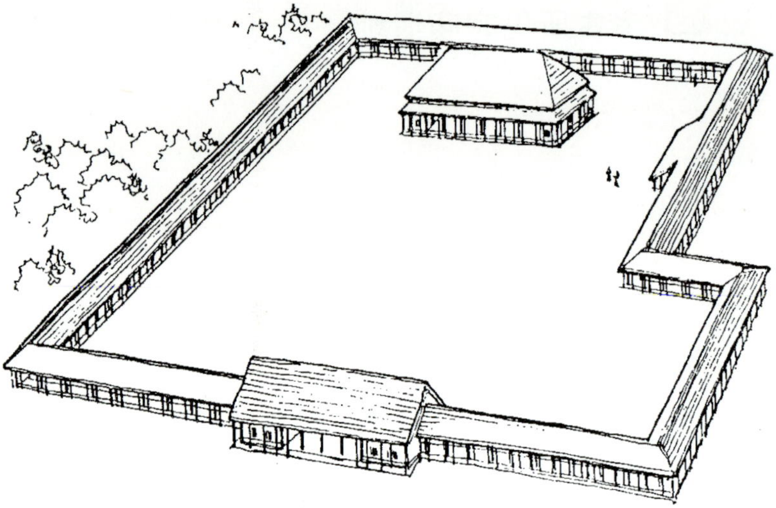

图 2-2 偃师二里头夏代宗庙建筑复原鸟瞰图（刘曙光绘）

基，同时有排水设施，东北角为两个小门。

二号宫殿在一号宫殿东北约150米的地方，基址平面呈长方形，包括围墙、大门、廊庑、庭院、殿堂等，与一号宫殿大体相似。基址的北、东、西三面发现有夯土筑成的围墙，中心殿堂位于一高出宫殿基址的长方形台基上，四边各有一排柱洞，东西向一排10个，南北向一排4个，柱洞之外有柱子坑，坑底有石柱础。殿堂被两道隔墙分成三室，中间一室大于东西两室，三室有门相通，南面还各开一门。室外有回廊，东、西、南三面相连，庭院内有良好的排水设施。大门在南墙中部偏东，是一座由木骨墙围成的东西一排三室的建筑。

这两座宫殿都建于二里头文化第三期，在建筑方法和布局上有许多相似之处：从平面设计上看，它们开创了我国宫殿建筑的先河，形制和结构都保留了早期宫殿的特点。殿堂坐北朝南，下面有台基，中部有木桩，四坡屋顶，四周廊庑相连，这种结构一直被后代的宗庙建筑所沿用。历代的宗庙建筑，尤其是帝王宗庙在规格与等级上是很高的，而且大都是宫殿式建筑，因此二里头一、二号宫殿基址可以说是我国宗庙建筑的始源。

2. 岐山凤雏西周宗庙基址

自古公亶父避狄人从豳迁徙到岐山之阳后，陕西周原（今陕西省宝鸡市境内）成为周人活动的主要地区之一，留下了丰富的文化遗存，凤雏村宗庙基址就是较为显著的一处。

这处基址位于岐山县东北的凤雏村内，坐北朝南，整个基址分布规整，层次分明，结构严谨。由影壁、门堂、中院、前堂、东西小院及过廊、后室、东西厢房组成，与以后中国的传统建筑布局基本相似。前堂是主体建筑，建于高台基之上，它的台基比周围房屋的台基高出 0.3 ~ 0.4 米，显示了其独特的地位。柱洞排列整齐，南北 4 行，东西 7 列，柱础石为自然石块，面平且大。前堂面阔六间，进深三间，前廊有擎檐柱；后室五间，东西排列；东西厢房各 8 间，南北排列，左右对称。影壁是中国古代建筑的特色之一，几千年来延续使用，成为中国古代建筑的传统。

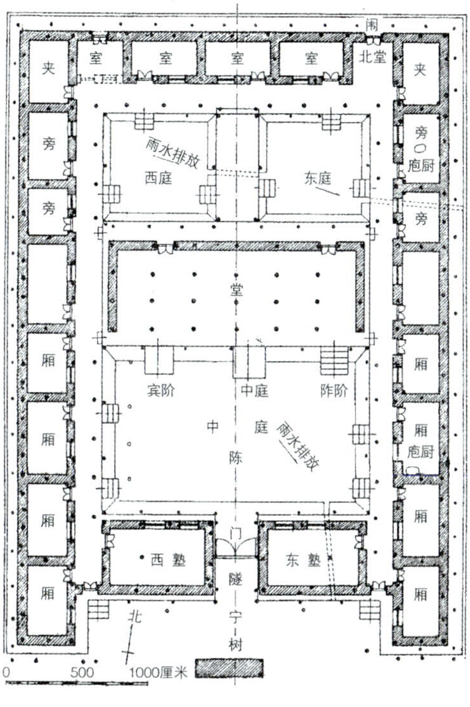

图 2-3　凤雏西周宗庙建筑复原平面图（杨鸿勋绘）

凤雏的这组基址，由许多单体建筑组成，是西周时大奴隶主贵族使用的。根据《尔雅·释宫》“室有东西厢曰庙，无东西厢有室曰寝”的记载，凤雏宫殿基址有东西厢房，每一排厢房又有“室”8 间，且在西

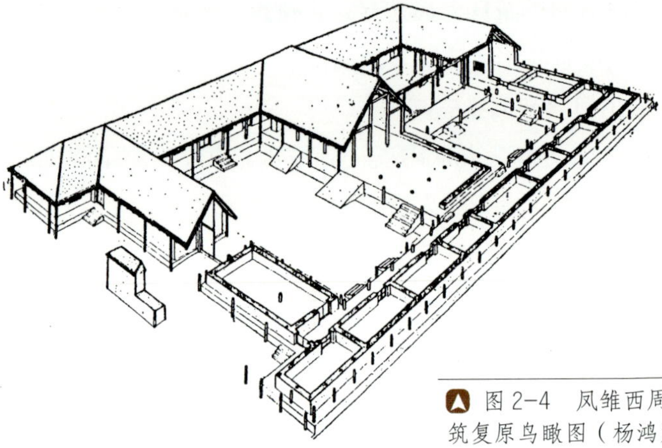

图 2-4 凤雏西周宗庙建筑复原鸟瞰图（杨鸿勋绘）

厢房第二室的窖穴中出土了大批祭祀的甲骨，可以断定这组基址就是作为宗庙来使用的宫殿建筑。如此大型的宫殿建筑遗址在我国尚属首次发现，从物质文化上证明了周人早期的都城岐邑就是以凤雏村为中心的一片地区，为我国古代建筑史和西周礼制的研究提供了重要资料。

3. 凤翔马家庄秦国宗庙遗址

一提起陕西省的凤翔县，许多人都知道它是著名的西凤酒的产地。但如果你去了凤翔，当地人往往会在介绍西凤酒之前，先提到一个令不少人感到陌生的名字——雍城。

雍城是凤翔的古称，秦德公元年（公元前 677 年），刚刚即位的秦德公为壮大秦国，毅然把国都迁至雍城，此后约 300 年间，这里一直是秦国的政治中心。雍城地势高阔、河川纵横、土地肥沃、经济条件优越，同时它又南控汉中、四川的通道，西扼河西走廊的门户，战略位置十分重要。古人对于雍地，曾有“成周兴旺之地，嬴秦创霸之区”的评论，由此可知，雍城对于秦国的发展十分重要。

雍城遗址位于凤翔县南郊，我国的考古工作者在这里发现了许多震撼世人的遗迹，马家庄的秦国宗庙遗址，即是其中之一。

马家庄地处雍城遗址的中部偏南，在其内外已经发现了 4 处春秋时期的大型建筑群基址，编号为一号的基址即是秦国宗庙遗址，它位于马家庄村北约500米的台地上。

由考古发掘可知，这处宗庙遗址包括大门、中庭、祭庙等建筑，整个遗址的四周以夯土墙回护，形成了一个全封闭式的结构。宗庙平面为长方形，总面积约为7000平方米，是目前国内发现的规模最大、保存最为完好的先秦时期的礼制建筑群。

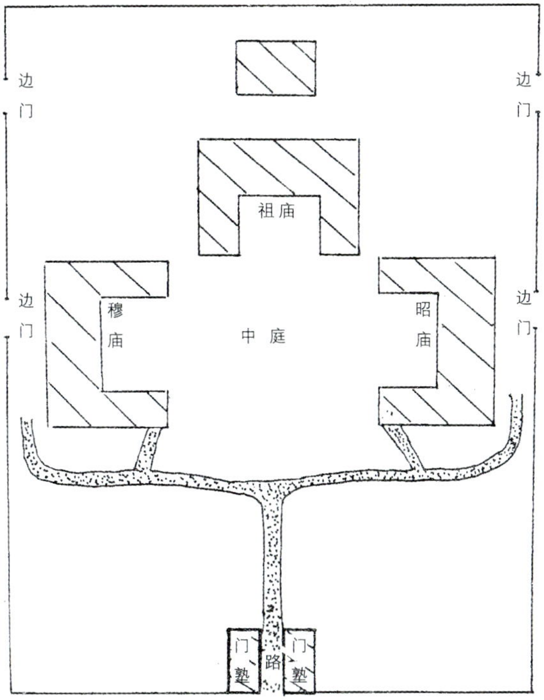

图2-5　凤翔秦国宗庙遗址复原平面图（刘曙光绘）

马家庄秦国宗庙遗址的布局规矩整齐：它以祖庙为中心，中庭、门塾在其南，其内又有一座小型的亭台建筑，构成了一条南北纵贯的中轴线，其风格的庄严凝重，是宗庙建筑的典型做派。

祖庙、昭庙、穆庙3座祭祀建筑成“品”字形排列，其平面结构基本一致，均为“凹”字形结构，每座庙宇的四周均有散水相围，而其内又以墙墉分隔出若干空间，以适应不同的需要。居于正中的庙宇坐北向南，其周围的散水东西长26.70米，南北宽21.70米，主体建筑东西总宽20.80米，南北总长13.90米，其左、右两侧的庙宇规模大体与之相等。研究者认为，居于正中的建筑当是祖庙，而在其左右的建筑当是昭庙和穆庙。这种“三庙”建制，表明秦人直接继承了殷人的五庙古制，诸侯王建立三庙来祭祖。这似乎有点让人费解：秦国的建立，是因为秦襄公护送周平王东迁洛邑（今河南省洛阳市）有功而受封为诸侯，但秦国却不实行西周天子七庙、诸侯五庙的制度，原因何在？从司马迁的《史记》中我们知道，秦人的祖先与殷人的祖先为近族，从商汤建国到殷纣败亡，秦人始终是商王坚定的同盟者，他们的祖先恶来

是与纣王一起被杀的，而恶来的父亲蜚廉也为殷人殉死。西周成立后，秦人的直接祖先被赶往遥远的西方边陲，以游牧为业，至西周中晚期后才与周人有所联系。所以，秦人在文化制度上秉承殷商王朝的余脉，是自然而然的。

在3座祭庙的中间，有一处面积约为1000平方米的庭院，考古工作者在这里发现了密密麻麻的祭祀坑。在总数为181个的祭祀坑里，分别发现了牛、羊、人、车等祭祀品。这种情形，很容易让人联想起安阳殷墟遗址那大片大片的祭祀坑，也为秦人继承殷人的礼仪制度提供了证明。

从考古发现的遗迹和遗物来推断，马家庄秦国宗庙遗址始建于春秋中期，至战国初年才被废弃，其使用的时间应是在秦德公建都雍城（公元前677年）至秦献公迁都栎阳（公元前383年）之间。它的发现，对人们了解先秦时期宫室宗庙制度，鉴定先秦文献的真伪，认识秦国文化与周文化的异同，具有十分重要的意义。

4. 西安王莽宗庙遗址

王莽宗庙遗址位于今陕西省西安市西北的阎庄，这处遗址共有12座方形的台榭建筑，它为地皇元年（20年）所建。该遗址保存完好，是一处平面呈十字轴线对称，围绕中心夯土台建造厅堂的多层集团式台榭建筑。

12座建筑中有11座建于方形的围墙之中（围墙周长约5600米），另一座在围墙南墙外正中，建筑面积比围墙内的单个建筑大约一倍。围墙内的11座建筑都是方形台榭，外面各有围墙，正中是一座方土台，四角各有一座方形角墩，角墩之间的正中是堂和夹室，夹室外端有曲尺形走廊。从考古发掘来看，这些台榭建筑都用密实的夯土作为基座，夯实以后挖好柱洞，安放石柱础。夯土台壁外砌土坯砖夹墙，木柱嵌入墙内，柱子大多为方形，圆柱用于主要厅堂中，厅堂地面铺设方砖。其他屋内地面在细泥上刷土朱，屋顶用筒板瓦，散水用卵石。

王莽所建的新朝历史并不长，但在中国历史上影响很大，其宗庙遗址的发现为我们研究新莽的礼制有一定帮助。

三 北京明清太庙

打开一幅北京市区地图，位于长安街的明清皇宫十分引人注目。故宫博物院开放以来的几十年间，接待了来自世界各地数不清的游客。然而，许多热衷于宫廷旅游的人往往把目光集中在故宫的殿堂，把参观的范围局限在故宫的高墙之内，他们完全忽视了当年明清帝王颇为重视并不时光顾的两处圣地——太庙和社稷坛。所以，他们往往不能对明清时期宫廷区的建设规划有一个全面的了解，也不能很好地了解古代帝王的宫廷生活。因此，在介绍过明清时期的社稷坛之后，我们还要引导大家去太庙细细地看上一看。

太庙位于故宫的东边，与西边的社稷坛左右相对，形成了“左祖右社”的封建帝王都城的设计格局。它建于明永乐十八年（1420年），是明初皇家合祀祖先的地方。到了明代中期，嘉靖皇帝改变了太庙合祀的制度，于明嘉靖十四年（1535年）把太庙一分为九，建立9座庙分祭历代祖先。可是天不遂人意，嘉靖二十年(1541年)，9座祭庙中的8座被雷火击毁，皇帝和大臣们认为这是祖先不愿分开，通过上天来警告他们。于是，在四年后（即明嘉靖二十四年）重建太庙，恢复了同堂异室的合祀制度。清入关以后，继承了汉族“敬天法祖”的传统礼制，一进入北京城，就把清太祖、太宗等神主供奉在太庙中，原来明朝历代帝王的神位被移送到了历代帝王庙，同时重修了太庙。清乾隆二十五年（1760年），乾隆皇帝为了让自己死后的神主能进入太庙奉祀，对太庙进行了扩建，把明代所修

图 2-6 太庙院落

面阔为九间的正殿扩建为十一间，把原先为五间的后殿扩建为九间，同时增建了一些围墙、门楼及其他辅助性建筑，形成了今日人们所看到的太庙规模。

太庙坐北朝南，平面呈长方形，占地面积约200余亩，整个建筑被3道黄琉璃瓦顶的红围墙分隔成3个封闭式的院落。主要建筑由南向北依次排列在中轴线上，古朴典雅。封闭的院墙、浓荫的古柏，衬托出一种肃穆庄重的氛围，恰与皇家祭祖建筑的性质相一致。

第一层院落位于北京太庙的南端，由最外一道墙垣围成，面积很大，约占太庙总面积的百分之六十。南面为正门，门前是一座石栏三孔石桥；西墙有三座门，分别是通向天安门的太庙街门、通向端门的太庙右门和通向午门外阙左门的太庙西北门。这里除少数假山、凉亭外，四周种满了柏树，浓荫蔽日，枝繁叶茂，历尽沧桑，肃穆庄严。在院子的东南角有一个幽静的小院，这里就是太庙的牺牲所，其西侧为六角井亭。

太庙的主要建筑集中于第二层院落中。其平面呈长方形，东西宽208米，南北长272米。这个院落的南墙正中是一组黄琉璃瓦庑殿顶的琉璃砖门，中间为正门，两侧各有一旁门。穿过琉璃门，跨过一字排开的7座汉白玉石桥，便是戟门了。戟门面阔五间，黄琉璃瓦庑殿顶，建于三层汉白玉石台基之上。戟门内外共陈列着朱漆戟架8座，每架上插放镀金银铁戟15只，总共有120只戟，威严肃穆，足以体现皇家的气势。跨入戟门，迎面看到的就是金碧辉煌的前殿，它是正殿，是太庙的主体建筑，三层汉白玉石须弥座把大殿稳稳托住，台基周围都有汉白玉石护栏，望柱头浮雕龙凤纹，安详而庄严。大殿面阔11间，进深4间，重檐庑殿顶，上覆黄色琉璃筒瓦。庑殿顶与黄色琉璃瓦是皇家建筑最高等级的标志。为更好地突出宗庙祭祀性建筑的特色与效果，大殿梁柱外面都用沉香木包裹，其他构件都用金丝楠木。明

图 2–7　太庙戟门

间和次间的殿顶、大花、四柱全部贴赤金花，不用彩画装饰，极尽富丽。地面则满铺金砖，光亮莹润。这种金砖主要产于苏州，从取土到成泥就有 6 道工序，再做成砖坯，烧 130 天才成为砖，最后要放在桐油里浸泡。金砖击之有声，断之无孔，光滑耐磨，而且越磨越亮。

大殿是皇帝举行祭祖大典礼仪的场所。每逢祭日即每年四月初一、七月初一、十月初一、皇帝生辰、清明节、七月十五、先皇的忌辰日都要在这里举行祭典，而且每年年末，还要举行祫祭（即所有供奉于太庙神主的合祭）。殿内按左昭右穆的次序摆设历代帝后的神位，神位前设供案，案上陈设祭器和礼器。大殿东、西两庑各有 15 间配殿，东庑供奉有功皇族人员的神位，西庑供奉异姓功臣的神位。

中殿在前殿之后，又叫寝宫。殿内设有神龛，供奉历代帝后的神主，每一神龛外摆放一代帝后的神椅。每逢祭祀的时候，要把神主牌位放到神椅上抬到大殿，安放在神座木托之上。中殿左右两

图 2-8　太庙大殿

庑专门存放祭器。

后殿又称“祧庙”，形制与中殿相同，专门供奉清代立国前追封的四代帝后的神主牌位。每逢祭祀的时候，也要把神位请到前殿，祭礼之后再送回。后殿与前殿、中殿之间有一道红墙相隔，这是因为后殿是祭祀远祖的神庙。

第三层院落在后殿以北，为一狭长的小院。

太庙在总体设计上突出了庄重肃穆的氛围，以大面积的林木包围主体建筑群，并在较短的距离内安排了多重的门、殿、桥、河来增加入口部分的深度感，这样便大大地突出了肃穆、深邃的气氛。庭院广阔幽深，而大殿体量大，又有三层台基承托，周围以廊庑环

图 2-9　太庙后殿（龙霄飞摄）

绕，突出了主体建筑雄伟的气势。大殿内外彩绘以香黄色为底色，配以简单的旋子彩画，进一步加强了建筑物肃穆庄重的氛围。

清朝统治结束之后，祭祀大典也就废除了，太庙也失去了原来的作用，但仍然由清皇室保管。直到 1924 年，北洋政府接管了太庙，并将其改为和平公园。1950 年，改名为现在的劳动人民文化宫。

太庙虽然经过了许多次的修缮与增建，但其主体建筑仍然是明代结构，保存了明代的建筑风格。如今，它的用途已与过去截然不同，昔日庄严宁静、无人敢越雷池一步的地方，现在已成为人声鼎沸的人民公园，一处处新建筑零星散布其间，侵蚀着太庙的整体布局与景观。太庙成为普通百姓的乐园，所有的祭品、祭仪都已荡然无存，人们来到这里看到的只是空空的殿堂。但是，每当暮色沉沉、游人各散的时候，这座古代宫殿的那种凝重感、威严感仍然会扑面而来，令人肃然起敬。

四 北京历代帝王庙

中国从禹传位于启开始，出现了“家天下”的局面，天下成为一人之天下，“溥天之下，莫非王土；率土之滨，莫非王臣”，国家的权力牢牢掌握在帝王一人手中，帝王支配着一切。社会的兴衰治乱与帝王统治有着密切的关系，人们拥戴明君，痛恨昏主。历代帝王都愿意留下明君的美名，并不时地标榜自己是有道之君。因而，帝王都对前代明君十分敬重，把他们树为榜样，予以奉祀。坐

图 2-10　北京历代帝王庙庙门

落在北京市西城区阜成门内的历代帝王庙就是这样一种奉祀历代帝王的祠庙。

明朝初年，太祖朱元璋定都南京后，就设立了历代帝王庙，奉祀前代创业帝王，并让历代开国功臣陪祀。明成祖朱棣迁都北京之后，诸祀并举，唯独没有设立帝王庙。到明嘉靖九年（1530 年），在大臣的提议下，皇帝下令在阜成门内保安寺旧址上兴建帝王庙，第二年建成，这就是现在阜成门内的历代帝王庙。皇帝对入庙祭祀做了规定：凡岁仲春秋，太常寺题请遣大臣一员至庙行祭礼，四员从臣分献祭品。到了清朝顺治、康熙年间，由皇帝重新确定享祀帝王，历代帝王入祀的范围大大扩充，只有无道被弑之君和亡国之君不被列入其中。现正殿内供祀上自伏羲、炎帝、黄帝、夏禹、商汤开始至明代帝王共 188 位，东西庑殿供祀历代名将贤臣 79 人。

北京历代帝王庙于明嘉靖年间建成，清雍正七年（1729 年）重修，清乾隆二十九年（1764 年）又进行大修，同时将景德崇圣殿顶的绿琉璃筒瓦换成了黄琉璃筒瓦，提高了祠庙的等级。历代帝王庙在民国时期由中华教育促进会和幼稚女子师范学院占用，1949 年后由北京市第三女子中学（即今北京市第一五九中学）一直使用。2003 年学校迁出，历代帝王庙经北京市人民政府修缮后改为博物馆时，2004 年向社会开放，让人们感受对历代帝王祭祀的威严与神圣！

整个建筑群坐北朝南，建筑面积约 6000 平方米。20 世纪 50 年代之前，你无论是从东往西还是从西往东进入历代帝王庙，首先都要穿过“景德坊”。“景德坊”是帝王庙外大街上的重要建筑，也是北京为数不多的精美的明代牌坊。当年为了交通的便利将其拆除保存，现在陈列在首都博物馆的大堂中，让人们可以一览其当日风采！将要到达庙门时，东西两侧立有“下马碑”各一通，其上用满、汉、蒙古、回、藏、托忒六种文字镌刻“官员人等至此下马”，用以警示所有官员，从庙前经过必须下马步行，以示对历代帝王的尊敬。为显示民族平等，东侧碑阳面上的三种文字在西侧碑就换到

图 2-11 景德坊（龙霄飞摄）

了阴面，两侧下马碑原立于清代，1999 年复立。

庙门正南是建于明嘉靖九年（1530 年）的一字大影壁，东西长 32.4 米，南北厚 1.35 米，高约 5.6 米，上覆绿琉璃筒瓦，墙面正中有琉璃团花，四角饰有琉璃岔角。

图 2-12 影壁（龙霄飞摄）

图 2-13 景德崇圣殿

进入大门，穿过景德门，便是景德崇圣殿。景德崇圣殿寓意“景仰德政，崇尚圣贤”，是全庙的主体建筑。它矗立在汉白玉石月台之上，面阔九间，进深五间。殿顶为最高等级的重檐庑殿顶，上覆黄琉璃筒瓦。大殿高 21 米，殿内共有 60 根金丝楠木柱子，天花为旋子彩画，外檐用金龙和玺彩画，从内到外无不显示出威严、凝重与华贵。

大殿内上方悬挂着乾隆帝的御笔“报功观德”四个大字，两侧有联相配。殿内供奉三皇五帝和历代帝王的红底金字神位。据明代《帝京景物略》记载，“庙五室：中三皇伏羲、神农、黄帝座。左帝少昊、帝颛顼、帝喾、帝尧、帝舜座。右禹王、汤王、武王座。又东汉高祖、光武。又西唐太宗、宋太祖。凡十有五帝。庑从祀臣四坛……凡三十有二臣”。历代功臣名将的神位则按照“文东武西”规制被供奉在东西两侧的配殿中。

在大殿四周和前院还排列着钟楼、燎炉、神库、神厨、宰牲亭、碑亭、井亭等建筑。

现在我们看到的历代帝王庙是按照清乾隆时期的面貌恢复的。现在这里已经成为一座历代帝王的博物馆，以“历代帝王庙原状陈列展”“历代帝王庙历史沿革展”和“功在社稷 德协股肱——历代帝王庙从祀名臣展”等各种展览向世人展示着古代帝王的功过得失。

五 太原晋祠

人说山西好风光。的确，三晋大地，物华天宝，人杰地灵，文化渊远。晋祠，作为晋中大地的一颗璀璨明珠为世人所瞩目，是一处著名的人文建筑与自然山水相得益彰的景观。

晋祠历史悠久，据《史记·晋世家》的有关记载，周成王姬诵封弟弟叔虞做了唐国的诸侯，史称唐叔虞。叔虞死后，他的儿子燮因境内有晋水，改了国号叫“晋”。后人为了纪念叔虞，就在晋水的源头建了祠，称唐叔虞祠，也叫晋祠。晋祠修建的具体年代已不可考，最早记载晋祠的是北魏郦道元的《水经注》，书中写道：“沼西际山枕水，有唐叔虞祠。”说明晋祠在北魏时期就已经存在，而且具备了一定的规模。

晋祠是为祭祀唐叔虞而建，但我们今天看到的晋祠的建筑布局却是以圣母殿为主体的，而本来作为主体建筑的唐叔虞祠却被挤到了一边的角落里，并不占主要地位。这是为什么呢？宋代以前，唐叔虞祠仍然是整个祠庙建筑的主体。从晋祠开始建设到宋代，晋祠内部不断扩建。隋开皇年间（581 年至 600 年），在祠的西南建造了舍利生生塔。唐贞观二十年（646 年），唐太宗李世民游晋祠撰《晋祠之铭并序》碑文（我国现存最早的一块行书碑刻）。这一时期增建的建筑物并不多，且多是附属性的，并未改变唐叔虞祠的主体地位。宋代以后，这种情况随建筑物的不断增多而发生了根本的变化。北宋太平兴国四年（979 年），对晋祠进行大规模扩建。宋仁宗天圣年间（1023 年至 1032 年），唐叔虞被追封为汾东王，并且为叔虞的母亲邑姜修建了规模宏伟的圣母殿。宋神宗熙宁年间（1068年至1077年），重修了鱼沼飞梁，以后陆续修建的金人台、献殿、钟鼓楼、水镜台等都可以明显地看出是以圣母殿为主体而建造的。这样，以圣母殿为主体的东西向中轴线的建筑格局初具规模，而最早建的唐叔虞祠却被冷落在整个建筑群的北角。

唐叔虞祠是乾隆年间重建的。祠坐北朝南，建在高达丈余的基台上。祠被享殿分为前后两个院落，前院回廊陈列有《华严经》刻石，后院为正院，中间是正殿，面阔五间，进深四间。殿内正中神龛内有唐叔虞的塑像，两侧是12尊手执各种乐器的明代塑像，多为女性，与真人高度相仿。唐叔虞祠并没有什么独特之处，只是因祠主的地位显赫而受到重视。但随着岁月的流逝，它在人们心目中的地位显然不及圣母殿。明清时期，又建造了朝阳洞、三台阁、关帝庙、昊天祠、水母楼、东岳殿、文昌宫、三圣祠等建筑，逐步形成了现在的规模与格局。晋祠已不再是仅指唐叔虞祠一处建筑，而是成为一个由多种亭、台、楼、阁组成的有浓厚道教韵味的综合性古建筑群。

晋祠保存有我国早期的建筑样式，其建筑风格独特，艺术精湛，在我国古代建筑史上写下了辉煌的一页。晋祠的大门为景清门，元代建筑，其特点是檐下斗拱大而稀疏。建于金大定八年（1168年）的献殿是专门供奉圣母祭品的地方，大殿面阔三间，进深二间，为单檐歇山式。其独特之处在梁架的结构：在四椽栿上放一层平梁，上边立驼峰、蜀柱和叉手，两端用驼峰架在四椽栿上，达到省工省料而又轻巧坚固的目的。献殿保留了金代的建筑特点与风格，其珍贵难得是显而易见的。

晋祠的主体圣母殿是宋代建筑中的代表作。大殿面阔七间，进深六间，为重檐歇山式顶，殿身四周围廊，前廊进深二间，为观赏和拜祭活动提供了宽敞明亮的空间，这种四周围廊的做法，在建筑上称作“副阶周匝”，圣母殿是我国现存古建筑殿宇中最早的实例。大殿四周的廊柱略向里倾斜，四角的柱子则明显升高，上檐柱更甚，使大殿前檐曲线弧度很大，增加了大殿的稳固力与外观美。圣母殿营造设计时采用减柱营造法，殿内和前廊一共减去了 12 根内柱，以廊柱和檐柱承托大殿屋架，大殿内没有柱子承托，显得十分敞亮，最大限度地扩展了内部空间。减柱法在圣母殿的应用，反映了宋代营造技术的发达。大殿的斗拱配置疏朗、式样美观、艺术性强，特别是以挑檐枋取代替木和使用普拍枋，都是此时使用的建筑新手法。圣母殿是我国现存宋代建筑中时间较早、保存完整的一座，体现了中国建筑艺术由唐至宋过渡时期的特点。

图 2-14　圣母殿

圣母殿前有一水池，池上架有十字形的木桥，这就是蜚声中外的“鱼沼飞梁”。据《水经注》的记载，鱼沼飞梁在北魏时已经出现，现存的鱼沼飞梁除水中的小八角石柱和柱础仍有北朝风格外，其余都是宋代的遗物。池中立着 34 根小八角石柱，柱顶架有十字形斗拱承托梁木。桥面中间平直，两端下斜与地面齐平，整体造型犹如一只展翅欲飞的大鹏鸟，所以人们把它形象地称为“飞梁”。鱼沼飞梁形制奇特、结构新颖、造型优美，虽然古籍中早有记载，但现存实物仅此一例，是研究中国古代桥梁建筑史的重要实物资料。

图 2-15 鱼沼飞梁

晋祠除了以其独特的建筑风格在中国古代建筑史上画上浓墨重彩的一笔之外，又是一座宋代雕塑艺术的陈列室。这里保存了宋代许多杰出的雕塑艺术珍品。圣母殿前檐柱上的八条盘龙，刻工精湛，构思巧妙，整体采用圆雕手法，龙身蜿蜒盘绕在檐柱上，一只前爪向上伸出，挂在横梁上，龙目圆睁，龙头或上仰，或下俯，或张嘴，或闭口，虽未雕出云雾与海水，但能给人以腾云驾雾、潜翔海底的感觉。龙的造型简练生动，形象粗犷豪放，这种全立体式的雕龙柱在我国古代建筑中是并不多见的，特别是像晋祠保存的宋代原物更是罕见。

圣母殿中的 43 尊宋代彩绘塑像展现了宋代皇室生活的情景。中间的神龛内是圣母邑姜，凤冠蟒袍，霞帔珠璎，端庄而稳重。42 尊侍从像对称地排列在圣母像两边，其中宦官像 5 尊，穿男装的女官像 4 尊，其余 33 尊为侍女像。这些塑像或捧文印翰墨，或洒扫梳妆，或奏乐歌舞，形态各异。其中侍女的塑造最为生动，她们因年龄的差别和遭遇的各异，流露出不同的表情：或天真，或怨抑，或喜，或忧。塑像比例适度，服饰鲜丽，表情逼肖，姿势各异，动静咸宜。这组雕塑突破了宗教造像的老套子，真实再现了世俗的现实生活，成为人间生活的写照，是研究宋代彩塑艺术和服饰制度的形象资料，在美术史上有重要的地位。

如果说圣母殿的檐柱和殿内彩塑代表了宋代木雕和泥塑的艺术水平，那么金人台铁人则显示出宋代铸造工艺的精湛。从水镜台向西，跨过会仙桥就是金人台。台呈方形，四角各有一尊高约 2 米

图 2-16 圣母殿塑像

图 2-17　金人台对越牌坊

的铁人，其中位于西南角的一尊为宋代原物（其他三尊有两尊头部为后来补铸，一尊为后铸）。铁人横眉立目，两手握拳，右手举过眉间，左手置于胸前，两腿开立，体形健美，威武雄壮，极为传神，历经多年的风风雨雨，仍然锃亮无锈，不得不让人慨叹宋代高超的工艺水平。

晋祠的流水和树木虽是自然景观，但也蕴含着丰富的人文意味。作为晋水三源之一的难老泉，其名来自《诗经·鲁颂·泮水》：“鲁侯戾止，在泮饮酒。既饮旨酒，永锡难老。”此古雅之名，既可大增游宴的雅兴，又与此泉千载涌流、永不止歇的情形相切。晋祠当中的古树众多，有周柏、长龄柏、隋槐、唐槐等，它们的存在，不仅使晋祠显得庄严肃穆，而且也增添了晋祠作为中国古代园林式祠庙之代表作的妩媚风采。

晋祠独特的人文气息和自然景观引动了无数文人骚客前来探秘寻幽，他们留下的大量的诗词歌赋，已经成为晋祠文化当中不可分割的一部分。李白的“晋祠流水如碧玉”、欧阳修的“地灵草木得余润，郁郁古柏含苍烟”、郭沫若的“倾城四十宫娥像，笑语嘤嘤立满堂”等，都是传遍天下的名句，令人玩味不尽。

图 2-18 难老泉亭

六 民间祭祖与祠堂

在古代中国，帝王、诸侯的祖庙被尊称为宗庙、太庙，而上至贵族官僚、下至黎民百姓的祖庙则被称为家庙、祠堂。

我国建庙祭祖的起源很早，但在很长的历史时期里，臣民祭祖在建庙数量、庙制规格、祭祀世系等诸多方面都受到了很多限制。大致说来，先秦之世时，中低等贵族可设家庙祭祖，庶民百姓则无权建造祖庙，只能在居室内致祭；战国以后，社会逐渐发展起“墓祀”，即在墓葬之中祭祀先人。从西汉中期开始，出现了当时被称为“祠堂”的墓前建筑；魏晋至隋唐时期，臣民又以建家庙奉祀为主，直到北宋都延续不变。臣民家庙有严格的等级限制，不得僭越，所以家庙的数量既少，规模又小，不成气候。

自南宋朱熹著《家礼》以后，臣民家庙改称为祠堂，其建筑布置亦有明制。明朝以后，民间兴建祠堂之风渐盛。明嘉靖皇帝“许民间皆得联宗立庙”，不仅形成了宗祠遍天下的局面，而且民间祭祖不得逾越高祖以下四代的限制也被突破。清代以后，民间建祠依然迅猛发展，在山东、安徽、广东、福建等多地都出现了一些规模宏大、建筑精美的大祠堂。

祠堂建筑的种类，依宗族组织可分为宗祠（总祠）、支祠和家祠。一宗合族而祀者称宗祠，其规模一般都较大，所祀对象皆为始祖，有的大宗祠是由数县范围内同族人士合资兴建，称之为统宗祠；分支分房各祀者称为支祠，所祀为其支祖；各个家庭为其直系祖先所设供奉之所为家祠，又称家堂。例如今安徽黟县西递村，就有胡氏为祭祀其始迁西递之祖而建的“明经祠”和“敬爱堂”，另有两大支祠祀其门祖，其下各分支又有专祠以祀其支祖。

祠堂的建筑布置，一般分为三种形式：一是以朱熹《家礼》为蓝本的祠堂，即在正寝之东设置四龛以奉高、曾、祖、考四世神主，这种布局基本上是唐宋时期三品官家庙的形制；宋元及明初的大部分祠堂均属此类。二是由先祖故居演变而来的祠堂，它主要为祭祀分迁始祖及各门别祖的祠堂，其平面布局依各地民居模式的不同而不同。三是独立于居室之外的大型祠堂，其中轴线上的一般布置为大门—享堂—寝堂。享堂是祭祀祖先神主、举行仪式及族众聚会之所，寝堂则为安放祖先神主之所。一些名宦世家或富商巨贾，往往还在祠堂前增建照壁、牌楼等物，画栋飞甍，精美壮观。

祠堂是祭祖的圣地，是祖先的象征，所以朱熹在《家礼》中就明确规定：“君子将营宫室，先立祠堂于正寝之东”，在遇上灾害或外人侵盗时，要“先救祠堂，迁神主遗书，次及祭品，后及家财”。由此可见，我国古代把祠堂放在高于一切、关乎宗族命运的神圣地位。至于祭祖，那更是一件需要时时进行的庄重大事，来不得半点马虎和懈怠。

祭祖仪式在祠堂内进行。正厅设有神龛，所谓“龛”，是指附着在墙上的殿阁，祖先牌位放在当中，前面用帷幕掩

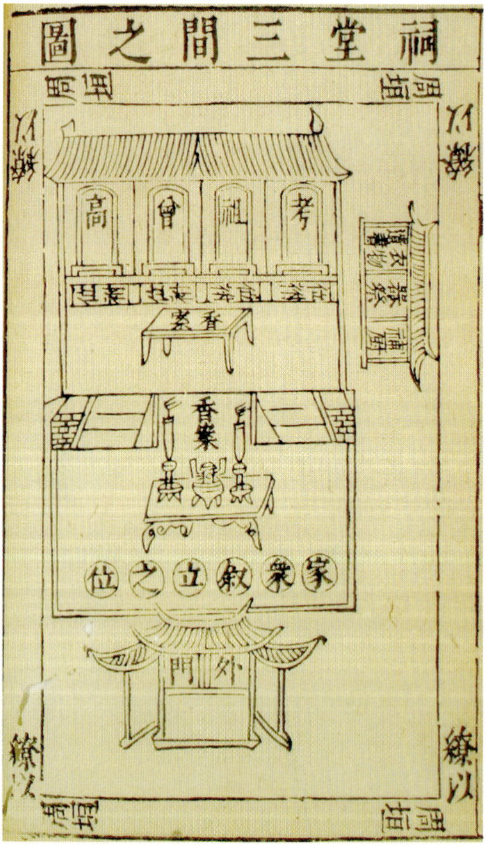

图 2-19《文公家礼仪节》之祠堂图

饰，后来简化成一种特制的巨大长方形木桌摆放神位。始祖的神位居于中间，高祖、曾祖、祖、父四代神位按左昭右穆的次序分列两边，超过四世的先祖神位则迁至配龛中，而始祖是永远不动的，这就是民间所说的“五世则迁”与“百世不迁”。神位是有木座的长方形小木牌，或白底黑字，或红底黄字，上面一般写明第几世祖及其正妻的名讳、生卒年月、葬地等。神龛前设有香位，放置香炉，摆放供品。祭祖仪式选在重要的岁时节令和祖先的忌日进行，其中最为重要的是春、秋两次大祭。祭祀之前，参加拜祭的家族成员要沐浴、斋戒，以示对祖先的尊敬。仪式由族长或宗子（嫡长子）主持，设有陪祭、读祝、纠仪、嘏辞、赞引、分引、执事等人员，祭祀过程严格而繁缛，但与皇室祭祖相比，只是小巫见大巫而已。祭祖的最后是“祖宗赐食”，或分胙食，或全族聚饮，一般以后者居多，可以借此联络家族成员之间的情感，充分表现血缘亲情。

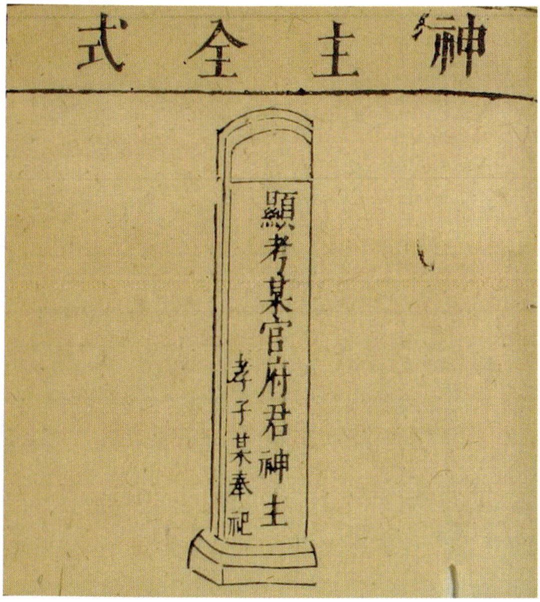

图 2-20 《文公家礼仪节》之神主图

古代臣民祭祖的形式和规模与社会地位的高低有极大的关系，特别是宗祠，不是家家都能兴建的，它往往存在于士家大族阶层，祭祀权掌握在他们手中。对于参加祭祀的人员也有严格规定，只有本族成员才能参加祭祖仪式，而女子是禁止参加的。那些行为不端或有劣迹的族人也是禁止祭拜祖先的，因为他们的恶行会玷污祖先。

子孙参加祭祖活动既是权利，又是义务。祭祖加深了人们对家族的依附，有了精神的寄托，在心理上可以获得某种满足感与荣誉感。

祠堂在中国古代封建等级社会中，是维护礼法的一种制度，它是一个家族的象征和中心，所谓“族必有祠”，尤其是明、清时期的农村地区更为普遍。每逢祭祖之前，族长会向族人进行“读谱”，即讲述家族历史，宣读族规，宣讲劝诫训勉之辞和先贤语录，让族人加强传统宗法思想和家族观念，使祠堂成为学习传统礼法的课堂。族中遇到大事都会由族长召集聚于祠堂，讨论族中事务。族人违反家法族规，祠堂名正言顺地又成为家族的法庭，对违反者进行审判，实施惩罚。祠堂用血缘的纽带把同族众人牢固地联结在一起，形成了一个严密的家族组织，俨然就是封建中国的缩影。

岁月流逝，时代前进，祭祖仪式在人们的观念中越来越淡薄了。然而，随着经济的飞速发展，宗祠在南方一些地区再次兴起，祭祖活动频繁。忧耶？喜耶？值得我们深思。

七 长清孝堂山石祠与嘉祥武氏祠

根据文献记载，从春秋战国时期，我国的许多地区便开始出现了定期墓祭的礼俗，后世称之为“上冢”或“上墓”。至西汉初年，“上冢”礼俗已盛，而且常常被一些官僚、豪族用作会集和团结宗族、门生故吏的一种手段。为了适应在墓域举行祭祀、举办酒席招待宾客等需要，从西汉中期开始，官僚、豪族墓前的祠堂建筑普遍出现。这种祠堂，多数是墓主的妻子或子孙建造的，但也有死者生前自建或由死者朋友、吏民助建的。这些祠堂往往由一组建筑构成，而且由于社会上厚葬之风的盛行，祠堂的面积很大，装饰亦十分豪华。大致说来，西汉之世的祠堂以木构为主，东汉以后则盛行用石材建筑石祠。保存在济南长清、嘉祥县两地的孝堂山石祠和武氏祠，是我们研究汉代祠堂制度的宝贵资料。

原名巫山的孝堂山，是一座高仅30余米的小山头，但山不在高，有文物则有盛名，孝堂山的盛名，缘于半山腰上的一座东汉石祠。

孝堂山石祠坐北朝南，全部由青石砌筑而成。石祠犹如一座小型房屋，两开间，面阔4.15米，进深2.15米，高度仅有2.64米。在单檐悬山式屋顶的两面坡的石板上，刻出了脊背、瓦陇、勾头、椽头、连檐等建筑结构形式，表明了房屋的祭祀性质。石祠的后壁及左右两壁，皆用厚达20厘米的光滑石板拼砌，给人以坚不可摧的感觉。室内正中是一根高0.86米的八角形石柱，它与后墙之间的三角形石梁及东西两柱共同承托起重达20吨的屋顶。在室内的北半部，横列着东西向的低矮石坛1座，其东西长度恰好通间布满，宽约1米，是当年举行祭礼、安置神座等设施的神台。

孝堂山石祠的背后原有一处墓地，曾经有人说是著名的东汉孝子郭巨之墓，石祠由此曾被称为孝子堂，巫山由此而改名为孝堂山。自从北宋金石学家赵明诚对旧说提出质疑之后，人们已完全排除了石祠与郭巨的关系，依据保存在祠内的题记推测，石祠的主人可能是一位品秩为二千石的高官，而石祠的修建年代不会晚于汉顺帝永建四年（129年），很可能是在公元1世纪前后。

孝堂山石祠的盛名由来已久，自北宋的赵明诚将它写入《金石录》之后，此祠累见于名家著录。这不光是因为它是保存至今的唯一的一处完整的东汉祠室，而且也与祠内保存的那36组画像有关。在石祠的东、西、北三壁及隔梁上布满了以阴刻为主的画像，内容既有神话传说、天文星相，也有历史故事及表现祠主生前车骑出行、庖厨宴饮、狩猎游玩的场面。画面形象简洁生动，风格劲利，技法洗练，在汉代画像石作品中独树一帜，具有极高的艺术价值。

图2-21 孝堂山石祠

与孝堂山石祠形制相似的武氏祠位于嘉祥县武翟山下，根据祠内石刻铭文所记，嘉祥武氏在东汉世代为官，煊赫一时。自汉桓帝建和元年（147年）起，武氏陆续在墓前修建石祠，有武梁、武开明、武班、武荣等祠。随着岁月的流逝，诸石祠逐渐倾圮，加之历经洪水漫淤，石祠皆沉埋于地下，

图 2-22　孝堂山石祠前室

不为人所知。清乾隆五十一年（1786 年），金石名家黄易来到嘉祥，寻找石祠遗迹，访得画像石 20 余块，武氏祠遂得重见天日。其后又不断勘查发掘，至今共得画像 43 块，隶书题记 1069 字。

武氏墓祠初现时，黄易根据祠石的位置、形状推测，认为有武梁祠、武氏前石室、武氏左石室和武氏后石室。其后又不断有学者对武氏祠的数量、分布等问题进行考证和研究。20 世纪 40 年代，美国学者费慰梅根据画像石拓片复原了祠堂，认定“后石室”是不存在的。20 世纪 80 年代，我国学者蒋英炬等在前人研究的基础上，经过多次实地考察，依照画像石的数目和历代著录的情况，参照各画像石内容之间的联系，完成了武氏祠建筑复原配置，最终确定了所谓的“后石室”完全是虚构的。

武氏祠是我国早期的祠堂建筑，它以精湛的石刻艺术闻名于世，主要有石阙、石狮、石碑和画像石，其中尤以画像石为最。这些画像石主要采用凿纹减地平面线刻技法，造型生动，凝重醒目，雕刻精细，细腻传神。画像石内容丰富，取材广泛，或为历史故事，或为神话传说，或为水陆攻战，或为宴乐歌舞，从多角度多方面多层次表现了东汉时期的社会状况、风土人情、典章制度与宗教信仰等实际情况。

武梁祠是单开间悬山顶石结构，它的主人武梁，字绥宗，曾任州从事，汉桓帝元嘉元年（151 年）卒，享年 74 岁。祠内共有画像近百幅。武梁祠画像最早在北宋时期赵明诚的《金石录》中就有记载。南宋洪适的《隶释》《隶续》中也收录了部分榜题文字和图像。前石室是双开间单檐悬山结构，一般认为祠主是武荣，他是武梁的侄子，字含和，官至执金吾丞，约死于汉灵帝建宁元年（168 年），祠内现存画像 53 幅。左石室与前石室相同，共有石刻画像约 40 幅。三室的画像中最主要的是墙壁下部的画像，刻画了祠主的经历和生活中车骑出行、家居、庖厨的情况。各祠中画像风格不同，武梁祠画像布局疏朗，简洁明快；前石室和左石室画像则构图复杂，精美华丽。这些画像大多数刻有隶书榜题，标明了每幅画像的内容和主要人物，为考证和研究武氏祠的历史提供了确切的文字材料。

图 2-23 武氏祠左石室后壁小龛西侧画像

孝堂山石祠和武氏祠均为首批公布的全国重点文物保护单位，其价值之高自不待言，但因为它们如今都是以单体建筑的残缺形式存世，所以还不能完整地反映出东汉时期祠堂建筑的全貌。万幸的是，在山东省沂南县北寨村发现了一座东汉末年的大型画像石墓，其中有一组祠堂建筑的画像，为我们了解当时的祠堂建筑形式提供了很好的材料。

八 歙县呈坎村宝纶阁

北宋宣和三年（1121 年）所置的徽州亦称新安，辖境相当于今安徽省歙县、休宁县、祁门县、绩溪县、黟县及江西省婺源县等地，治歙县。元代升为路，明代改为府，辛亥革命后废除。这一带在地理上称为皖南低山丘陵，地处万山之中，素有“七山一水一分田，一分道路加田园”的说法。由于山多田少地瘠，粮食从来都不能自给。特别是唐宋以后，人口大增，生存空间更加逼仄，经商便成为徽州人传统的治生之策。至明清时期，徽商已成为对中国社会经济生活有重大影响的商帮，“无徽不商”“无徽不成镇”的俗谚，在长江沿线无人不知。虽然徽商的名声亦有不好的一面，但就其总体来说，徽商还是素质较高的地缘性商人群体，以商养文、以文传家，是大多数徽商的人生追求。由于这种贾儒之间良性循环的存在，加上这里是宋代著名理学家程颢、程颐及朱熹的祖籍，徽州有着较为深厚的文化传统。所以，在明清两代，徽州不仅有“十户之村，无废诵读”的民风，而且在科举上的建树也令人刮目相看。据不完全统计，从 1647 至 1826 年间，徽州产生了进士 519 名，举人 996 名，在全国科举排行榜上名列五至六名。在江西婺源这样一个偏僻小县，由宋至清竟有 2665 人仕宦为官。徽州的青山绿水，就这样孕育了一个庞大的富商群体和官僚群体。他们在故里大兴土木，不仅营建了精致典雅的住宅、园林、书院、牌坊，而且还修造了不少堂皇宏丽的祠堂。

嘉靖《徽州府志》载，徽州之地“家多故旧，自唐宋以来，数百年世系，比比皆是。重宗义，讲世好……村落家构祠宇”。《民国歙县志》亦称：“邑俗旧重宗法，姓各有祠，支分派别，复为支祠。”今日我们到古徽州之地旅行，会在一些古老的村镇发现一些保存尚为完好的祠堂。这些村镇，多为一姓聚族而居，其规划布局除受到风水观念的影响之外，每每还以宗祠为核心而形成一种节点状态的公共活动中心。这些祠堂，大致可分为总祠和支祠两种。总祠规模较大，少则二进，多则四五进，一般位于村镇两端，其平面为中轴线上两个或两个以上的三合院相套而成，又有牌坊相配。支祠规模较小，分布亦较自由，平面则多为四合院式。黟县的西递村，为胡姓独姓聚居村落，全村依血缘关系划分为四个支系，各据一片领地，每一支系又分别出亲疏。全村除了作为总祠的“敬爱堂”之外，还有16处支祠。同县的南屏村，由叶、程、李三大姓聚族而居，由于每一姓都各有其宗祠、支祠和家祠，所以今天这里依然保存有较为完整的祠堂群。

在徽州众多的古祠堂中，歙县呈坎村的宝纶阁无疑是名号最著者之一。走近祠堂，首先迎接你的是一座午朝门式的大门，它有6根石柱立脚，高过屋顶两尺，柱顶有雕刻精细的石狮，给人以气宇轩昂之感。穿过一进院落，是一个八丈见方的天井，一棵苍老古朴的桂花树悠然扎根于中央，仿佛在讲述着罗氏家族悠远的历史和荣耀的往昔。第二进是宽敞宏大的殿宇，为祭祖演仪之所。正面排列6根方石柱，特别高大的石柱础仿佛使整个建筑的高度都增加了不少。步入其内，

图 2-24　呈坎村宝纶阁大门（龙霄飞摄）

图 2-25　呈坎村宝纶阁正堂（龙霄飞摄）

但见 4 根一人难以合抱的大立柱兀立堂中，把这宏伟的大殿映衬得更加空阔。赵吉士在《寄园寄所寄》一书中曾经写道："新安各姓，聚族而居……姓各有宗祠统之，岁时伏腊，一姓村中千丁皆集，祭用文公家礼，彬彬合度。"只有置身于这间能够容纳数千人的大殿之中，方知"千丁皆集"一语之不虚，也更能体会出祭祖的神圣与庄严。第三进是整座祠堂的精华部分。一眼看去，崇阁巍峨，层楼高起，一块由吴士鸿题书的"宝纶阁"横匾赫然悬挂于二楼檐下。明万历年间，罗氏罗应鹤供职于朝廷，屡受皇帝的赏赐。后来在扩修宗祠时，罗氏族人特地修建了这座阁楼，将皇帝的圣旨及御赐之物供奉其中。宝纶阁面阔十一间，在全国现存祠堂中是独一无二的。明代制度规定，官至一二品，其厅堂不得超过五间九架，而一般庶

图 2-26 呈坎村宝纶阁石雕栏板（龙霄飞摄）

民不超过三间五架，但宝纶阁的开间数却大大超过规定，竟与故宫太和殿相同。罗氏家族之所以如此“胆大妄为”，无非是有一个在阁内供奉圣旨和御用物品的借口，但其真实目的，却是炫耀罗氏家族的光彩。徽州祠堂建筑风格与其民居建筑相似，素以石雕、木雕和砖雕称绝，宝纶阁自然也不例外。其走廊均有雕花石栏杆，精刻着走兽麒麟、戏水飞龙和花卉云纹，图案笔触细腻，生动传神，倚柱石狮，别具风采。往上看，圆穹形的屋面，飞挑的檐角，纵横交错的屋梁，均有雕刻精美的装饰，令人目不暇接。当你登上 32 级木台阶来到楼上，只见整齐排列着 54 根木柱，屋顶阁栅外露，给人以轩敞宽宏之感。放眼四望，远山近水，一览无遗。遥想当年的罗氏族人，在庄严隆重的气氛中行完祭祖大礼后登临此阁，眺览祖先留给自己的美丽家园，他们的心中怎能不充满对祖先的崇敬与感激之情！

九 绩溪龙川胡氏宗祠

龙川胡氏宗祠是中国古代著名的宗祠建筑，坐落在安徽省绩溪县城东约 12 千米处的瀛洲乡大坑口村（大坑口古称龙川），是胡氏宗族的家祠。绩溪胡氏是古代徽州的望族，宗祠建筑极为讲究。

胡氏宗祠初建于宋代，明嘉靖二十五年（1547 年），时任兵部尚书的胡宗宪对祠堂进行了大规模的修缮，清光绪二十四年（1898 年），再次重修，建筑主体仍然保持了明代徽派建筑的风格，内部装饰则具有清代作风。

祠堂建筑雄伟，坐北朝南，为砖木结构，三进七开间，建筑面积 1146 平方米，由门楼、天井、廊庑、正厅、寝室等几部分组成，

图 2-27 胡氏宗祠远眺

全部建筑有浓郁的徽州风格，独具地方特色。祠堂前进门厅是一座重檐歇山式八角大门楼，高 10.5 米，宽 22 米，八角重楼高高上翘，恰似展翅欲飞的苍鹰。青瓦白墙在蓝天的映衬下，层次鲜明，色彩别具一格。门楼后为天井、廊庑，回廊由 12 根方石柱组成。中进正厅是祠堂的中心建筑，为抬梁式和穿斗式相结合的建筑结构，正门由 21 根“冬瓜梁”与 14 根直径为 1.66 米的圆柱支撑构架，为他处所罕见。

图 2-28　胡氏宗祠大门

龙川胡氏宗祠以木雕著称于世，在宗祠祠堂的梁、柱、枋、窗之上，都镶嵌着美不胜收的木雕图案，有“木雕艺术殿堂”的称誉。门楼额枋木雕龙戏珠、狮滚球和历史戏文图案。正厅的每根梁的两端都配有椭圆形梁托，梁托环周雕着彩云、飘带，中间分别镂成龙、凤、狮、虎。梁间悬着层层云朵，檩上挂着片片花雕，就连挂灯用的梁钩，也都刻有蟠龙、孔雀、水仙花、万年青等动植物图案。正厅两侧和上方 32 扇 4 米高的落地隔扇或刻人物故事，或刻鸟兽虫鱼，或刻云雷如意，形象逼真，工艺精湛。正厅内的柱础、梁柱、雀替都是镂空透雕，技艺超群。后进厢房和主楼一层存放着高 3 米、宽约 60 厘米的 32 块落地花雕隔扇，上裙板和中绦环板满雕各式博古图案与四时花卉。这些精美的木雕作品，线条粗犷，风格淳朴，保持了明代徽派雕刻艺术的风范，是徽州古建筑艺术的宝贵遗产。

图 2-29　胡氏宗祠木雕隔扇

十 诸暨边氏祠堂

边氏祠堂坐落在浙江省诸暨市边村，边村是边姓族人聚居的地方。北宋末年，战乱不断，朝廷皇族南迁临安府（今浙江省杭州市），边氏家族也随之从陈留（今属河南省）迁徙到此，逐渐形成一个大的村落。

边氏祠堂始建于清代，保存完好，是浙江省祠堂建筑中的佼佼者。祠堂由门厅、戏台、正厅、后厅、厢房及看楼组成，素以建筑结构精巧、雕刻精美著称。祠堂从外观上看朴素雅致，与普通民居无二，面阔七间，两端是马头山墙封顶，但内部却富丽堂皇，对比鲜明。其中最令人叫绝的当属戏台。戏台在门厅以内，歇山顶，正脊短小，两端鸱吻为双龙，双龙含脊，龙尾弯曲上翘，直插云天，与传统做法不同，很有地方特色。屋角戗脊长而高翘，舒展自如，最使人叹服的是戏台的构造，初看与普通的戏台没多大区别，但细细考察可以发现，它的下部结构分成左右两部分，中间是分开的，上面盖着台板。每逢重大祭祀活动时，中间的台板便被去掉，露出的是一条通道，祭祀者可以从正中穿过戏台进入大厅，平时出入则走戏台两侧的旁门。如此设计可谓匠心独运，充分利用了空间，戏台既能够适应演戏的需要，同时又体现了居中为尊的思想，烘托出庄严隆重的气氛。

祠堂内的木雕富丽堂皇，造型生动，刀法纯熟，堪称一绝。

图 2-30 边氏祠堂戏台（陈大钢绘）

木雕内容丰富，题材广泛，有山水、人物、花鸟；手法多样，有浅雕、浮雕、圆雕、透雕。船篷轩体现了祠堂装饰的特色之一，门厅的船篷式天花精雕细刻，屋顶结构露在外面，施以彩绘雕饰。厅堂廊檐上的船篷式天花，木望板用整片船篷形万字格支撑，整个梁架天花以红色为基调，配以金色和黄色，色彩富丽辉煌。加上厅堂柱子全为整石雕凿而成，玲珑剔透的木雕与之相映成趣，别具风格。

边氏祠堂虽为一处祭祀性建筑，但其建筑艺术上的成就远远超过了其作为祠堂对人们的吸引力，充分显示了清代浙江地区的建筑水平和雕凿技艺。

十一 广州陈家祠堂

天工人可代，
人工天不如。
果然造世界，
胜读十年书。

这是现代作家郭沫若 1959 年参观广州陈家祠堂时写下的一首小诗，对陈家祠堂的建筑之美给予了高度的赞誉。的确，陈家祠堂在我国祠庙建筑风格和装饰艺术上独树一帜，体现了鲜明的地方特色。

陈家祠堂坐落在广东省广州市中山七路恩龙里，是当时广东省 72 县的陈姓族人合资兴建的族祠和书院。祠堂从清光绪十四年（1888 年）开始筹建，清光绪二十年（1894 年）建成，前后花费了 7 年时间，其工程之大可想而知。

陈家祠堂规模宏大，布局严整，是一组三进六院九堂共十九座院落式古典建筑群。它坐北朝南，占地面积达 15000 平方米。祠堂平面呈正方形，建筑以中轴线对称布置，总体上形成了“三进三路九堂两厢杪”的格局，六院八廊迂回穿插，院落分布特色鲜明。中路为主体建筑，高大宏伟，装饰华丽，以聚贤堂为中心，通过青云巷以及廊、庑把九堂六院连成一个整

图 2-31　陈家祠堂大门

图 2-32　陈家祠堂之聚贤堂（龙霄飞摄）

体。厅堂之间以通花屏门相隔，虚实相生，前后呼应。东、西两路以低矮偏间、廊庑围合，衬托出中路主体建筑的雄伟，体现了纵横规整而突出主体的设计思想，且主次分明、对称排列的格局也与宗祠建筑的文化内涵相吻合。

陈氏祠堂门前有开阔的广场，大门两侧的一对抱鼓石硕大美艳，直径达 1.40 米，连座高 2.55 米，如此高大十分少见。两扇大门板上彩绘高 4 米的门神，绘工精细，色彩艳丽，更加衬托出宗祠的气宇轩昂与肃穆庄严。

绕过两扇屏风就可以看到第二进聚贤堂，聚贤堂是祠堂的中心建筑，也正好位于祠堂平面的中心。这里是当年陈氏族人举行春秋祭祀或议事聚会的场所。大堂面阔五间，进深五间，宽敞旷大。大堂后的三进大厅是陈氏宗祠，里面安放着陈姓祖先的牌位，每逢祭日，族人们都聚集在这里，举行隆重的仪式，追念先人。

陈氏祠堂除了祭祀祖先、举行会议之外，也作为教育后代读书的场所。陈氏族人在宗祠内特设“陈氏书院”，让陈氏子弟习学礼仪。把书院设在祠堂内，说明了族人把学习与祭祖看得同样重要，要秉承先人的德行，同时又让子辈们有所畏惧而刻苦攻读。祠堂主体建筑的东西两侧有东、西斋和厢房，这就是书院的所在。

陈家祠堂外筑有青砖围墙一道，把内外隔绝开来，形成一座对外封闭对内开放的建筑群体，是典型的广东民间宗祠式建筑，既体现了我国古代建筑的传统风格，同时又具有岭南建筑的鲜明特色。

陈家祠堂装饰精美，富丽堂皇，巧夺天工，集广东民间建筑装饰艺术之大成，享誉海内外。从工艺种类看，有木雕、砖雕、石雕、陶塑、灰塑、绘画、铜铁铸等；从题材内容看，有名山大川、花鸟虫鱼、人物故事等。艺术表现力丰富，构图严谨，刻画精细，色彩绚丽，具有鲜明的岭南风韵。

木雕是陈家祠堂中数量最多、内容最丰富的一类建筑装饰品种，可以说遍布祠堂内的每一个角落，凡是有木质构件的地方，多数都展现了民间工匠的才智。木雕图案的内容丰富多彩，有民间传说，如首进头门梁架上的“王母祝寿”，中进聚贤堂扇挡上的“龙王八仙朝玉帝”等；有历史故事，这一类是最多的，如首进头门的“曹操大宴铜雀台”，中进聚贤堂的从商周到宋代的历史故事（有渭水访贤、韩信点兵、郭子仪祝寿、岳飞战金兵等），东厅隔扇上的三国故事，西厅隔扇上的水浒故事等；有表现吉祥寓意的，如首进大厅的屏门或雕“福”字，衬以仙鹤，暗喻福寿双全，或雕芭蕉树下母鸡、雏鸡嬉戏，寓意“创大业，儿孙发达”；还有各种花纹图案，瓜果、动物等不胜枚举。木雕特别是双面镂雕技法的纯熟运用，展露了工匠们高超的雕刻技艺，展现了广东木雕的艺术特色。

砖雕主要装饰在墙檐下、门楣上、山墙头和檐墙上，或作为花窗装饰。祠堂正门东、西厅檐墙上共有 6 幅大型砖雕，或是人物故事，或是花鸟鸣禽，或是诗文名篇，雕刻生动，技法纯熟。广东砖雕使用精炼烧制的青砖，由工匠逐一挑选，依据图案的层次多少，依次逐块雕出图案，最后再一块块按层次嵌刻到墙上，画面层次丰富，极有立体感。砖雕手法多样，圆雕、高浮雕、减地雕、镂雕技法运用自如，炉火纯青。特别是被称作“挂线砖雕”的深刻技法，堪称一绝，线条纤细如丝，却又规整流畅。广东砖雕从材料到技法上都体现了与北方和江南其他地区不同的风格，自成一体。

图 2-33　陈家祠堂之砖雕

石雕用在廊柱、券门、栏杆、柱础、台阶等地方，主要是花岗岩雕。柱础的造型，一反明朝以前的稳重风格，以高身束腰体现出轻巧的态势，且注重雕饰，或为如意云头，或为菱形，或为竹节形，十分富于变化。月台石雕栏杆是祠堂石雕装饰工艺的典型作品，融合了圆雕、高浮雕、镂雕等多种手法，刻画出各种花鸟果品，台阶两旁的望柱头雕饰狮子，月台周围望柱头则雕饰盛于盘中的菠萝、橘子、佛手等各种水果，颇有南国情调。

陶塑均为脊饰，以贴塑为主，全部采用石湾窑的产品。石湾窑在今广东省佛山市，是明清两代著名的民窑之一，以生产陶塑和建筑陶瓷闻名。陈家祠堂共有 11 条陶塑脊饰，每条脊饰的题材都不同。早期的石湾陶塑大多是浮雕花卉图案纹饰，以后图案内容逐渐变成了历史故事和民间传说故事，以人物塑造为主。或以一组人物为主，辅以其他，或多组人物构成一个整体，用通景的方法像连环画一样塑造出人物故事。石湾陶塑正脊两端的鸱吻与传统的造型迥然不同，它做成了飞翔在天空的鳌鱼，两根长须探向云天，表达了独占鳌头的特殊用意。这些脊饰色彩斑斓，五光十色，主要有黄、绿、白、褐、蓝五种颜色，人物塑造廓线明朗，动态鲜明，亭台楼阁、花鸟禽兽穿插其间，栩栩如生，绚丽多姿。以聚贤堂上的脊饰规模最大，制作最精，长 27 米，高 2.9 米，共有 224 个人物，组成了“八仙贺寿”“和合二仙”“雅集图”“加官晋爵”等画面，还有寓意吉祥富贵、子孙昌盛的各类图案，反映了当时人们的愿望与追求。

灰塑是陈家祠堂又一重要装饰手法。灰塑是珠江三角洲地区传统建筑中广泛运用的一种建筑装饰艺术，民间俗称为“灰批”。其做法是用石灰为主要原材料，加上发酵后的稻草或草纸，经过反复锤炼后制成草筋灰或纸筋灰，然后根据建筑空间和装饰部位的需要设计图案。一般是先用草筋灰堆塑造型，再用纸筋灰细塑表面，待干到一定程度后，根据需要进行彩绘。祠堂内的灰塑总长 2562 米，总面积约 2448 平方米，主要装饰在屋脊基座、山墙垂脊、廊门屋顶、厢房和庭院连廊及东、西斋的屋脊上，其规模之大、题材之广、雕塑之精，居广东省民间建筑之首。这些灰塑作品不受空间和题材的过多限制，充分发挥，随形就势，立体效果突出，形态逼真；色彩大红大绿，富丽堂皇，民间韵味浓郁。首进山墙垂脊上有 6 只灰塑

图 2-34 陈家祠堂之脊饰之一

蹲伏独角狮，全身朱红色，双眼巨大，突出眶外，张口翘尾，活灵活现，憨态可人，寓意辟邪消灾保平安；大量灰塑蝙蝠，塑造生动活泼，可亲可近，象征福寿双全；首进庭院东西两廊上的灰塑三国故事和羊城八景图案，色彩斑斓，令人眼花缭乱，简直就是两条彩带飘扬在庭院上空，情趣盎然。

此外，铜铁铸工艺和绘画在陈家祠堂的装饰中虽然数量不多，但却别具风味，有画龙点睛的妙趣。

陈家祠堂的闻名，并非因为它是陈姓的宗祠，而是因其独具地方特色的工艺，汇集了广东民间装饰艺术的品种与流派，堪称集广东民间建筑装饰工艺之大成。现在，陈家祠堂又有了一个新的名字——广东民间工艺博物馆，这实在是最恰当不过了。古老的工艺与现代文明交相辉映，使这一宏伟的艺术建筑群焕发了青春的光彩。

图 2-35　陈家祠堂之脊饰之二（龙霄飞摄）

第三章 儒教的圣地

——孔庙

一 历代的尊孔与祭孔

中国的封建社会长达两千多年，以孔子思想为代表的儒家思想长期统治着人们的社会生活，其影响颇为深远。孔子是封建社会的圣人，被后人尊奉为“圣之时者”。孔子向来有“素王”之称，其所受封号逐步升级，由公加封到王，被誉为“百世文官表，历代帝王师”。

孔子（前551—前479），名丘，字仲尼，春秋鲁国人。这位生前并不得志的思想家、教育家，死后受到的尊崇却与日俱增。公元前478年，即孔子死后的第二年，鲁哀公就下令把孔子的故居立为庙，岁时奉祀，尽管只是不起眼的庙屋3间，仅存孔子生前所用的衣、冠、琴、车、书之类，却开启了尊孔的先河。从汉武帝接受董仲舒“罢黜百家，独尊儒术”的建议开始，孔子所受的礼遇日甚一日。在不断抬高孔子地位的同时，对孔氏子孙的优待也成为尊孔的一项重要内容。从汉元帝开始，孔子的嫡系长孙都被封爵封侯。汉元帝当政时，孔子的十二世孙孔霸被封为褒成侯，汉成帝绥和元年（公元前 8 年），孔子十三世孙孔福被封为殷绍嘉侯。汉平帝元始元年（公元元年），孔子被封为褒成宣尼公，这是皇家给孔子的第一个封号。东汉时期，光武帝、明帝、章帝、安帝都先后去鲁地祭孔，以示尊崇。汉桓帝元嘉三年（153 年），汉桓帝下令修孔庙用于祭祀。

图 3-1　孔子像

魏晋南北朝时期，虽然玄风大煽，名教衰败，但孔子所受的尊崇仍然有增无减。南朝宋孝武帝曾下诏建孔子庙与诸侯礼仪同等；北魏太和十六年（492 年），孝文帝下令改称孔子为文圣尼父；北周静帝大象二年（580 年），又追封孔子为邹国公；隋文帝一统天下后，在开皇元年（581 年）尊孔子为先师尼父。

唐代是我国封建社会发展的鼎盛时期，孔子地位也比之前有很大提高。高祖武德二年（619 年）六月，下令国子学立孔子庙；太宗贞观二年（628 年），升孔子为先圣，又过了两年，命令各州县设立孔子庙，加以祭拜，这是第一次以国家名义在全国各地建立孔庙。到唐高宗时，又下令督促“州县未立庙者速事营造”，至此，“孔子之庙遍天下矣”。高宗乾封元年（666 年），尊孔子为太师；武周天授元年（690 年），封孔子为隆道公；玄宗开元二十七年（739 年），封孔子为文宣王，这样孔子由公而升为王，庙中的孔子像也由原来的坐西朝东改为坐北朝南，以应王制。

宋代是儒教发展鼎盛之时，统治者更加尊崇孔子。宋太祖下诏用一品礼祭祀孔子；真宗大中祥符元年（1008 年），加谥孔子为玄圣文宣王，四年后加封为至圣文宣王；仁宗至和二年（1055年）三月，封孔子嫡长孙为衍圣公。此封号，除元祐年间曾一度改为奉圣公外，一直沿用至清末，前后800多年，沿袭32代，共41人袭封，这在中国古代是一个极为特殊的现象。非常有趣的是，与宋同期并存的辽、金及以后的元朝，执掌朝廷的虽非汉族但也大行尊孔之道。金熙宗天眷三年（1140年），在上京修建孔庙；元世祖时虽有一时贬黜孔子的举动，但元成宗即位后，立即恢复尊孔；成宗大德六年（1302年），在大都建孔庙（即今北京国子监孔庙）；大德十一年（1307年），加封孔子为大成至圣文宣王，这块加号诏书碑目前仍完好地树立在北京国子监孔庙的大成门左侧。

明代对孔子的尊崇表现为对衍圣公的大加优礼，明代对衍圣公的待遇远远超过了前代，提高了衍圣公的官爵品位，又时加赏赐，但对孔子本身的尊崇却有所降低。明世宗嘉靖皇帝在位时，废除了孔子受封的王号，取消了塑像，降低了原来用天子之礼祭祀的规格，只称作至圣先师。清代沿袭了历代尊孔和优礼圣裔的政策。清顺治二年（1645年），加称孔子为大成至圣文宣先师，祀礼规格又升为上祀；康熙帝称孔子为万世师表，又亲笔写匾悬挂于孔庙。清雍正四年（1726年），定阴历八月二十七日为孔子诞辰，全体官民军士要斋戒一天。1935年，民国政府任命孔子七十七世孙孔德成为大成至圣先师奉祀官，给以特殊礼遇。

与尊孔并驾齐驱的是历代的祭孔活动。

皇家最早的祭孔活动开始于汉代。汉高祖十二年（公元前195年）十二月，高祖刘邦“行自淮南还，过鲁，以大牢祀孔子”（《汉书·高帝纪》）。从此，皇权与孔学联系在了一起，开创了历代皇帝祭祀孔子的先例。此后，汉光武帝、汉明帝、汉章帝、汉安帝先后到曲阜祭孔。汉明帝永平二年（59年），最先在学校祭祀孔子。南北朝以后，在国学设庙祭祀孔子成为一项制度，而且皇帝本人也要亲临国学行礼祭拜孔子。在各地的府州县学中，同样立孔庙祭祀。

祭祀孔子并不是简单的一拜而已，它有着十分烦琐的礼仪程

图 3-2　曲阜孔庙孔子像及祭祀陈设

序，特别是明清两代更为讲究。明代祭孔一般由皇帝降香，派遣官员祭祀，由大臣们分别进行初献、亚献、终献三项礼仪。皇帝为表示对孔子的尊敬，在祭祀之前都要斋戒，降香时要身穿皮弁服，升御奉天殿，以示隆重；祭祀时，要摆设礼器和祭品，包括笾十（分别盛有形盐、薧鱼、枣、栗、榛、菱、芡、鹿脯、白饼、黑饼），豆十（分别盛有韭菹、醓醢 、菁菹、鹿醢、芹菹、兔醢、笋菹、鱼醢、脾析、豚拍），簠、簋各二（分盛黍稷、稻粱），登一（内盛太羹），铏二（内盛和羹），酒尊三，爵三以及牺尊、象尊、山罍各一，所用牲为犊、羊、豕各一。

祭祀过程中还要配以不同的乐章。迎神时奏《咸和之曲》，奠帛时奏《宁和之曲》，初献时奏《安和之曲》，亚献、终献时奏《景和之曲》，撤馔、送神时奏《咸和之曲》。乐声悠悠，舞姿翩翩，香烟袅袅，确实令人肃然起敬。

清代祭孔也是如此，每年大祭两次，称为“丁祀”。每到祭祀的日子，午夜过后就开始准备，凌晨三时开始祭礼。钟鼓齐鸣、奏乐、迎神、跳六佾舞、跪拜、送神，直到拂晓才宣告完成。

在历代的祭孔活动中，有一个十分有趣的现象，凡是少数民族入主中原建立的政权，其祭孔活动的规模都远远超过前代的汉族政权。东魏孝静帝兴和元年（539 年）修缮了孔庙，而且以孔子塑像代替了孔子牌位；金代曾先后 4 次修建孔庙，元代也达 6 次。由此，可以看出少数民族对汉文化的认同，反映出孔子儒学影响力之深远，同时这也是少数民族帝王们以孔子及儒学来笼络天下、安抚人心的一种做法。

除官方祭祀孔子之外，民间也有许多自发的祭孔活动，而且崇拜孔子也成为民间信仰的一个组成部分，特别是在士人阶层中尤为显著。平民百姓在儒家思想意识的笼罩下，把孔子神化，通过各种方式祭祀他，以表达一种深深的崇仰之情。

图 3-3　北京孔庙祭孔（龙霄飞摄）

时至今日，儒学又一次被世界重视，孔子再一次成为人们关注的中心，各种纪念活动不断举行，山东曲阜孔庙和北京国子监孔庙，每逢孔子诞辰都要举行隆重的祭孔乐舞表演。孔子之所以会受到如此的尊崇，与其学说对中国政治、文化的影响有很大关系。孔子的学说主要集中在《论语》一书中，北宋大政治家赵普曾有“半部《论语》治天下”的慨叹，足见其地位非同凡响。夏曾佑在《中国古代史》中说：“孔子一身，直为中国政教之原；中国之历史，即孔子一人之历史而已。”柳诒徵在《中国文化史》中说得更为明确：“孔子者，中国文化之中心也。无孔子则无中国文化。自孔子以前数千年之文化，赖孔子而传；自孔子以后数千年之文化，赖孔子而开。”孔子重视道德和精神生活的价值观，中国文化中存在的以道德教育代替宗教和重视气节的传统，是在孔子思想的熏陶下形成的。孔子的“仁”“礼”思想为历代统治者所倚重和利用，逐渐演变为国家政治生活的指导思想和人们的行为准则。汉代以后，孔子学说成为两千多年封建文化的正统，孔子成为封建社会的圣人。今天，人们把孔子作为一个伟大的思想家、教育家，作为一个能够代表中国传统文化基本特点的文化名人来加以纪念，与以往的尊孔和祭孔完全不同。

二 孔庙建筑的基本特点

孔庙是专门祭祀孔子的地方，是历代文士参谒孔子的场所，它完全承袭了中国古代建筑的传统风格，但按照不同的等级又有区别。孔庙可以分为两类，一类是经过朝廷钦定的孔庙，这类孔庙建筑完全仿照皇宫的建制，规格自然要高得多；另一类是由各级地方

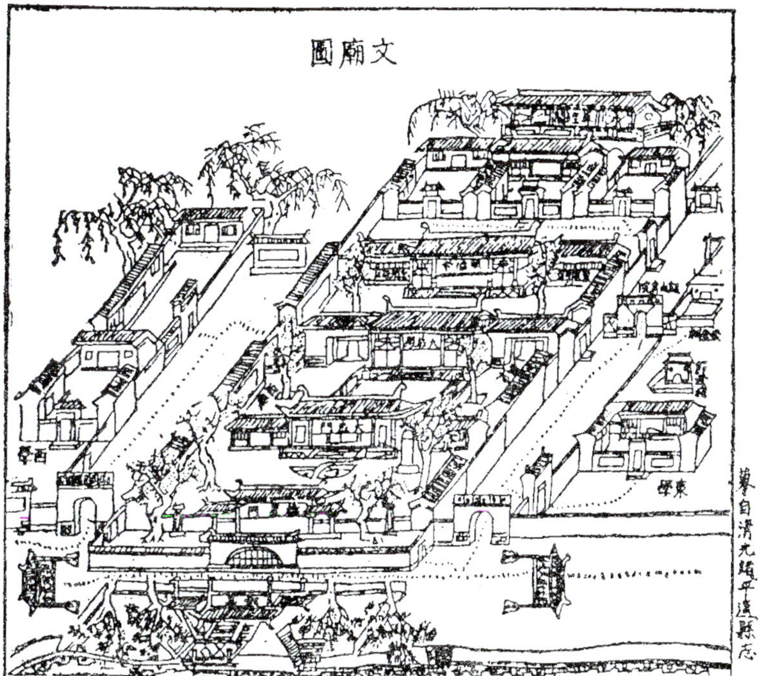

图 3-4 清光绪年间《平遥县志》所绘文庙图

官府修建的孔庙，在建筑上则具有地方特色，不受皇家建筑规格的约束，更为自由一些。不论是皇家钦定的孔庙，还是地方官府修建的孔庙，在建筑格局上都有一个总体的框架，无论如何变化，都有一个基本的格局。以明清两代为例，这个基本格局就是以照壁（或坊）—棂星门—大成门—大成殿为中轴线建筑，两侧配以其他相关建筑物。

照壁是与大门相对，做屏障用的墙壁。孔庙照壁又称“万仞宫墙”，一般都建在大门之外，或为八字形，或是一字形，多为砖构，上覆以琉璃装饰。除照壁外，有的孔庙门外为一道牌坊。

照壁之后便是棂星门，棂星门是孔庙的大门。棂星相传为古代天上的文星，用它命名大门，寓意孔子是应天上星宿降生的，而且古代天子祭天先祭棂星，说明祭孔子如同祭天一样，也有人才辈出、为国家所用的思想。

大成门在棂星门之后，之所以叫“大成”，是因为后世认为孔子对中国文化做了集大成的工作，在中国文化史上起了继往开来的作用，所以门称大成门，殿名大成殿，以示对孔子的尊崇。孔庙的不同等级也就体现在了大成殿建筑的不同规格上。首先是大殿的开间：有的面阔九间，进深五间，这与皇家的规格同步；有的面阔五间，进深三间；有的面阔、进深均为五间或三间，而以第一种为最高级别。其次是屋顶的形制：中国古代建筑的屋顶形式有多种，庑殿顶是级别最高的，在宫殿庙宇中，只有最尊贵的建筑物才能使用，比如故宫的太和殿。庑殿顶前后左右四面都有斜坡，有一条正脊和四条斜脊，呈四坡五脊，又叫五脊殿。歇山顶是四面斜坡的屋面上部转折成垂直的三角形墙面，有一条正脊、四条垂脊和四条戗脊（垂脊下端处至屋檐部分的脊），如天安门就是歇山式顶，较庑殿顶低一等。此外还有悬山顶、硬山顶等，等级更低。再次是在屋顶琉璃瓦的颜色使用：古代屋顶一般有黄琉璃瓦、绿琉璃瓦和普通青瓦三种。黄琉璃瓦只有皇宫庙宇才能使用，绿琉璃瓦为王府一级才能使用，至于老百姓只能用青瓦了。孔庙大成殿屋顶琉璃瓦也有黄、绿之分，但没有用青瓦的，其等级在王公以上。

大成殿内正中供奉孔子牌位（仅山东曲阜孔庙供奉孔子塑像），东西两侧龛内供奉四配：复圣颜回、宗圣曾参、述圣孔伋、亚圣孟轲。再外两边的龛内供奉十二哲：闵损、冉耕、冉雍、宰予、端木赐、冉求、仲由、言偃、卜商、颛孙师、有若、朱熹。四配、十二哲在一般孔庙中只供奉牌位，山东曲阜孔庙则供奉塑像。

各地孔庙因级别不同，依据本地具体情况在孔庙建筑布局上也各具特色。依不同情况又设有碑亭、戟门、崇圣祠等，孔庙与州、县学在一起的，又都有泮池，这座半月形的水池，一般都安排在棂星门与大成门之间。不少地方的文庙常附建名宦、乡贤、忠义、节孝诸祠，以激励当地人士奋发上进，光耀祖庭。

三 曲阜孔庙

曲阜孔庙是我国孔庙中规模最大、始建时间最早的一座，它和孔府、孔林并称为“三孔”，是我国四大古建筑群之一，保存完整，被古建专家称作“世界上唯一的孤例”。

曲阜孔庙始建于春秋时期。在孔子逝世的第二年，鲁哀公就把孔子原来住的 3 间房子改建成祠庙。在此基础上，经过历朝历代

图 3-5 万仞宫墙（龙霄飞摄）

的不断扩建、重修，孔庙逐渐发展成为一处规模宏大的仿宫殿建筑群。现存孔庙建筑为清雍正年间的遗构。

曲阜孔庙平面为长方形，占地有 300 多亩，南北长达 1000 多米，几乎和曲阜城的长度相等，把城区分成了东、西两部分。它地处曲阜中部，南接旧城垣，东邻孔府。经金、元、明、清各代的不断修建，全庙共有五殿、一阁、一祠、一坛、两庑、两堂、十五碑

图 3-6 曲阜孔庙前院（龙霄飞摄）

亭、五十三门坊，共 100 多座建筑 466 间殿庑，分为九进院落。前三进建筑为引导性庭院，要经过金声玉振坊、棂星门、太和元气坊、至圣庙坊、圣时门、璧水桥、弘道门、大中门、同文门、奎文阁、十三御碑亭才进入主院，即大成殿所在。中路的前半部分，层叠屏障，交相辉映，借以强化尊孔的气氛，给人以幽深肃穆的感觉。从大成门开始，整个庭院布局分为左、中、右三路。中路有大成门、大成殿、寝殿、圣迹殿、两庑，是祭祀孔子及先儒、先贤的地方；左为承圣门、诗礼堂、故井、鲁壁、崇圣祠、家庙，是祭奠孔子上五代祖先的场所；右为启圣门、金丝堂、启圣殿及寝殿，是祭祀孔子父母的所在。

图 3-7　曲阜孔庙大成门（龙霄飞摄）

整个孔庙建筑群以中轴线贯穿，左右对称，布局严谨，高低错落，气势宏大，建筑群处处都体现着对孔子的尊崇之意。金声玉振坊是进入孔庙前首先映入眼帘的建筑物，它古朴高雅，显示出超凡脱俗而又尊贵隆盛的气派。“金声玉振”源出于《孟子》：“孔子之谓集大成。集大成也者，金声而玉振之也。”该坊与大成殿遥相呼应，以表现出孔子德侔天地、道冠古今的伟大。坊是明代时制作，四柱三门，四块石鼓抱住八角石柱，顶部为莲花形座，上面蹲踞着王公府第才能使用的独角怪兽——辟邪。

穿过金声玉振坊、棂星门，便是奎文阁。奎文阁位于孔庙的中部，是一座三层飞檐、四重斗拱的木构藏书楼，始建于宋真宗天禧二年（1018 年）。奎星是二十八星宿之一，专主文章，所以以“奎文阁”命名这座藏书楼。奎文阁面阔七间，进深五间，阁内为上下两层，但中间还夹有暗层，结构独特，工艺颇为奇巧。上层收藏历代帝王赏赐的经书、墨迹，下层

专藏历代帝王祭孔时所用的香帛物品，而暗层专用来存放藏经经板。奎文阁以其独特的结构成为我国现存著名的木结构楼阁之一。

奎文阁后是孔庙的中心建筑——大成殿。在大成殿的前方甬道中间有一座方亭式的建筑，这就是杏坛，相传是孔子讲学的地方。《庄子·渔父》中这样描述："孔子游乎缁帷之林，休坐乎杏坛之上。弟子读书，孔子弦歌鼓琴。"宋仁宗天圣二年（1024年）正式建坛，建坛时周围种满了杏树，所以叫作杏坛。金代又在坛上建亭，明代重修，成为现在的面貌。

杏坛的后面是大成殿，为孔庙内宫廷式建筑的主体，是祭孔的重要场所。该殿在唐代叫文宣王殿，宋徽宗时改名叫大成殿。大殿经过多次修建才有了今天的面貌，整个大殿坐落于2米多高的须弥座石台基上，面阔九间，进深五间，重檐歇山顶，上覆黄琉璃瓦。重檐九脊，斗拱交错，黄瓦飞檐，雕梁画栋，巍峨壮丽，气象庄严。最令人拍案叫绝的是大成殿四周廊下的28根云龙石柱，尤其是殿

图 3-8 曲阜孔庙大成殿

前的10根深浮雕云龙柱更是精美。石柱下是覆盆莲瓣式柱础，每根石柱都是用整块石头雕成的，高约6米，直径80多厘米。两山廊檐和后檐下为18根水磨浅雕八棱形石柱，每面浅刻出9条团龙，一根柱子上有72条龙。前檐下的石柱为深浮雕，玲珑剔透，刚劲有力，每根石柱上有2条盘龙，隐现于云雾之中，上下对舞，中间为宝珠，构成了传统的二龙戏珠图案。双龙姿态生动，栩栩如生，两龙或盘卷蜷曲，或争抢宝珠，或穿云嬉戏，真有呼之欲出的感觉。这些明弘治年间徽州工匠雕刻的艺术珍品，使整座大成殿显得更为富丽堂皇。细细算来，大成殿石柱上共有云龙1316条，数量之多，雕刻之精，无不体现着中国古代对孔子的尊敬和崇拜。

进入大成殿，映入眼帘的就是殿内正中悬挂着的一块“至圣先师”横匾，孔子的神龛就在它的下面，雕龙贴金的像龛内供奉着孔子的夹纻漆像。孔子神态安详，面带微笑，头戴十二旒冕冠，身穿十二章之服，手执镇圭，完全是帝王的打扮，生前的孔子自然不可能是这般装束。曾经落魄的孔夫子如果看到自己被人们打扮成这等模样，不知会做何感想。即便如此，整个塑像仍不失生动传神，一双俯察人世的慧眼尤其令人难忘，似乎还在叮嘱世人莫忘“齐家治国平天下，率性修道致中和”的教诲。孔子塑像的东西两侧为四配和十二哲的塑像，以此显示孔门后继有人。

大成殿前宽阔的平台是祭孔时歌舞的地方。祭礼是极为隆重的一项活动，除家祭外，还有皇家的春秋丁祭大典，每次祭祀时的“轩悬之乐”和“六佾之舞”都是在这一露天平台上进行的。诸门洞开，礼生礼赞，乐音袅袅，舞步翩翩，香烟缭绕，烛光洞天，又有钟鼓鸣响，一派庄严肃穆，令人肃然起敬。

孔庙建筑形式多样，种类齐全，大成殿和故宫太和殿、泰山岱庙天贶殿并称为东方三大殿。孔庙不仅是一座古代建筑的博物馆，更是古代石刻的博物馆。

石刻碑碣是孔庙的又一特色。在大成殿的东西两庑陈列着自西汉以来的历代碑刻2200余通，这些碑刻历史悠久，体类完整，真草篆隶，诸体俱备，尤以汉魏六朝碑刻最为著名，有着很高的历史价值和艺术价值。汉代的 21 块碑刻中，年代最早的是汉景帝中元元年（前 149）的“北陛石”，而乙瑛碑、礼器碑、孔宙碑、史晨碑更是汉隶中的珍品，受到历代书法家的推崇。

图 3-9 史晨碑刻石（龙霄飞摄）

曲阜孔庙历史悠久，文物众多，庭院环境幽雅，建筑高低错落，黄瓦红垣，绿树掩映，是我国享誉世界的一处著名的人文景观，有人将它称为除了北京故宫以外的中国传统文化的最高殿堂，这是非常恰如其分的。

四 北京孔庙

孔丘被历代皇帝尊为先师，被人们称作圣人，受到了隆重的祭祀。孔庙可以说遍及全国大小城镇，几乎是无处不在。在全国数不清的孔庙（或称为文庙）中，级别最高的当属北京孔庙，它是元、明、清三代皇帝祭孔的场所，在全国孔庙中占有特殊的地位。曲阜孔庙的春秋祭祀与北京孔庙相同，其庙制、祭器、乐器及礼仪都以北京孔庙为准。

北京孔庙坐落在北京市东城区安定门内国子监街，街道两旁古槐成行，浓荫蔽日，环境清幽。孔庙与国子监一墙为邻，分列东西，正与古代“左庙右学”的礼制相符。这座孔庙始建于 700 多年前的元朝，它是蒙古族统治者为加强自己的统治，笼络汉族封建贵族、士大夫和广大儒士而下令建造的。最初，忽必烈曾下令因袭历代旧典，命宣抚王楫于金枢密院建庙以祭祀孔子，但此后世祖对孔子大加贬黜，直至元宣宗即位。时任光禄大夫的哈剌哈孙因“京师久阙孔子庙，而国学寓他署，乃奏建庙学”（《元史・哈剌哈孙传》），孔庙才得以重建。北京孔庙从元大德六年（1302 年）开始建造，四年后完工。在 700 多年的风风雨雨中，孔庙历经沧桑，在元末战火中一度荒废。直至明永乐九年（1411 年）重建，修缮了大成殿，明宣德四年（1429 年）整修了大成殿和两庑，明嘉靖九年（1530 年）增建了崇圣祠，专门祭祀孔子五代先祖。清乾隆二年（1737 年），乾隆皇帝下令崇圣祠改用绿琉璃瓦顶，其余建筑全部使用最高贵的黄色琉璃瓦顶，清光绪三十二年（1906 年），

图 3-10 北京孔庙碑亭（龙霄飞摄）

祭孔升为大祀，扩建了大成殿，并进行大规模修缮。清王朝被推翻后，工程仍在继续，直到 1916 年才告竣工，形成了我们今天所见的建筑风格。

北京孔庙由三进院落组成，以大成殿为中心，南北成一条中轴线，左右建筑对称排列。先师门（棂星门）、大成门、大成殿、崇圣门和崇圣祠构成建筑主线，先师门与大成门之间为第一进院落；大成门与大成殿之间为第二进院落；崇圣祠是独立小院，构成了第三进院落。

第二进是中心院落，大成殿坐北朝南，与大成门相对而立。大成殿坐落在以汉白玉石雕云头石柱栏杆的月台上，月台东、西、南三面有阶，南面的石阶中部嵌着一块长 7 米、宽 2 米的青石大浮雕，上下各雕传统的二龙戏珠图案，中间为一条正面盘龙，于云水波涛中吞云吐雾，雕刻细致生动，是我国古代石雕艺术的佳作。大成殿是祭孔的正殿，明永乐年间建成时为七间三进，清光绪三十二年（1906 年）扩建为九间五进，重檐庑殿顶，上覆黄琉璃瓦，与皇宫的级别相同。大殿内庄严肃穆，正中神龛内为“至圣先师孔子神位”。关于这个牌位，还有一段小插曲：明嘉靖时，龛内供奉的是孔子泥塑像，但由于全国各地文庙中孔子塑像容貌各异，嘉靖帝认为有辱圣人尊严，因此下令，只有山东曲阜孔庙内立孔子塑像，其他各地均用画像或牌位。神龛两侧悬挂一副抱对：“齐家治国平天下，信斯言也，布在方策；率性修道致中和，得其门者，譬之宫墙。”龛前摆放祭案，上面陈设着樽、爵、笾、豆等祭祀器皿，两侧还有编钟、编磬、琴、瑟等祭祀用的乐器。和其他地区的孔庙一样，在孔子神位两侧照例供奉四配和十二哲的牌位。最能体现出北京孔庙地位的恐怕要数大成殿所悬挂的10块大匾了。这10块匾分别是清初的康熙到清末的宣统9个皇帝亲笔书写的，另外一块是黎元洪所写。匾的内容为赞颂孔子的伟大与至圣。清代从康熙开始，每一位皇帝即位照例要到国子监辟雍讲学一次，临雍之后要在孔庙大成殿悬匾一方，后来即使不临雍也照样悬匾。现在大殿正中上方悬挂的是黎元洪写的“道洽大同”的黑底金字匾，其他9块分别是康熙帝写的“万世师表”、雍正帝写的“生民未有”、乾隆帝写的“与天地参”、嘉庆帝写的“圣集大成”、道光帝写的“圣协时中”、咸丰帝写的“德齐帱载”、同治帝写的“圣神天纵”、光绪帝写的“斯文在兹”和宣统帝写的“中和位育”，均为蓝底金字。

图3-11　北京孔庙大成殿

之所以把黎元洪写的挂在正中，是因为在1916年教育总长范源濂下令把清朝皇帝所写的匾都取下来，送到当时的历史博物馆保存，但大成殿又不能无匾，因此就请出了黎元洪为北京孔庙新写了“道洽大同”匾，后来人们将清帝诸匾再挂上去时，也就没有再调整。了解了这个背景，再来欣赏清朝九帝“书法大赛”般的大匾，更是别有情趣。

图3-12 北京孔庙触奸柏

大成殿月台右前方有一棵古柏，枝繁叶茂，虬枝盘曲，苍翠挺拔，相传这株古柏是元代国子监祭酒许衡亲手所种，它经历了风雨沧桑，被人们称作有灵性的树。传说明代奸相严嵩代替嘉靖皇帝来祭孔时，由于他平时欺上压下，残害忠良，在他走过这棵树时，忽然刮起一阵狂风，吹得柏树枝干把严嵩的帽子打在地上。这样，人们在痛恨奸臣的同时，也认为柏树有灵，能够辨别忠奸，所以把这棵树叫作“触奸柏”。

孔庙内保存着许多珍贵的文物。最负盛名的要数元、明、清三代的进士题名碑了。一走进先师门，就可以看到东西两侧整齐地排列着一排排高大的石碑，这就是进士题名碑，一共有198方，刻写着51624名元、明、清三代进士的姓名、籍贯以及名次。题名碑始建于元皇庆二年（1313年），目前元代的题名碑仅存3块，十分珍贵。在元、明、清三代进士题名碑中，你如果仔细寻找，就会发现许多熟悉的名字：史可法、严嵩、刘墉、林则徐、李鸿章，还有曾任北京大学校长的蔡元培先生，以及著名的“七君子”之一的沈钧儒先生。这些碑记既是历史的见证，更是研究我国科举考试制度的珍贵实物资料。其次要数十三经刻石了。十三经是指十三部儒家经典（包括《周易》《尚书》《诗经》《周礼》《仪礼》《礼记》《春秋左传》《春秋公羊传》《春秋穀梁传》《论语》《孟子》《尔雅》《孝经》），刻石立于孔庙与国子监之间的夹道内，共有189块，是我国目前仅有的一部最完整的十三经刻石。全部石经是雍正年间江苏金坛贡生蒋衡书写的，前后写了12年，约63万余字，字迹工整，一丝不苟。清乾隆五十九年（1794年），刻碑完成。十三经刻石保存和发扬了中国古代文化，是北京著名的碑林。

人们在孔庙内瞻拜孔夫子的同时，也能领略古老京城的历史文化，首都博物馆就曾设在这里。如今，这里已修葺一新，成为北京孔庙和国子监博物馆。孔庙大成殿原状陈列、国子监辟雍原状陈列以及关于中国古代科举与考试制度的各种展览，让你真正感受着当年莘莘学子寒窗苦读的艰辛与一朝成名的喜悦，让你仿佛穿越到源远流长的历史长河中。

图 3-13　北京孔庙进士题名碑

五 南京夫子庙

我国古代供奉和祭祀孔子的地方，一般都称作孔庙或文庙，以夫子庙命名的为数不多。夫子是古代对大夫的尊称，孔子曾做过鲁国大夫，他的门人弟子尊称其为夫子，后世将先生、老师尊称为夫子。相对于“圣人”等名号，“夫子”的称谓似乎更接地气，也更具有一种亲切感，因此，以夫子命名孔庙同样能够给人以亲和感。在从古至今的夫子庙中，南京夫子庙最为著名，它位于江苏省南京市中华门内秦淮河北岸、文德桥之东的贡院街。1935 年 7 月初，孔子第七十七代孙衍圣公孔德成在接受民国政府“大成至圣先师奉祀官”的任命后，来夫子庙举行了告庙大典，夫子庙也因而真正与孔氏“沾亲带故”了。

夫子庙并非仅仅只是一座孔庙，它主要由孔庙、学宫、贡院三大建筑群组成，占地面积约 26300 平方米。夫子庙先有学宫后有孔庙，它的历史可以追溯到东晋时期。据史书记载，东晋成帝咸康三年（337 年）在秦淮河北岸建立太学，几经兴废，到宋仁宗景祐元年（1034 年）在东晋学宫的基础上扩建为孔庙，当时叫作“文宣王庙”，这是夫子庙的开端。南宋建炎年间毁于兵火，绍兴九年（1139 年）重建，并设立为建康府学，同时建立了科举考场——贡院。元代因袭旧制，改为集庆路学；明朝初年这里是国子监，后在鸡笼山另建国子监，此地改为应天府学；清朝在此设立江宁、上元二县的县学。由此可知，夫子庙从宋代绍兴年间开始集祭祀、修

图 3-14　南京夫子庙与秦淮河

学、考试于一体，形成了庙学一体的形制，与北京国子监、孔庙“左庙右学”的形制有所不同。咸丰年间战火使孔庙、学宫化为灰烬，清同治五年（1866 年），两江总督李鸿章命江宁府徐宗瀛就明朝的朝天宫遗址修建府学，夫子庙曾一度被废。三年后，李鸿章又下令两县学绅在秦淮河北岸县学旧址上扩建，成为今天的夫子庙与学宫。日本侵华占领南京后，夫子庙又一次遭受劫难，大成殿、魁星阁、思乐亭等部分建筑成为废墟。夫子庙历尽沧桑，几经磨难，在中华人民共和国成立后获得了新生，经过整修与改造，夫子庙基本恢复了昔日的面貌。

夫子庙占地广阔，四周黄墙围护，配以门坊、角亭，全部建筑按照传统的中轴线对称排列。庙内排列有大照壁、泮池、牌坊、奎星阁、聚星亭、棂星门、大成门、大成殿、明德堂、尊经阁、崇圣祠等建筑，以大成殿为界，前为孔庙，后为学宫。夫子庙的泮池在全国的孔庙中也是独一无二的，它利用秦淮河水筑堤环抱而成，可谓因地制宜，独出心裁。泮池南岸的大照壁是夫子庙一绝，它建于明万历三年（1575 年），高 10 米，长 110 米，是国内最长的一座照壁。夫子庙内建筑各具风韵，奎星阁流光溢彩，聚星亭墨韵四溢，大成殿巍峨辉煌。整组建筑群以大成殿为中心，以照壁至卫山为中轴线南北对称排列，在艺术处理上，由大照壁、泮池、棂星门等拉开了整个建筑群的序幕。高台之上的宫殿正门形体巨大，正门以内，碑廊、两庑、中心庙院沿纵轴线布置，形成了层次错落、富含深度的空间分布。庙院的门、坊、亭、阁、廊庑形状多样，组合各异，加之地平标高逐步提高，建筑物的形体逐步加大，使人感到了由序幕到发展直至高潮的

图 3-15　南京夫子庙大成殿

历程，在逐渐展开的空间变化中让人领略了夫子庙的风采。

夫子庙不仅是一座孔庙，一处学宫，一座考场，更是东南各省文化教育的中心。南京以夫子庙为中心，形成了一个巨大的文化辐射区，人们称之为夫子庙文化区，这里不仅可与北京天桥、上海城隍庙、苏州玄妙观相提并论，甚至是有过之而无不及。夫子庙依傍秦淮河，此处自古以来就是繁华之地。千百年来，世家大族聚居此地，素有“六朝金粉地”之称，著名的清溪、内秦淮、旧院、桃叶渡等都在它的周围。“绮窗丝障，十里珠帘，灯船之盛，甲于天

下”，其繁华不言而喻。围绕着夫子庙，文人学士、名伶歌妓、政界要人、工商巨子，三教九流各色人等穿梭往来，无所不包。文昌、钟山、文正、惜阴、凤池等著名书院培养了一代学人，钱大昕、姚鼐领一代风骚。夫子庙书肆历代相承，源远流长，吸引着众多学者与学子来此寻觅。秦淮风月，名媛声伎，柳如是、李香君、寇白门、陈圆圆等虽沦落青楼，却出淤泥而不染，与文人学士、志士仁人谱写了动人的篇章。

文化的繁荣带来经济的繁盛，夫子庙地区的客栈书庄、文房四宝、日用品业兴旺发达；状元境的书庄，奇望街的文物古玩，秦淮两岸的酒馆，闻名遐迩。市井文化成为夫子庙周边的一大特色。清末科举制被废除后，夫子庙前形成了千奇百怪、包罗万象的“九流”广场，“金”（指算卦相面）、“批”（指说唱）、“彩”（指变戏法）、“挂”（指卖艺的）各色人等齐聚泮宫，各逞其能，各展风采。清朝后期，夫子庙已成为五方杂处的商业市场，“戏茶厅”就是在清末出现的，成为人们听戏、娱乐的好去处。这里又是茶馆的集中地，为我国旧时茶馆的典型代表，多年来江南文风的熏染，使这里的茶馆都带有幽雅的诗情画意，少了一点俗味，多了一点雅气，是文人雅集的好去处。

一提起夫子庙，本来给人的感觉应该是肃穆庄严，而发展至今天的夫子庙，形成了以其为中心的独特的夫子庙文化区。它包罗万象，形式各异，但单单没有把儒家人文传统放在首位。在全国的文庙中，这种现象是独一无二的，它的形成与夫子庙独特的地理位置、人文环境、文化氛围有着至关重要的联系，是值得深思的文化现象。

夫子庙地处闹市，与其他地方的文庙相比自然少了几分庄严肃穆，但它闹中取静，环境幽雅，仍不失为历代士子们拜孔求学的一块圣地，也为六朝金粉之地增添了不少正气与儒雅之风。

六 其他著名孔庙览胜

在封建时代，尤其是到了明、清时期，全国所有的县级以上的城市，都至少有一座由官府修建的祭孔建筑。因此，孔庙（文庙）建筑就成为数量最多的祭祀性建筑群之一，而且各地的孔庙还往往是当时当地最著名的建筑。随着岁月的流逝，许多地方的孔庙都已经被毁坏，但也有一些古代的孔庙至今保存较好，成为人们经常游览的地方。下面我们选择几处较为著名的孔庙介绍给读者，您如果有机会走到这些地方，不妨到那里的孔庙去看看。

1. 平遥文庙

平遥古城，是我国现存具有完整古城风貌的历史文化名城（镇）之一。平遥城墙保存完好，闻名遐迩，城墙之内包围的平遥老城古韵犹存，尤其是它的民居建筑在中国建筑史上颇有影响。古城的主要街道呈十字形，民居、衙署、坛庙、寺观按照传统礼制对称排列，古建筑群、商号铺面、四合院式的住宅与城垣构成了完整的城市布局，整个建筑空间组织和主体轮廓统一中有变化，平缓中见高低。

城内古建筑众多，文庙就是其中著名的一处，它坐落在古城东南隅的云路街北侧。这座文庙在建制上很有特点，与通常所见的形制不同，它是由三组建筑组成的，中间是文庙，左边是东学，右边是西学，形成“一庙二学”的格局。整个建筑群规模宏大，由四进院落组成，以中轴线为主体，左右对称排列亭堂殿阁，结构严谨，肃穆典雅。

平遥文庙是现存孔庙建筑中年代较早的一处，它的始建年代已无从考知，庙内大成殿脊檩上有一行墨书题记：“维大金大定三年岁次癸未□月一日辛酉重建”，根据这一记载可知，该庙始建年代当在金大定三年（1163 年）以前。由此推算，平遥文庙至少已有 800 多年的历史了。庙内许多碑石记载了明清两朝对该庙重修、重建的情况。据清道光二十四年（1844 年）《平遥县重修文庙碑记》来看，这座庙在明朝末年曾被改作佛寺，到清朝康熙年间才改（佛）寺为（文）庙，清乾隆、道光等年间都曾予以修葺，所以文庙内除

图 3-16　平遥文庙

大成殿保留了宋、金的建筑风格外，其余多是明清时期的建筑。

庙前有牌坊三座，中轴线上顺序排列着棂星门、大成门、大成殿、明伦堂、敬一堂、尊经阁，时习斋、日新斋及两庑分列东西。其中大成殿最为引人注目，该殿重建于金大定三年，是比较罕见的早期孔庙建筑的实物，它面阔五间，进深五间，平面近似正方形。大殿内空间宽绰，祀奉方便，这是明间内的两根柱子被省去了的缘故。从大殿的平面布局、用柱方法、斗拱结构和歇山出际的做法等方面，都可以看出这是一座宋金时期的木结构建筑物，与脊檩上的墨书题记相吻合。大殿内的天花板把梁架分为明栿和草栿两部分，前后槽用乳栿搭牵相构，内柱上有复梁拼成草栿承重，上面层层重叠四椽栿、平梁、叉手、侏儒柱、驼峰等构件。藻井用小型斗拱叠架而成，制作十分精巧，尤其是大殿檐下利用大斜梁来代替补间铺作，是我国古建筑中一个罕见的特例。

更为罕见的是一尊孔子塑像，不是在平遥县城之内的这座金代文庙之内，而是在县城外的另一座元代文庙中。在这座乍一看去与普通农舍差别不大的元代文庙的正殿中，保存着一尊元代塑造的孔子像。孔子的脸色犹如张飞，又蓄着一把关公式的胡子，加上一个硕大的鼻头，活像一个土里土气的乡间私塾先生，与人们常见的帝王之师的孔子形象完全不同。它的可贵之处不仅在于它是目前国内发现的时代最早的孔子塑像，而且它还是最具有民间色彩、可能是最与生活中的孔子相似的塑像。所以，如果您有机会走到平遥，一定不要忘了去看看这位“元代的孔夫子”哟！

2. 衢州孔庙

孔子为万世师表、帝王之师，历来受到人们的尊崇与敬仰，各地纷纷建庙奉祀，在这众多的孔庙中，属于孔氏家庙的仅有两处。为人们所熟知的曲阜孔庙是其中之一，另外一处一般人并不太清楚，其名也不显于世，这就是位于浙江省衢州市的孔氏家庙。

按一般情况来说，家庙只有一座，也就是在本姓家乡所建的宗庙。孔子的故乡在山东曲阜，按道理讲，只有曲阜孔庙才能算是孔氏家庙。为什么会出现南北两座孔氏家庙呢？这其中就涉及孔氏南宗与北宗分立的一段动人历史了。

北宋靖康之变以后，金兵分路向山东、河南、陕西等地发起进攻，宋高宗赵构率领朝廷于宋建炎二年（1128 年）秋天南迁临安（即今浙江省杭州市）。北方的世家大族也纷纷跟随皇帝南渡，位极人臣的孔子后裔衍圣公也不例外。当时世袭衍圣公的是孔子第四十七代孙孔端友，他带领部分族人来到江南，在浙江衢州逐渐安定下来。基于衍圣公的地位，南宋皇帝不断赐宅封地。宋宝祐元年（1253 年）在城北菱塘创建了孔子家庙，世袭衍圣公代代相传，这就是孔氏南宗，衢州孔庙也就有了“南孔庙”之称，与北方的曲阜孔庙遥相呼应。

在孔端友随南宋朝廷南渡的时候，并不是所有的孔氏成员都跟着走了，还有一些人仍然住在北方。受金人控制的伪齐皇帝刘豫，为表明自己的正统地位，也要封衍圣公，他选中了孔璠。孔璠是孔端友弟弟孔端操的次子，他承袭衍圣公的封号后被称作孔氏北宗。之后，金人又封孔璠的孙子孔元措为衍圣公。从宋建炎二年（1128 年）到金天兴二年（1233 年）的 105 年间，孔氏的南宗与北宗分别在两个敌对的朝廷中任职。

元世祖至元十九年（1282 年），南宗衍圣公孔洙认为“曲阜子孙守护先茔

图 3-17　衢州孔庙大成殿

有功于祖”，主动把衍圣公的爵位让与了曲阜孔氏。南宗的这一义举，深得朝廷的赞许，元世祖忽必烈大加称赞说：“宁违荣而不违道，真圣人后也！”于是，北宗承袭了孔氏宗族的大宗主衍圣公地位，世袭罔替。而南宗也从明正德六年（1511 年）五十八代孙孔彦绳开始世袭翰林院五经博士，主持衢州孔庙的祭祀事项。但在孔彦绳

死后，孔氏好几代后裔并未承袭，此职直到清朝初年才又开始承袭。

衢州孔庙在宋宝祐元年建成以后，宋末毁于战火，明永乐五年（1407 年）重建于城南崇文坊，到明正德十五年（1520 年）迁建于先义坊衢县县学，保存至今，清朝曾多次整修。清雍正八年（1730 年），雍正皇帝亲自参与了对该庙的修缮工程，并且规定“文庙正殿、正门用黄琉璃瓦，两庑用绿琉璃瓦、黄瓦镶边”，给予了高度重视。庙内现存主要建筑有大成门、大成殿、佾台、两庑、思鲁阁等。思鲁阁，顾名思义是不忘故乡鲁国之意，阁中原来存放着从曲阜孔庙移来的孔子和亓官夫人的楷木像，阁下有先圣像碑。

3. 苏州文庙

苏州文庙坐落在江苏省苏州市人民路南，与沧浪亭东西相望。文庙创建于宋景祐二年（1035 年），当时的苏州知州是著名的政治家、文学家范仲淹。为培养人才，他把府学与文庙合建在一起，形成庙学合一的体制，这种体制为以后全国州县所仿效，影响极广。

苏州文庙经历代重修、扩建，规模宏大，面积广大，屋宇众多，据《吴县志》记载，南宋淳祐年间就有房屋 213 间。现存建筑除大成殿重建于明代外，大部分为清同治三年（1864 年）李鸿章任江苏巡抚时重修的。文庙除殿堂、祠宇之外，还有讲堂、考房、斋室、学舍等，其间小桥流水，假山幽亭，高堂广厦掩映于绿树丛中，颇有江南园林的特色。

从清末废除科举制度以后，文庙渐次荒废，目前仅有东部戟门、大成殿至崇圣

祠一区，西部泮池到明伦堂一带还保持完整。大成殿重建于明宣德八年（1433 年），面阔七间，进深六间，重檐庑殿顶，正脊砌透空花纹，屋角飞翘，给人以飞鸟展翅高翔的感觉，体现了典型南方殿阁式建筑的艺术风格，显示了中国古建筑结构与形式的统一美。

苏州文庙之闻名，不仅因为它独居东南学宫之首，而且更重要的是它所存的 4 块宋代石刻：《平江图》碑、《天文图》碑、《地理图》碑和《帝王绍运图》碑，它们具有极高的历史、科学价值，为海内外瞩目。

图 3-18　苏州文庙棂星门

图 3-19 《平江图》碑

《平江图》碑高 2.76 米，宽 1.42 米，刻于南宋绍定二年（公元 1229 年）。碑首雕交龙图案，正中刻“平江图”3 字，碑身刻南宋平江城平面图，四边刻东、西、南、北 4 字。平江图为单线阴刻，图中建筑采用平面和立体相结合的方法绘成，并不按比例，只是大体位置近似。平江是苏州城在南宋时的名称，平江图勾勒出了整个平江城的城市面貌，官署、寺观、庙宇、园林、仓库、兵营等主要建筑物的分布以及城墙、城门、河流、山脉、桥梁等都详细地描绘了出来。从图中可知，全城河道经纬交织，全长约 82 千米，桥梁共 359 座，充分表现了“小桥流水人家”的江南水城特色。图中还记载了天庆观（今玄妙观）、报恩寺、开元寺等 50 多座寺观庙宇以及虎丘云岩寺塔、瑞光塔、报恩寺塔等 12 座古塔。在横直整齐的街道上有 65 座标写坊市名称的跨街牌坊，其中不少沿用至今，如干将坊、嘉鱼坊、通关坊等。从图中可以看出，这些坊为二柱一楼坊，在里坊制城市中，坊门是小楼，楼上置鼓，楼标坊名，表明了里坊制向街巷制的转变。北部居住区是东西向长巷，巷内建宅，巷外街道为商业街。沿街设店，跨街建坊是街巷制城市与里坊制城市在市容上的根本差别。参证有关记载可知，从北宋中期里坊制废弛后，新的街巷制就渐渐出现了。《平江图》是我国现存历史最久、最完整的城市平面图，它确切地反映了当时中国城市的面貌和水网城市规划的优秀成就，是研究我国城市规划史、建筑史，特别是研究中国古代城市从里坊制向街巷制转变发展的重要史料。

《天文图》碑高 2.16 米，宽 1.08 米，是南宋黄裳为教学而绘制的，于宋淳祐七年（1247 年）由两浙西路提刑王致远摹刻上石。碑分为上下两部分，上为星图，下为释文。星图以北极为中心，分天体、地体、北极、南极、赤道、日、黄道、月、白道、经星、纬星、天仪、十二次、十二分野，共有 1440 颗星。据《元史》记载，宋代曾在皇祐、元丰、崇宁年间进行过 3 次星象观测，这一幅星图是根据元丰年间的观测结果绘制的。释文简要叙述了天体、地球、北极、南极、赤道、白道、日月星辰和日食、月食的成因以及当时所知的其他天文知识。《天文图》内容丰富详尽，方位准确，具有较高的科学价值，国际天文学界公认其为世界现存最古老的东方星象测绘图。

《地理图》碑高 2.2 米，宽 1.04 米，同样为南宋黄裳绘制，由王致远摹刻成碑，分为上图下文两部分。图中详细描绘了山脉、江河、湖海、森林、长城以及各路、府、军、州的地理位置，而且用“题榜”标明地名。释文大致记述了自夏至宋历代版图的变迁情况。《地理图》与西安的《华夷图》《禹迹图》为我国最古老的三幅全国性地图，对研究我国古代的版图变化具有极高价值。

《帝王绍运图》碑高 1.77 米，宽 1 米，也是由南宋黄裳所作，王致远摹刻，是我国古代的帝王世系表。“绍运”即承上启下的意思。碑分为上下两部分。上部以图表的形式分左、中、右三路列出帝王世系，中间一线从黄帝开始，至南宋理宗为止，共 13 个朝代，247 个帝号，195 个君主，这是被视作“正统”地位的王朝，占据了中心位置。左边一线是秦六国、五代僭伪，右边一线是春秋十二国、东晋、十六国，左右对称，补中线正史之不足。中国古代 3500 多年的国名帝号，图表中排列得详尽清晰。下部释文对古代“世道之理乱，王统之离合”做了简要的评述。此图对研究中国古代历史起到了提纲挈领的作用，具有一定的参考价值。

苏州文庙同时也是苏州碑刻博物馆，众多历代碑刻历来受人关注，这也算是实至名归吧！

4. 安顺文庙

孔子虽然生在中原地区，但他的影响却遍及全国各地，在少数民族众多的贵州地区也不例外，这里也能够看到为数不少的文庙。安顺文庙就是其中一处别具西南地方特色的孔庙。

安顺地处贵州的中心地区，是云贵高原上的一颗明珠。安顺古称安州，历史悠久，文化渊远，城中文物古迹众多，西秀山石塔、地藏寺古杨、金钟山、东岳庙、华严洞，各具风采，而以文庙最为有名。安顺文庙位于贵州省安顺市东隅，又称府学宫，于明洪武年间建成，经历代几度复修、增建，形成了一座气势宏大、布局严谨的古代建筑群，是贵州地区现存最大的一座文庙。

安顺文庙在建筑上以中轴线贯穿，左右两边对称建立附属建筑，但它的独特之处在于，它不是建筑在平地上，而是建在一处名叫“孔明观星台”的土丘西坡上，呈阶梯状上升，建筑一处比一处高，风格迥然。全庙共有四进院落（除第四进不复存在外，其余三进基本完好），一院高过一院，给人一种圣人高高在上的感觉。文庙大门前照例立有红墙照壁，穿过金声玉振坊，可以看到相对而立的“道冠古今”和“德配天地”两座三间四柱的冲天式石牌坊，万仞宫墙两侧是文庙的入口——“礼门”和“义路”。第一进院和第二进院之间是棂星门，棂星门也是一座三间四柱冲天式雕花石牌坊，须弥座支撑坊柱，门侧有雕八仙的抱鼓石，额坊上则雕刻有二龙戏珠和戏文图样。大成殿居于主体位置，殿内供奉孔子和四配、十二哲的牌位，殿外额坊上高悬“万世师表”“斯文在兹”“圣神天纵”三块横匾，突出而醒目。

安顺文庙在建筑布局上有自己的特色，它是庙学合一的建筑，建有半月形泮池、明伦堂、节孝祠。在祭祀孔子的同时，为达到敦化教育的目的，适时地在棂星门两侧设置了名宦祠和乡贤祠，供奉安顺历代名宦和贤达士绅的牌位。大成门的左右建有忠烈祠和纯孝祠，供奉着安顺历代忠烈之士和孝子贤孙的牌位。大成殿东、西两庑厢房内供奉七十二贤和六十四儒的牌位。这些人能够陪祀孔夫子，在一般人看来是无上的荣耀，起到了教育世人的作用。

图 3-20　安顺文庙大成殿

安顺文庙中最引人注目的是大成门和大成殿前的 4 根雕龙石柱。大成门前的一对檐柱为高浮雕盘龙柱，而较大成殿前的石柱还觉逊色些。大成殿修建在 2 米高的台基上面，面阔五间，单檐歇山顶，等级并不算很高。大殿明间的一对廊柱，高 6 米，直径为 0.8 米，是用整块巨石雕刻而成的盘龙大柱，堪称我国古代一件杰出的石雕艺术佳作。石柱用透雕手法做成，云朵缭绕石柱四周，游龙蜿蜒其间，忽隐忽现。巨龙雕刻精细，栩栩如生，由于使用了透雕手法，使人感到如真龙攀附在石柱上一般，巨龙造型生动，线条流畅，矫健有力，一鳞一爪一须均雕琢得细致入微，生动传神。石柱底部是波涛汹涌的海浪，正中有一条鱼腾空向上跃起。而承托这石柱的柱础被雕成了一只狮子，石狮弯腰昂首，张着大口，好像是被云龙石柱压得在朝天嗷叫。这对石柱出自民间雕石高手，据老百姓传说，当时雕刻这对云龙石柱的匠人，得到官方酬金的银两总重量相当于整块巨石凿下来的碎石重量。

安顺文庙是贵州地区一处重要的古建筑群，它以精湛的石雕和木刻艺术驰名西南，不论是牌坊、宫墙、柱头、柱础，还是阑额、雀替都是技艺精湛的艺术品。从内容上看，大多数是寓意吉祥的图案纹饰，如云龙、花鸟、龙凤呈祥、瑞莲、明八仙、暗八仙、福、禄、寿、喜等；从雕刻技法上看，有圆雕、透雕、浮雕，形式多样，手法洗练；从表现手法上看，或写意，或工笔，或兼而有之。

孔庙作为祭孔的场所，必然要营造出一种肃穆庄严的氛围，安顺文庙亦是如此。它的建筑布局很有节奏，随着地势的增高而不断向上延展，内容、形式、材料和地形结合完美，体现了独特的地方风格。

5. 建水文庙

建水文庙位于云南省建水县城，为现存元代孔庙中最大的一座，是一处规模庞大的古代建筑群，算得上我国西南地区文庙之首。

建水文庙始建于元至元二十二年（1285 年），明、清两代又仿照山东曲阜孔庙的布局不断扩建，达到了占地 114 亩的宏大规模。这也是一座庙学合一的建筑，既是孔庙又是县学所在地。庙门内有一椭圆形的泮池，称作“学海”。泮水本是鲁国境内的一条河流，状如半月形，鲁国的学宫就建在泮水河边，取其教化黎民如泮水一样源远流长之意，后来凡建学宫都仿建半月形水池，称“泮池”。建水文庙的泮池长 270 米，宽约 110 米，规模位居全国文庙泮池之首，是该文庙的一大特色。池中北端有小岛，岛上建有“思乐亭”，水光倒影，景色清幽，是古时“建水八景”之一。

文庙内的主要建筑以先师庙正殿居中，周围对称排列有八坊、二庑、二堂、四门。文庙棂星门保留了早期形制的风格，门制不是一般的牌楼式建筑，而是

图 3-21　建水文庙泮池

面阔三间的门屋，屋脊上穿出 4 根华表柱，上边套有瓷制云冠，下边横着木制云板，与他处不同。先师庙正殿重建于明弘治年间，整座大殿雄伟壮观，面阔五间，黄琉璃瓦覆顶，以精湛的雕刻艺术闻名遐迩。大殿由 20 根青色石柱支撑，前廊的两根楹柱上雕有云龙图案，龙昂首怒目，四肢矫健有力，在祥云中穿梭往来，气势飞动，栩栩如生。大殿正门由 22 扇屏门组成，菱花部分用木板透雕出“六龙捧圣”“双狮分水”“喜鹊闹梅”“犀牛望月”等图案，构图和刀法表现了中国传统的精湛工艺，形象生动，主题突出。云水腾龙尤为精美，云龙威猛生动，遍体金色，闪闪发光，特别是中间两扇门的正面龙首全部悬出菱花面；而左右四扇门上的龙翘首仰望中间的正龙，构图细腻，前后呼应，匠心独运。木窗上雕刻有近百种飞禽走兽图案，形态各异，毕肖传神，雕琢精细，手法灵活，反映了我国西南地区民间工艺水平之高超，令人叹服。

建水文庙还陈列有元、明、清三代的许多碑刻，是研究该地区文化的珍贵文物资料。

6. 台南孔庙

在祖国宝岛台湾，孔子一样受到人们的尊崇，孔庙也遍及全岛，其中年代最早的一座是台南孔庙。

台南孔庙坐落在台湾省台南市南门路，是在郑成功的儿子郑经和部将陈永华的倡议下于明永历十九年（1665 年，即清康熙四年）创建的，全部工程在第二年完成，当时叫作“文庙明伦堂”。郑氏政权为教化台湾民众，将国子监也设在孔庙之内，这是台湾的第一所高等学府，至今还悬挂于孔庙正门上的“全台首学”金字大匾就是这段历史的一件证物。

清朝康熙之后的 200 多年间，台南孔庙不断增建、修缮，前后达 12 次之多，使整个庙宇建筑规模宏大，规制完备，成为台湾一处著名的古建筑群。台南孔庙殿堂恢宏，布局严谨，结构精巧，风格典雅，建筑齐整，环境清幽，是台湾孔庙之宗，是全台古建筑的典型代表。沿中轴线排列有大成坊、正门、礼门、大成殿和崇圣

图 3-22　台南孔庙“全台首学”金字匾

祠；东路是名宦祠、乡贤祠、礼器库、明伦堂、文昌阁和朱子祠；西路是孝子祠、节孝祠和乐器库。大成殿是全庙的中心所在，建在高台之上，周围护以石栏，栏板望柱精雕细刻，生动逼真。大殿的建筑具有南方风格，特别是屋顶脊饰颇为别致。大殿屋顶为重檐歇山式，屋脊正中建有一座小塔，两条蛟龙守护在一旁，这种装饰称作“珠宫”，据说它可以镇邪避灾，在南方的建筑装饰中比较多见。大成殿内的陈设布置与其他孔庙大同小异，中间为孔子神位，左右陪祀四配和十二哲的牌位，殿内悬有清朝历代皇帝所赐的匾额。

祭孔在台湾是一项十分庄重的活动，台南孔庙至今仍然是祭孔之所。当年台南孔庙落成之际，郑经亲自率领文武百官列队到庙内举行隆重的祭孔大典。时至今日，每逢阳历九月二十八日孔子的诞辰，这里都还要举行盛大的祭祀仪式，这个活动对于弘扬中华优秀传统文化、强化台湾人民对祖国的认同感，起到了积极的作用。

图 3-23　台南孔庙大成殿

第四章 上古圣德贤王的奠堂
——中华人文初祖庙

一 中国古史的传说时代与“三皇五帝”

大约从公元前3500年开始，我国的远古文化进入了考古学家所说的“铜石并用时代”。在这一时期，我国的先民们已经掌握了红铜的冶炼技术并制造了一些简单的小型铜器，石器的制作技术也日臻完善，农业、畜牧业生产及手工业制作的水平进一步提高，人们物质生活的内容日益丰富。与此同时，父权制家庭逐渐成为社会基本生产单位，同一地区、同一族群内部在财产、贫富方面的分化日趋明显，而不同地区之间在经济、文化类型方面的差异也逐渐扩大。到了这一时期的后半段即从公元前2600年左右开始，从前分散的部落逐渐结合成部落联盟，一批军事首领占有了更多的财富和更大的权力，以掠夺财富为目的的战争愈演愈烈，最终导致了原始社会的解体。大约在公元前2070年，中国历史上第一个奴隶制王朝——夏便宣告诞生。

夏代以前的历史，现代史学家一般称之为中国古史的传说时代。在我国古籍中保存了一批与此段历史有关的神话故事和历史传说，人们常说的“三皇五帝”，是这些故事和传说当中的主角。

由“三皇五帝”构成的中国最早的古史系统，经历了一个由较简单到较复杂、由缺乏系统到比较有系统、由神性很浓到人性突出的逐渐演化的过程。就现有材料看，这个过程大约是从西周时期即已开始，直到东汉时期才基本结束。在这个过程中，怀揣不同政治目的的人们在不同的历史时期对早期的神话传说进行了大量的增删改易。历史学家顾颉刚先生认为，“时代愈后，传说的古史期愈长……传说的中心人物愈放愈大”，从而构造出了一个十分繁复混乱的古史体系。“三皇五帝”的说法最早出现于战国中期，但并未实定其人名。大约在战国中晚期形成了数种不同的“五帝”说，秦汉以后又有新的“五帝”说问世。战国末年开始有“三皇”一词，至汉代才形成了 5 种置于“五帝”之前的“三皇”说。在众多的歧说当中，成于西汉末年的《世经》一书依从五德相生的顺序编排了一个上古帝王系统：太昊庖牺（伏羲）氏—共工—炎帝神农氏—黄帝轩辕氏—少昊金天氏—颛顼高阳氏—帝喾高辛氏—帝挚—帝尧陶唐氏—帝舜有虞氏—伯禹夏后氏—商汤—周文王—周武王—秦伯—汉高祖刘邦。其后，《伪尚书序》以此为据，将伏羲、神农、黄帝指为“三皇”，将少昊、颛顼、帝喾、尧、舜指为“五帝”。魏晋以后的史籍皆承袭此说，这一“三皇五帝”的世系被长期奉为古代的信史，而其他“三皇五帝”人物也并未退出上古历史的舞台。

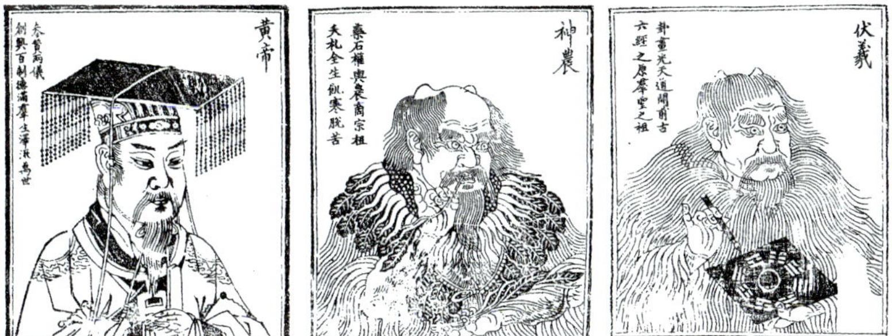

图 4-1　三皇像

对于“三皇五帝”，我们的古人投入了很高的热情：不仅把许多与人类社会关系重大的发明创造都归功于他们，而且还把他们所代表的社会阶段视为中国古史上的黄金时代；不仅对他们歌功颂德，而且还对他们尊崇有加。这种情况的出现，实在是有其较为复杂原因的。我们知道，对人类自身由来及其早期历史发展的好奇心，是我们人类精神文化产生和发展的基本动力之一，而我国古代关于“三皇五帝”的讨论，正是这种关注自身由来的好奇心的产物。此外还要看到，美化、神化、圣化上古时代的帝王，其着眼点往往是现实的社会与现实的生活。对“三皇五帝”的尊崇，实际上寄寓着一种美好的政治理想。所以，我们不能把古人对“三皇五帝”的崇拜简单地理解为对某些个人的崇拜，而应把它理解为对历史的尊重，对英雄的崇拜，对美好生活的向往。认同和纪念“三皇五帝”，对中华民族的形成与发展起到了巨大的积极作用，这种作用，一直延续到了今天。

图 4-2　五帝像

当代史学家都不再把“三皇五帝”视为确曾存在过的历史人物，但他们并不否认“三皇五帝”在历史阶段和文化进程上的象征意义。一般说来，“三皇”所指诸人应是中国史前各个不同文化阶段的象征，而“五帝”所指诸人则可能是原始社会末期军事民主制下的部落联盟首领的化身。所以，尽管“三皇五帝”并非真实的历史，但毕竟还不乏历史的真实，把他们作为中华人文初祖来加以纪念，是历史的传统，也是现实的需要。

二 天水伏羲庙与淮阳太昊陵

我国古代有“三皇五帝”之说，其中“三皇”到底是指哪三个人，众说纷纭，莫衷一是。《尚书大传》以燧人氏、伏羲、神农为三皇；《白虎通·号》以伏羲、神农、祝融为三皇；《春秋纬·运斗枢》以伏羲、女娲、神农为三皇；《帝王世纪》以伏羲、神农、黄帝为三皇，等等。不论是何种说法，伏羲都是三皇之一，而且多数居于三皇之首，可见伏羲其人其事在民间的影响力是极为深远而广大的。民间对伏羲的崇拜由来已久，伏羲庙就是人们寄托对伏羲追思之情的场所。

现存规模最大、保存最完整的伏羲庙当属甘肃天水的伏羲庙，它位于天水市秦州区西关的伏羲路。伏羲庙的历史可以追溯到元朝时期，据史料记载，元朝的统治者出于统治的需要，特别尊崇“三皇”。元大德三年（1299 年），元成宗铁穆耳下令全国各地修建三皇庙。天水据传是伏羲的故乡，又是当时秦州府治的所在地，所以这里的三皇庙修建得十分讲究，这就是今天伏羲庙的前身。元末政局动荡，到明朝初年，天水三皇庙已经破败不堪，直到明弘治三年（1490 年），又重新建庙奉祀，改三皇庙为伏羲庙。起初，伏羲庙的规模并不是很大，从明嘉靖三年（1524 年）开始，御史陈讲用了三年时间不断扩建、增修，直至清光绪年间，仍有修葺，形成现在如此宏大的规模。

伏羲庙坐北朝南，占地 1 万多平方米，共两门三进，基本保持了明代的建筑风格，全部建筑坐落在纵贯南北的中轴线上，自南向北依次有牌坊、正门、文祖殿、仪门、先天殿、太极殿等。

牌坊是伏羲庙的大门，这座牌坊掩映于绿荫丛中，竖立于高 3 米的台基之上，巍峨壮观。该坊面阔三间，为单檐歇山式顶，檐下头拱为四攒七铺作，六抄单拱，具有典型的明代风格，坊的正中央是“开天明道”巨幅匾额，竭力褒扬伏羲的功德。

先天殿是全庙的中心建筑，该殿修建在月台之上。月台高 1.8 米，宽 13 米，长 26.4 米，把大殿衬托得宏伟壮丽，气势不凡。大殿的门窗雕刻是十分珍贵的艺术品，门扇上为透花金线艾叶纹。圆窗透花，雕有二龙戏珠图案，活灵活现，栩栩如生。障水板上为鹿宿松下图，安详恬静，一动一静，对比强烈。大殿的屋架结构成功地运用了“减柱法”，梁柱少而粗大，屋顶四周有抹角梁拉牵，减柱法既省料又结实，使大殿内部宽大敞亮，置身其中，真有一种渺小的感觉。进入大殿，首先看到的是 5 米多高的方形神龛，上方悬有“文明肇启”大匾，龛内供奉伏羲塑像。传说中的伏羲氏智慧超

图 4-3 天水伏羲庙

人，聪明神武，他留下了不少发明创造：比如搓绳索、烤炙蒸煮食物、织渔网等，促进了当时生产力的发展，改变了原始人茹毛饮血的野蛮生活状态。神龛中的伏羲氏，身披树叶，双脚赤裸，双手托着八卦太极图盘，端然稳坐。伏羲氏看起来魁梧强壮，给

图 4-4　天水伏羲庙先天殿（龙霄飞摄）

人一种原始的质朴气息。与其他祠庙中一本正经的塑像完全不同，这里坐着的伏羲氏仿佛是一个活生生的人，面带微笑，和蔼可亲，多少有一点憨态。传说伏羲是八卦的创造者，因此他双手托着八卦太极图盘。大殿内有金柱8根，藻井顶棚分为六十四格，绘六十四卦，都象征着伏羲八卦。当地人们说，伏羲氏创画八卦，演绎卦义的具体地点就在今天天水市北面濒临渭河的一座山上，这座山也因

此被叫作卦台山，是古秦州八景之一。

伏羲庙的文化意味不容忽视，相传伏羲的生日是农历正月十六，这一天是祭奠伏羲最为隆重的日子。赶庙会、唱大戏、烧香、求拜，热闹非凡。最有意思的是请伏羲治病：伏羲庙创建时院内有64棵柏树，人们说是按伏羲八卦的演化顺序排列的，每棵树都能听懂凡人的话。于是，当地人按天干地支每年选一棵树为值班的神树，代表伏羲。正月十六这天，人们把用红纸剪的纸人儿贴在神树上，如果自己在过去的一年里，身体哪个地方有病或不舒服，就用香头去烧纸人的同一部位并烧出一个洞，这样就可以袪病消灾了。时至今日，人们并非真正相信这样做可以治病，只是图个吉利而已。

天水伏羲庙以其渊远的历史文化而闻名于世，人们出于对伏羲的敬仰来此瞻拜。但不应忘记，世上还有一座伏羲陵的存在，因伏羲又称作太昊，所以此陵又称太昊陵，位于河南省周口市淮阳县北部。太昊陵修建的年代远远早于伏羲庙，据文献记载，这里春秋时就有陵墓存在，汉代在陵前建了祠堂奉祀，现存多是明清以后的建筑，以陵墓所在为中轴线，由南向北有午朝门、玉带桥、道仪门、先天门、太极门、统天殿、显仁殿、太始门等主要建筑。陵墓在寝殿之后，高达20多米，周长有150多米，可谓壮观矣。

非常有意义的是，无论是天水的伏羲庙，还是淮阳的太昊陵，它们都具有极其深厚的历史背景。在距离天水伏羲庙不远的秦安，考古工作者发现了大地湾文化，其年代为公元前5850年至公元前5400年，是黄河流域早期新石器文化的重要代表；而在淮阳的平粮台，则发现了一座距今4000多年的古城遗址，被学术界公认为我国古代最早的城址。这些重大的考古发现，无疑为伏羲的传说增添了历史的深度与分量。

三 宝鸡神农祠

炎帝，就是古史传说中的神农氏，据传他是我国古代农业和医药的发明者。炎帝为什么被称作“神农”呢？因为炎帝“时有丹雀衔九穗禾，其坠地者，帝乃拾之，以植于田，食者老而不死”（《拾遗记》）。炎帝用木制作耒、耜，教人们农业生产，他种出的粮食人吃了长生不死，所以才被称作神农。

有关神农的传说很多。司马贞的《史记·补三皇本纪》中说神农是“人身牛首”，人身反映了神农是人类的始祖，牛首则说明神农教民农耕、发明农业的功绩。神农遍尝百草的神话则为人们广为传颂，他“尝百草之滋味……一日而遇七十毒”（《淮南子·修务训》），“以赭鞭鞭百草，尽知其平毒寒温之性，臭味所主，以播百谷”（《搜神记》）。后世把神农说得很有传奇色彩，说他身体玲珑透明，能看见肺肝五脏，尝药一天中毒几十次，都能及时解毒，神农氏也因此被人们尊为医药之祖。

神农氏在农业和医药上的贡献为后人所称道，人们对他的崇仰也与日俱增，纷纷立庙祭祀。宝鸡市的神农祠是现存遗迹之一，它坐落在渭河南岸的峪泉村，距离宝鸡市区 5 千米。相传神农氏在瓦峪出生后，他的母亲姜氏把他抱到九龙泉中沐浴，神农在这里长大成人，后人为纪念他而建祠奉祀。这里南依秦岭，北临渭水，山清水秀，风景秀丽，神农祠在这种环境之中，显得更加幽远而古老。

神农祠中部为正殿，殿内供有神农氏塑像，东、西两边分列有配殿、龙王殿、钟亭及魁星亭等建筑。神农祠的建筑十分普通，

图 4-5　宝鸡炎帝大殿

似一般民房，简单而朴素，毫无后世的排场与豪奢，反而有一丝荒远的感觉。这简朴的建筑让人们感受到农业之神遍尝百草、躬耕畎亩的情景，体味到神农氏与自然融为一体的平凡与伟大。

如今，宝鸡作为神农炎帝故里，这里的炎帝祠、炎帝陵成为中华民族祭祀炎帝的重要场所。每年的清明节，这里都要举行隆重的公祭仪式，共同拜祭中华始祖之一的炎帝。

四 黄陵黄帝庙

黄帝，相传姓公孙，乃少典之子，出生于轩辕之丘（今河南省新郑市西北），故号轩辕氏，在姬水生长成人，所以又以姬为姓，后来在有熊建立国家，故又称有熊氏。他以土德为王，土是黄色，所以叫黄帝。由于黄帝是古史传说中的人物，有关他的事迹多是神话传说故事，而且这类事迹多种多样，说法不一。《太平御览》卷七九引蒋子《万机论》说："黄帝之初，养性爱民，不好战伐。而四帝各以方色称号，交共谋之，边城日惊，介胄不释……（黄帝）于是遂即营垒以灭四帝。"《春秋合诚图》则将黄帝尊为神，说"轩辕，主雷雨之神也"。关于黄帝传说中最精彩的还要数黄帝与炎帝、蚩尤的战争。炎帝与黄帝本来是同母异父的兄弟，各管一半天下，"黄帝行道而炎帝不听，故战涿鹿之野，血流漂杵"（《新书·制不定》）。黄帝在各部落的拥戴下，经过艰苦战斗，打败了炎帝，被各部族拥戴为部落联盟领袖。

相传在黄帝时期，养蚕、舟车、文字、音律、医学、算数等被发明，并得到发展。在黄帝的治理下，各部落的人们安居乐业，黄帝的功劳为后世所称赞，被誉为中华的"人文初祖"之一，受到历代统治者的祭奠。在全国许多地方，都有据说与黄帝有关的遗迹，其中以黄帝庙为名者有好几处。宋代以前，统治者祭祀黄帝多到位于今河南省灵宝市的黄帝庙。后来，位于今陕西省黄陵县的黄帝陵逐渐成为人们拜祭黄帝的中心地，这里的黄帝庙也随之闻名于天下。

陕西的黄帝庙据传初建于汉初，原在桥山西麓；赵匡胤建宋之后，于宋开宝五年（972 年）将庙迁于桥山东麓重建，这即是今日黄帝庙所在的地方。黄帝庙的总体建筑布局呈四方形，由南至北排列有庙门、过厅、碑亭、大殿等建筑。大殿是全庙的中心建筑，“人文初祖”四字匾额悬挂在大殿门额之上，殿内中央供奉着富丽堂皇的黄帝牌位，上面写着“轩辕黄帝之位”六个大字。祭奠黄帝的仪式就在这里举行。每当黄帝的生辰，周围的群众会自觉地来到这里，举行隆重的公祭仪式，表达自己对黄帝的崇仰之情。

黄帝庙中最有特色的要数柏树了。庙中古柏森森，浓荫蔽日，苍翠挺拔，生机盎然，衬托出古庙庄严肃穆的氛围。其中，最古老的一棵柏树是“黄帝手植柏”，相传为黄帝亲手栽种，距今已有四千多年的历史了。这棵大柏植于庙门的左侧，高 19 米，下部直径达 10 米，当地有谚语说它是“七搂八拃半，疙里疙瘩不上算”。大殿前边有一棵“将军树”，高大雄伟，树皮斑痕片片，纵横密布，似有挂甲痕迹，所以又叫“挂甲柏”。

图 4-6　黄帝手植柏

令人生奇的是，树干到处是孔洞，好像还有断钉在里边，柏液从孔洞中不断流出，凝结成球状鳞斑，实属柏中之奇。人们传说，这些孔洞是汉武帝在征朔方回来的路上歇息于此，往树上挂金甲时留下的。

走出黄帝庙，沿山路登上桥山就来到了黄帝陵。《史记》记载：“黄帝崩，葬桥山。”桥山因山形像一座桥而得名，山环水抱，景色秀丽。黄帝陵掩映在参天古柏之中，肃穆幽深。陵墓高 3.6 米，周长 48 米，规模显然不太大，比起西安附近的秦始皇陵来要小得多。但黄帝毕竟是黄帝，并未因陵墓小而减损他的声望。陵墓周围用砖砌了一圈花墙围护，“桥山龙驭”四字碑立于陵前。关于“桥山龙驭”四个字，还有一段故事，《史记·封禅书》上说，黄帝从首山采了铜，在荆山湖边铸了一只大鼎，这时有天龙下界，垂下胡须迎请黄帝上天。黄帝跨上龙背后，他的许多大臣和宫女也爬了上去，但还有些臣子没能上去，他们不甘心留在人间，于是死死抓住龙须，结果龙须被拔掉了，而且还把黄帝的一只弓也晃落下来。这样，此处被称作鼎湖，上了

图 4-7 “桥山龙驭”刻石

天的黄帝被叫作鼎湖龙，落下的弓叫乌号。有诗云“当年龙髯攀无计，此日桥山景更清”，说的就是这回事。

黄帝虽说是古史传说中的人物，但司马迁的《史记》以《五帝本纪》开篇，写的第一个人物就是黄帝，显然是把黄帝当作中华文明的始祖来对待了。由考古发现可知，大约在公元前2600年至公元前2000年，今陕西、山西、河南、河北、山东、湖北、江苏、浙江的许多地方都已进入了铜石并用时代晚期，社会生产力有了较大的提高，发生了较为严重的社会分化，出现了文明的曙光，专家们把这一历史时期称为“龙山时代”，又称为“黄帝时代”。从这一命名当中我们不难看出，黄帝对中华民族的影响是何其重大而深远。

五 临汾尧庙

我国古史传说时代最令后人称道的是所谓的禅让制度。当时部落联盟的首领尧年老以后，各部落领袖推举舜为他的接班人，尧对舜进行了三年的考核才让舜摄位行政。尧死后由舜即位，这即是禅让制之始，这种行为受到后世的赞扬，尧被称为古圣贤王、有德之君，备受崇祀。

山西临汾的尧庙就是一处专门祭祀尧的规模宏大的古代建筑群。临汾古称平阳，据传是尧统治时期的都城，有“古帝尧都”之称。尧庙坐落在临汾市的南郊，该庙始建于何时已无资料可考，但在晋惠帝时就有关于它的记载，可见尧庙在西晋时已经存在了。唐高宗显庆三年（658 年），尧庙由临汾城西北迁建到城南，即今天所在的位置。因此，一般说尧庙建于唐代。唐代的尧庙占地达 700 多亩，房屋 400 间，其中文思殿为主体建筑，左有老君洞，右有德盛洞，后有玉皇阁。元至元二年（1336 年），对尧庙进行了大修，但未改变其唐代的风格。明正统年间重修时，改变了唐宋以来的建筑格局，扩建了玉皇阁，大殿之右建了重华殿，祀奉帝舜；大殿之左建了文明殿，祀奉帝禹。这样尧庙以祭祀帝尧为主，帝舜、帝禹陪祀，三圣同堂异室。清康熙三十四年（1695 年）尧庙毁于地震，康熙下令重修。现存建筑均为康熙年间所重建，主要有五凤楼、尧井亭、广运大殿、寝宫等。

五凤楼始建于唐乾封年间。“五凤”意指尧和他的四位近臣，尧为一凤，四臣为四凤，有“一凤升天，四凤共鸣”的说法，“五凤楼”的名字也由此而来。楼高 19.3 米，分上、中、下三层，13

根角柱直通楼顶，楼顶厦脊和垂脊上直立有31个陶人，造型生动、有趣，是我国古代木构建筑的佳作。

尧井亭在五凤楼的后边，是一座六角形高檐楼阁式木构建筑，亭中有水井一眼，相传为尧帝所掘。该井与汾水下层水源相通，水势旺盛，清澈甘甜。

穿过尧井亭，展现在眼前的是尧庙的中心建筑——广运大殿，又名尧殿。这座大殿高达27米，面阔九间，进深六间，殿下四周有3.5米深的走廊环峙，殿顶为重檐歇山式。整个大殿矗立在宽广的月台上，颇为壮观。最有特色的当属殿前正中的三层彩楼，它是在大殿一层檐之上又建一座小楼，突出檐外，十分别致。这座小楼在台基上立柱，柱上施梁枋构成木架，承托整个彩楼的重量，好似悬空一般，形成“屋上有屋，檐上建楼”的格局，使得整个大殿玲珑奇巧，秀丽壮观。进入大殿，殿堂宽敞高大，有肃穆庄严的感觉，令人肃然起敬。大殿由42根18米高的通顶立柱支撑，正中央有神龛一座，里边供奉着尧帝的彩塑泥像，像高2.8米，需仰视可见，尧头戴冕旒冠，身穿冕服，神态威严，端然稳坐，完全是一派帝王之相。祭尧仪式就在此处进行，在悠扬的笙歌乐舞中寄托着人们对尧帝的怀念与敬仰。

图4-8 尧庙广运大殿（陈大钢绘）

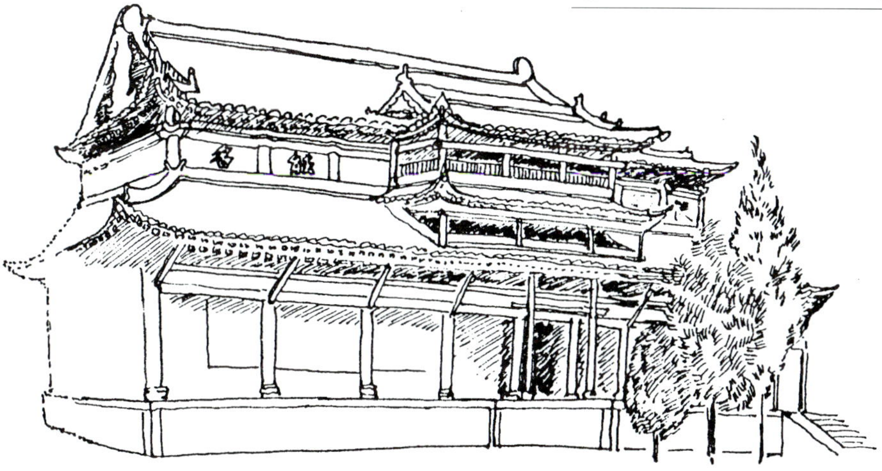

尧庙不仅建筑精巧别致，规模宏大，院中的古柏更增添了人们思古之幽情。距今约有 1700 多年的柏抱楸植于晋代，当地有“八十八，九十九，少见柏树抱着楸”的说法；柏抱槐要略晚一些，树径达 2.1 米，枝繁叶茂，荫翳可人；鹿鸣柏，枝干虬曲劲挺；夜笑柏据说每年腊月二十三半夜会发出奇特的笑声，令人称奇。

尧帝生于河东，葬于河西，尧陵就坐落在临汾市以东 35 千米处的郭村，当地人称之为神陵，现存有山门、牌坊、厢屋、献殿、垛殿、寝殿、陵丘等建筑，红墙绿瓦，古柏苍翠，布局紧凑，相映成趣，也是人们凭吊怀古的好去处。

“大哉，尧之为君也。巍巍乎！唯天为大，唯尧则之。荡荡乎！民无能名焉。”这是《论语·泰伯》中对尧的赞颂。尧帝的功绩将随尧庙一起为更多人所熟知、铭记。

图 4-9　尧帝陵

六 绍兴大舜庙与宁远舜庙

舜，有虞氏，名重华，史称虞舜，他是我国上古传说时代的部落联盟首领之一，受四岳的推举，接替尧而统治天下。他巡行四方，除去鲧、共工、驩兜和三苗等，任用贤人，治理天下，又仿效尧禅让的做法晚年传位于禹。在舜统治时期，人民生活稳定，安居乐业，天下大治，特别是他在父顽、母嚣、弟傲的情况下仍然躬耕于田亩，一心尽孝，因此被誉为古代著名孝子之一，故事在民间广为传颂。后人为他建庙世代奉祀，以为纪念。

图 4-10　大舜像

现存较为著名的舜庙主要有浙江省绍兴市的大舜庙和湖南省宁远县的舜庙。

大舜庙修建在浙江省绍兴市东南的舜王山顶之上，是越中三舜庙（其他两处在上虞和余姚）之一。这座庙宇殿堂宏伟，结构独特，雕刻精湛，闻名中外。它前依小舜江，后临旷野，远山环绕，风景秀丽。相传舜曾在此游憩，所以叫作舜王山，后人在山上建庙以为纪念。

大舜庙坐西北朝东南，立于山巅。庙院始建年代已不可考，重建于清咸丰年间，同治元年（1862年）又重修。庙前有两株柏树，苍翠挺拔，高达五六丈，直冲云端。现存建筑仅有山门、戏台、大殿、庑殿等，规模并不是很大，但在建筑雕刻上却有较高的艺术性和文物价值。山门两侧山墙上的花窗是用整块石板雕刻而成的，四周花格密布，中间为浮雕图案：有四位老者正在展图细观，笑容满面，和蔼可亲，雕刻生动细腻。戏台在山门以内，重檐挑角，台面深广，中间不用一根横梁，仅靠四根台柱支撑。舞台三面的眉梁和两厢侧屋门窗上雕刻着人物故事图案，内容均取自我国古典名著《三国演义》《封神演义》《水浒传》等，构图生动，造型活泼，表现力强，刻工精细，手法灵活。

大殿是大舜庙的主体建筑，高9米，宽13米，进深23米，分为前后两进。殿内的石雕大柱颇为精美，中间两根为雕云龙柱，两侧为雕舞凤柱，寓意龙凤呈祥，凤柱两侧分列石刻“西湖十景”图。

大舜庙内遍布砖雕、石雕、木雕，都出自当时的名匠高手，制作精美，为庙院增色不少，既显示了当时江南高超的雕刻水平，又表达了当地人们对大舜的崇敬之情。

《史记·五帝本纪》上说：“（舜）南巡狩，崩于苍梧之野，葬于江南九疑，是为零陵。”因此，在湖南宁远的九嶷山舜源峰下也有一座舜庙，建于明太祖洪武四年（1371年），后世屡加修缮。该庙已较破败，大殿已坏，仅剩下碑亭一座，碑上用隶书写着“帝舜有虞氏之陵”七个大字，只此还可以引出游人一点思古之情。可喜的是，近年来，国家对舜庙遗址进行了科学考古发掘，大大丰富了我们对古代祭祀舜的认识。该遗址被列为全国重点文物保护单位，目前这里建成了舜帝庙考古遗址公园。

七 绍兴禹陵和禹庙

大禹是我国古代部落联盟的首领之一，姓姒，为夏后氏部落的首领，所以人称夏禹。他奉舜之命治理洪水，通山川、疏江河，经过 13 年的辛勤劳动，终于治理了水患。大禹治水三过家门而不入的故事在我国民间广为流传，作为一个家喻户晓的人物，大禹为民治水的无畏气概和献身精神，千百年来一直为人们所传颂，大禹的名字也成为民族精神的象征。

然而，在许多人的心目中，大禹是活动于我国北方地区的英雄，所以当人们在古越之地浙江绍兴看到大禹的祠庙和陵墓时，总不免会有几分惊奇。其实，禹在中国历史上影响广泛，在今甘肃、山东、河南、安徽、四川、浙江等省都有关于禹的传说，至今仍留有禹王台、禹王庙等遗迹。根据文献记载，大禹曾娶涂山氏女为妻，又曾在涂山大会诸侯。这里的"涂山"在什么地方，古人说法不一，许多人都认为涂山即绍兴附近的会稽山。从文献记载可知，大禹死后葬于会稽山的传说起源甚早，《墨子·节葬下》一书中就明确写道："禹东教乎九夷，道死，葬会稽之山。"如此说来，大禹还真是与会稽山结缘不浅，在这里出现他的陵墓与祠庙，也算是顺理成章之事。

禹陵位于浙江省绍兴市会稽山麓，相传是大禹的陵墓。大禹陵区由禹陵、禹庙、禹祠三部分组成，建筑依山傍水，高低错落，是一处规模宏大的宫殿式建筑群。陵丘前临禹池，背负会稽山，面对亭山。陵前有碑亭一座，为明嘉靖年间郡守南大吉所立，碑上有南太守所书"大禹陵"三个擘窠大字。禹陵又称禹穴，汉代大史学家司马迁曾经"上会稽，探禹穴"，到的就是这个地方。由此可知，

图 4-11 禹陵碑

早在两千多年前，绍兴的禹陵已经名闻天下了。在碑亭南侧立有“禹穴辨”碑和“禹穴”碑，对夏禹墓穴的具体位置做了详细的考辨，是珍贵的历史文物资料。

禹庙建在禹陵的东北，坐北朝南。据史书记载，大禹死后，他的后代夏启和少康都曾建过禹庙奉祀。绍兴的禹庙始建于南朝梁大同十一年（545 年），历代屡毁屡建，目前的多数建筑为清朝及其以后所重建，主体结构保持了清代早期的建筑风格。禹庙的建筑依山势而逐步升高，有午门、祭厅、正殿三重建筑物位于中轴线上。

祭厅又称拜厅，是历代帝王、官府和百姓拜祭大禹的地方，左右两庑内立有历代颂扬大禹功绩的碑石。正殿在祭厅之后，重檐斗拱，画栋雕梁，尤其殿脊是用绍兴特有的石灰堆砌工艺塑造的游龙、逆龙、凤凰造型，生动传神。大殿正中为大禹立像，高达 6 米，需仰视可见。夏禹头戴冕旒，身穿黑底朱雀双龙华衮，双手执圭捧于胸前，面带忧愁，有悲天悯人之感。“江淮河汉思明德，精一危微见道心”的楹联悬挂于两旁的大柱上，崇敬之情溢于言表。

禹庙中最为闻名的文物就要数岣嵝碑和窆石了。岣嵝碑在东西辕门之间，又称禹王碑，碑上文字奇崛难辨，原来刻在湖南省衡山县的云密峰，因衡山又称岣嵝山，所以称之为岣嵝碑。禹庙的这块岣嵝碑是绍兴知府张明道依照岳麓书院的拓本于明嘉靖二十年（1541 年）重新摹勒上石的。以前对碑的内容缺乏了解，因此附会其为夏禹治水时所刻，实际上，从碑文的字形和词句来判断，是

图 4-12　禹王殿

后人为纪念大禹治水的功绩而制作的。窆石在大殿东南小坡上的窆石亭内。窆石的形状像秤锤，高约 2 米，底面周长 2.3 米。上小下大，顶部有一个圆孔，石的周围刻有不少文字，有篆书刻辞原文、后人题咏和题名。据民间传说，这块大石是大禹入葬时用的一种工具，也有说是下葬后用的镇墓石。经考证，这块窆石就是"碣"，即古代刻石的一种。石上的文字最早刻于东汉永建元年（126 年），说明此石距今有近两千年的历史。

在禹陵的南侧，还有一座坐东朝西的禹祠。建筑为砖木结构，二进三开间平屋，粉墙青瓦，简朴无华。第一进建筑的左右两侧有"大禹治水""计功封赏"的砖雕。祠的前面是"放生池"，池内一泓清水，寂然如镜，清幽雅致。

千百年来，禹陵、禹庙和禹祠一直是游览的胜地。我国古代的许多文人学士如李白、元稹、陆游等，都曾登临此处，赋诗咏唱，借景抒怀。绍兴籍的鲁迅先生也曾多次来此瞻拜，后又以大禹治水为题材，写成小说《理水》，盛颂大禹的功德。近年来，有关部门又恢复了中断多年的祭禹礼仪活动，这无疑更增加了禹陵、禹庙和禹祠对海内外游人的吸引力。

八 白水仓颉墓庙

中华文明的源远和辉煌与记录文明的载体——文字是分不开的，从新石器时代神秘的刻画符号到商周时期疏朗劲挺的甲骨文，再到浑厚朴茂的金文，直至优雅秀美的秦小篆，奠定了汉字雄厚的根基。其间多少人为之付出了辛劳，最早被人们提及与文字关联的古人当属仓颉，仓颉造字的传说久为人知。

仓颉，古史传说中黄帝的大臣，受黄帝之命而创造文字，他“见鸟兽蹄迒之迹，知分理之可相别异也，初造书契，百工以乂，万品以察”（《说文解字》），“穷天地之变……指掌而创造文字，天为粟雨，鬼为夜哭，龙乃潜藏”（《汉学堂丛书·春秋纬元命苞》）。当然，文字从出现到成熟绝非一个人的功劳，如果确有仓颉其人，他也只不过是对文字做过系统整理的众多人中的一个。

图 4-13 仓颉像

仓颉庙坐落在陕西省白水县城东。仓颉庙的修建年代已经无从确知，根据庙中的碑刻记载，东汉延熹五年（162 年），仓颉庙已经具备了相当的规模，宋代和明代曾经对其进行扩建、修葺。该庙现占地面积

17 亩，大部分建筑为明、清两代所重修，也有一部分是民国时增建的。戏楼、前殿、献殿、正殿、后殿一字排开，位于庙的中轴线上，左右有钟楼、鼓楼，建筑格局仍沿用传统体制，具有民族风格。后殿中塑有仓颉像，据说塑像下有隧道，与殿后面的仓颉墓相通。

仓颉墓四周有花墙栏护，墓高约 3 米，周围长约 45 米，呈圆锥状。令人百思不得其解的是墓上边的一株古柏，枝干伸向四方，每年轮流荣枯，被当地人叫作“转枝柏”。庙院中的树木独具特色，除转枝柏以外，还有凤凰柏、龙爪柏、柏抱槐、奎星点元、二龙戏珠等稀奇古怪的树名，十分有趣。

仓颉庙中比较有文物历史价值的要数正殿和后殿两旁陈列的历代碑刻了。其中《仓圣鸟迹书碑》《孔子弟子题名碑》和东汉延熹五年（162 年）的《仓颉庙碑》尤为珍贵，而《仓颉庙碑》（现已放置在西安碑林内）是研究仓颉庙本身历史的绝好资料，同时在金石学上也是赫赫有名的一块刻石。

图 4-14　仓颉庙

第五章　全民的教馆

——忠臣祠庙（上）

一　中国古代的忠臣

对于今天的人们来说，“忠臣”并不是个陌生的字眼，比干、周公、苏武、关羽、岳飞、文天祥、史可法等人的姓名及事迹，经常被我们当作忠臣的典范而如数家珍般地提起。然而，若要较为清晰、准确地解答关于忠臣的问题，却不是一件容易的事情。

“忠臣”一词见诸史籍，最早出现在我国的春秋后期，是伴随着君主专制主义理论不断系统化而出现的概念。至西汉后期，刘向在《说苑·臣术》一书中，详细解释了忠臣的含义：“卑身贱体，夙兴夜寐，进贤不解，数称于往古之德行事，以厉主意，庶几有益，以安国家、社稷、宗庙，如此者，忠臣也。”这里所说的“忠臣”，专指那类主要通过向君主举贤荐能和提供历史咨询来效力于君主、国家的官僚，他们是刘向所划分的六种正派大臣当中的一种，是与“圣臣”“良臣”“智臣”“贞臣”“直臣”相提并论的。刘向关于“忠臣”的说法，虽然出自他对现实政治生活的观察和总结，但毕竟还是属于某种政治学说的理论范畴，与现实政治中的“忠臣”

概念，有着不小的区别。而且，在现实政治中围绕着忠臣所产生的许多复杂的情况，也不是刘向的“忠臣”概念所能反映和包容得了的。

历史上所谓“忠臣”产生的土壤，是奴隶主阶级和封建地主阶级的统治。为了维护自己的统治，奴隶主阶级和封建地主阶级建立了庞大的国家机器，各种行政机构和组织中的各级文官武将，即是国家机器当中的主体部分，他们都有其鲜明的阶级性和时代性。因此，历史上的所谓“忠臣”，一方面，主要表现为对其所属的阶级的忠诚。他们的活动，虽然在客观上有益于民族或民众，但就其本质或主观动机来讲，也仅仅是为了维护本阶级的根本或长远的利益；另一方面还要看到，“忠臣”的前提是君主专制体制下的姓氏正统论以及由此扩大而来的民族正统论。历朝历代的所谓“忠臣”，都有其相对性，他们或是刘汉、李唐、赵宋、朱明等政权的忠臣，或是汉、女真、蒙古、满等民族的忠臣，甚至还可以仅仅是某一位君主的忠臣。这样的大背景，是我们讨论忠臣问题时不可忽视的！

在君主专制制度下建立起来的君臣关系，尽管不时被人披上层层美丽的外衣，但实际上却是一种典型的主奴关系。对臣下握有生杀予夺大权的君主，不仅要求臣下对自己所代表的政权，而且还要对其本人时刻保持在思想、感情、言论、行动上的绝对忠诚。为了确保这种忠诚，我国古代的统治者采取了许多措施。

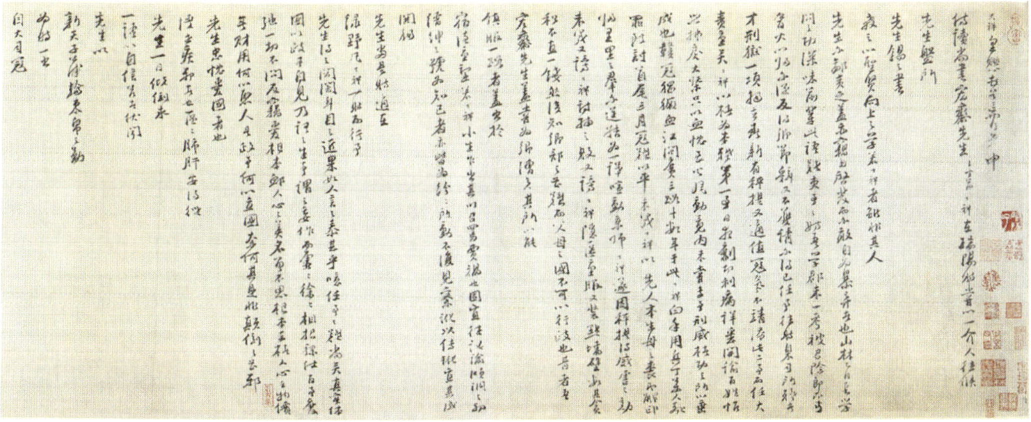

图 5-1　文天祥行书《上宏斋帖卷》

首先是高官厚禄的刺激。君主通过大量政治利益和经济利益的赏赐，使臣下对自己感恩戴德并与自己建立起“一荣俱荣、一损俱损”的连体关系。

其次是法律手段的制约。在中国古代的法律体系中，犯上作乱、为臣不忠是十恶不赦的大罪，不仅犯罪者要受到最为严厉的惩处，而且还要株连其九族。除此之外，统治者还往往采用秘密的特务手段，对臣民进行监督。

再次是思想上的教育和控制。自西周君主被尊称为“天子”以后，“君主受命于天”和“君主圣明无匹”的观念就成为历朝历代统治者的护身法宝。与此相应，“臣事君以忠”（《论语·八佾》）的观念也成为中国古代社会的政治传统之一。特别是自秦汉以来，随着皇帝制度的确立和中央集权的不断加强，以尊君抑臣为基本内容的君臣纲纪更成为封建时代最大的道德规范。忠君与敬天、孝亲并列，被视为人伦的根本，从而在思想意识的层面上形成了臣民对君主的敬畏和服从，使许许多多的臣子把精忠事君当成了自己人生的最高理想。

除此之外，我国古代的许多统治者还普遍注意通过对忠奸的褒贬来对社会公众进行忠君的宣传和教育。比如清朝的乾隆皇帝命人先后编写了《钦定胜朝殉节诸臣录》《逆臣传》和《贰臣传》，把明末诸臣分为“尽节”“降附”和“降后复叛”三大类。他对史可法等拼力抗清、为明朝殉难的诸臣给予高度赞扬，将他们写入《钦定胜朝殉节诸臣录》；将洪承畴、尚可喜等降清并为清朝建功立业之人视为“大节有亏之人”，写入了《贰臣传》以示贬抑；至于吴三桂、耿精忠诸人，因其先降后叛而被收入《逆臣传》加以鞭挞。对明末诸臣的褒贬，表达了他对为臣者“励名教而植纲常”的希望。类似于这样宣传历史上著名的忠臣事迹的事例还有不少，今天保存在全国各地的、修筑于不同时期的忠臣祠庙，即是很好的物证。从某种意义上，我们可以说，那一座座由官方出资或许可修造的忠臣祠庙，不仅仅是统治者自诩政治清明的表现，也是他们试图对民众进行忠君卫上教育、宣传封建主义伦理道德的讲堂，具有十分突出的政治性。关于这一点，我们可以从对郑成功的祭祀活动中寻得很好的说明。

郑成功是著名的民族英雄，他赶走了荷兰殖民者，使宝岛台湾回到了祖国的怀抱，为维护祖国的统一做出了巨大的贡献，理应受到人们的纪念。然而，由于郑成功在明末清初时期曾经武装反抗清朝的统治，所以，清初统治者将郑成功视为忤逆，在占领台湾之后便下令捣毁了岛上各地的郑成功祠庙，不许百姓祭祀。但郑成功的功劳和影响都很大，民间对他的秘密祭祀始终没有中断，而清朝统治者在自认江山已经坐稳之后，也对民间的祭祀活动采取了默许的态度。清乾隆年间，皇帝下令扩建台南的郑成功庙，意味着官方对祭祀郑成功的解禁。清道光、同治年间，清廷受到了西方列强日益增大的侵略与威胁，在这种情况下，曾经战胜过西方殖民者的郑成功的地位便大大提升，对他的祭祀被正式列入国家祀典。至清光绪元年（1875 年），郑成功被追封为延平郡王而享受官方的祭祀。这个完全是因为政治形势的变化。

图 5-2　文天祥祠文徵明书《正气歌》（龙霄飞摄）

作为文物，许多历史时期的忠臣祠庙在今天得到了很好的保护并成为人们观光、游览的场所。那么，这些忠臣祠庙在现今人们的精神生活和文化生活中的作用如何呢?

应当看到，在这些忠臣祠庙中，洋溢着一种强烈的爱国主义精神。如前所述，历史上所谓的“忠臣”，往往是相对于某一个政权、民族或君主而言的，作为统治阶级当中的一员，这些忠臣的活动都是为了维护本阶级的利益。但是，在我国古代“国君一体”的情况下，忠君与爱国往往是合二为一的，历史上著名的忠臣，无一例外的都是爱国主义者。他们当中的许多人，在抵御外侮、保家卫国方面做出了惊天地、泣鬼神的壮举，无愧于“民族英雄”的称号，他们誓死捍卫国家利益和民族尊严的精神，永远值得我们学习和效仿。

还应当看到，历史上的许多忠臣都是政治理想远大、个人品质相对高尚的人。因此，他们常常可以突破阶级和时代的局限，在客观上或多或少地反映广大劳动人民的要求，甚至在有些时候还维护广大劳动人民的利益，所以他们当中的许多人都赢得了百姓的称赞和崇敬。他们虽然服务于统治阶级的政权，但却不失为官清廉、为政勤恪、为人正直的作风和品格，表现出了一种巨大的人格力量。在他们的祠庙中，人们不难体察到这种人格力量并由此受到一次心灵上的洗礼。

对历史上的清官、忠臣应如何看待和评价，曾在我国学术界引起过热烈的争论，有人对清官充分肯定，有人对此则不以为然。客观而论，历史上对清官的崇拜，寄寓了百姓的许多希冀，但同时也是他们无力保护和解救自己的映照。平民百姓对清官的期待，往往与草奴心态和自我丧失密切相连，而且现实经常给予他们以无情的打击，因为清官毕竟是官，他们与平民并非同一阶层，而且清官的数量又是如此之少。今天我们纪念历史上著名的清官，其出发点只能是对其爱国、勤政、清廉的显扬，如果还要去引导人们寄厚望于清官，让其为民作主、为民请命，那就完全背离了历史发展的方向，和我们的时代精神也全然不容。

二 诸葛亮诸祠庙

诸葛亮（181—234），字孔明，东汉徐州琅玡郡阳都县（今山东沂南）人，三国时期蜀国丞相，杰出的政治家。东汉末年战乱之际，诸葛亮躬耕陇亩，冷眼观世。东汉建安十二年（207 年），诸葛亮应刘备之请出山，次年便与周瑜等人筹划了赤壁之战，奠定了天下三分的大局。后来，他以军师中郎将之职辅佐刘备先取荆州四郡，又入川夺得益州，因功升迁为军师将军。刘备称帝后，诸葛亮被任为丞相、录尚书事，后又受刘备托孤之任，全力辅佐后主刘禅，主持朝政，采取种种措施，保证蜀国政治的相对清明与统一。诸葛亮执政期间曾 6 次进行北伐，企图消灭曹魏，恢复汉室，但终因力量悬殊而屡遭败绩。蜀汉建兴十二年（234 年）秋，病卒于北伐前线，享年 54 岁，葬于陕西勉县定军山脚，谥忠武侯。

图 5-3 诸葛亮像

上述史实，对绝大多数中国人来说都是常识。然而，百姓印象中的诸葛亮，又与作为历史人物的诸葛亮有所不同，这主要是因为死后的诸葛亮也和许多历史名人一样，遭遇了一个从历史到传说的神化过程，在这个过程中，诸葛亮的形象发生了巨大的变化。

大致说来，诸葛亮被神化，是通过两条途径逐渐完成的。一是历朝历代的封建统治阶级不遗余力地把诸葛亮树为“勤劳王事”的代表，把他的“鞠躬尽瘁，死而后已”仅仅局限在对刘备父子个人的忠诚之上。为此，从晋朝以后，诸葛亮不断“加官晋爵”，封王赐庙，先后成为晋朝的“武兴王”、唐朝的“武灵王”，宋代统治者则给他加上“仁济”的名号，赐以“英惠庙”，元朝又追封他为“威烈忠武显灵仁济王”，明清以后，诸葛亮又入选从祀帝王、孔子的名臣之列。经过这么一番“梳妆打扮”，诸葛亮便只剩下了忠君不二这一种真实，成为封建时代君臣之间伦理道德观念的僵硬化身。二是来自民间的造神运动。诸葛亮在世之时，已是“声烈震于遐迩”，去世不久，民间就开始流传他的故事。在蜀汉地区的诸葛亮传说，多是些歌颂性的民间口头创作；但在中原地区流传的诸葛亮故事，却不乏贬诬和歪曲之辞。魏晋南北朝时期，有关诸葛亮的故事开始带上奇谲和怪异的色彩；入唐以后，诸葛亮身上的神秘色彩愈发浓重；宋元以降，诸葛亮完全成为艺术创作的对象，开始具有祭风、降温、驱使鬼神等非凡法力，成为“人、神、仙”一体化的理想人物；到了明代，随着罗贯中《三国演义》的问世，一个作为艺术典型塑造的诸葛亮形象诞生。清初毛宗岗父子对《三国演义》又加以修订与批评，名之为“第一才子书”，竟至于替代了罗氏原书，一直流传至今。这样一来，诸葛亮不仅成为智慧的化身，还带有几分仙气。

和上述神化诸葛亮的情况相对应，我国各地曾经出现了不计其数的诸葛亮祠庙。阅诸史籍可知，诸葛亮祠庙的建造也是经历了一番曲折的。在他死后，蜀汉百姓追思不已，各地纷纷要求立庙祭祀，但却为朝廷所不允。理由是如果各地皆建祠庙，则是“渎而无典”，如果在京师建庙，则“又逼宗庙”，即影响到刘姓皇帝。于是，功盖一国的诸葛亮只能享受民间私祭，蜀汉百姓“遂因时节私祭之于道陌上”。至蜀汉景耀六年（263 年）春，步兵校尉习隆等人上表后主刘禅，要求朝廷为诸葛亮建庙，后主迫于压力，下诏在沔阳（今陕西勉县）诸葛亮墓旁立祠公祭，此时距诸葛亮去世已经29年了，而蜀汉也已临近亡国。

西晋以后，诸葛亮祠的数量开始增多，但似乎多集中在原来蜀汉的领地范围。入唐以后，诸葛亮祠开始普遍出现于全国；宋元以后，其数量更是不断增加。诸葛亮生前受封为武乡侯，死后又谥为忠武侯，所以各地的诸葛亮祠庙一般都被人们尊称为武侯祠。这些武侯祠大都建在诸葛亮生前活动过的地方，如湖北省襄阳市隆中的武侯祠、陕西省岐山县五丈原的武侯祠等。但也有一些武侯祠所在的地方是诸葛亮生前从未涉足过的，如云南的保山早在唐代就修建了武侯祠，滇西边境的腾冲地区也有一座建于明朝的武侯祠。据有关地方志书记载，有清一朝，云南有34座武侯祠，贵州有18座武侯祠，这种情况很好地说明了诸葛亮事迹的流传之广和影响之大。

与其他忠臣祠庙相比，现存诸葛亮祠的最大特点是，它们在很大程度上是以《三国演义》为其设计蓝本的：祠主诸葛亮往往是羽扇纶巾，一副仙风道骨的做派，祠庙内外的不少陈设与建筑也是依照《三国演义》的叙述而建造的。例如，陕西省勉县武侯祠中那一座琴楼，就取材于《三国演义》中诸葛亮以空城计吓退司马懿十万大军的故事。现存诸葛亮祠的又一突出特点是，各地的祠庙虽有明显的共性，但也有各自鲜明的个性。这主要表现在不同地方的武侯祠，分别以表现诸葛亮的某一段生活为主，如襄阳隆中武侯祠主要表现他的隐居生涯，而白帝城的武侯祠则主要表现他受托孤之重任的情景。

在当今的中国，没有读过或没听过《三国演义》故事的人很少很少，而对各地的武侯祠都有所了解的人却不多，对喜爱诸葛亮的人们来说，这不能不说是一个不小的缺憾。那么，就让我们一起来弥补这个缺憾吧。

1. 南阳诸葛庐

蜀汉建兴五年（227年），诸葛亮在给后主刘禅所上的《出师表》中回顾自己早年出仕的经历时说：“臣本布衣，躬耕于南阳，苟全性命于乱世，不求闻达于诸侯。先帝不以臣卑鄙，猥自枉屈，三顾臣于草庐之中，咨臣以当世之事，由是感激，遂许先帝以驱驰。”依照诸葛亮的这段自述，后人便视当时南阳郡治所在的宛城即今河南省南阳市为诸葛亮的躬耕地。唐朝刘禹锡在《陋室铭》中将“南阳诸葛庐”与“西蜀子云亭”相提并称，可见至少从李唐时期开始，南阳就有纪念诸葛亮的祠庙，并且已经享誉天下，为人所共知。

图 5-4　南阳卧龙冈

宋末元初之际，南阳的诸葛庐毁于兵火。“南阳祠庙荒秋草，西蜀关山隔暮云”的诗句，描述了一代名胜残破不堪的凄凉景象。元大德二年（1298年），南阳又重修诸葛庐，并改庐为祠，塑像祭祀诸葛亮。监郡马哈马还特地拨出祠旁200余亩良田给诸葛庐，以其收入作为岁时香火费用。元皇庆二年（1313年），元仁宗敕建诸葛书院于茅庐东侧，使诸葛庐集祭祀与教学于一身。明代以后，南阳诸葛庐屡经重修，并且诸葛亮被列为从祀帝王的名臣之一，嘉靖帝还曾敕赐门额、祭式，万历帝也曾赐七弦古琴，可见当时南阳诸葛庐的地位之高。清康熙五十年（1711年），南阳郡守罗景又主持了对诸葛庐的大规模整修工作，形成了今天南阳诸葛庐的建筑布局。

南阳诸葛庐位于今南阳老城西南4千米的卧龙冈之上，当地俗称诸葛庵。以“千古人龙”大门为始，有刘备三顾石坊、仙人桥、山门、大拜殿、茅庐、小虹桥、宁远楼等建筑依次排列在中轴线上，两侧又有诸葛井、碑廊、古柏亭、野云庵、老龙洞、伴月台、躬耕亭、读书台等建筑。整个诸葛庐现有殿堂院宇155间，占地面积多达12万平方米，是一组规模宏大的建筑群。卧龙冈原名北筮山，源于嵩山余脉，绵延数百里，至此回旋盘绕，宛如一条亘卧的巨龙，后人以诸葛亮的“卧龙”之号称之。卧龙冈地势高阔，其下是沃野良田，在冈上依随地势修建诸葛庐，遂使整组建筑层次分明，气象不凡，在我国现存诸葛亮诸祠庙中独享雄伟之美。

由于诸葛庐的存在，卧龙冈一带便成为南阳地方文物的荟萃之地。1959年，南阳市博物馆便建立于此。诸葛庐西侧的“汉画馆”是目前国内规模最大、藏品最多的汉代画像石艺术博物馆，其中陈列着数百块画像石刻，具有极高的文物价值和艺术价值。此外，诸葛庐中所存的东汉天禄、辟邪大型圆雕及岳飞手书的《出师表》刻石，也都是享誉天下的艺术珍品。

南阳诸葛庐中较有特色的建筑，是那座以“诸葛草庐”为名的亭子，出于对诸葛亮躬耕时期所居草屋的模仿，古代的建筑师们在其六角攒尖顶上覆以厚厚的茅草，使其集堂皇与朴素两种风格于一身，成为卧龙冈古建筑群中的点睛之笔。

图5-5　南阳卧龙冈诸葛草庐

大拜殿是南阳诸葛庐的主体建筑，内有诸葛亮头戴纶巾、手执羽扇、身着绘有八卦图案蓝袍的塑像一尊。塑像虽然精美，但似乎与躬耕时期的诸葛亮相去甚远。这种类似于道长的塑像，在其他地方的武侯祠中也常能见到，祠主原有的精神风貌，往往被这种戏剧化、程式化的作品扭曲了许多。所以，对于已经习惯于在戏剧舞台或其他文艺作品中观赏诸葛亮的游人来说，面对大拜殿中的诸葛亮，恐怕很难有所感发。相比之下，悬挂于大拜殿上的一副对联倒常常是引人注目的：“心在朝廷，原无论先主后主；名高天下，何必辨襄阳南阳。”这副由清嘉庆年间南阳知府顾嘉蘅撰写的对联，涉及了一桩绵延千余年的学术公案。

如前所述，诸葛亮自述曾经躬耕于南阳，但却未明言是在南阳何地躬耕，后人以南阳卧龙冈为诸葛躬耕地，主要是一种象征意义的选择，本无确凿的史料依据。东晋人习凿齿乃襄阳人士，他在《汉晋春秋》一书中写道：“亮家于南阳之邓县，在襄阳城西二十里，号曰隆中。”其后，又有一些材料说隆中有诸葛亮的“旧宅”“故宅”。至北朝郦道元写《水经注》时才首次将隆中的所谓诸葛亮故居与刘备三顾茅庐联系起来，于是就有了诸葛亮在隆中躬耕并受三顾的说法。尽管这种说法不无疑问，但在南阳诸葛庐已为天下名胜之后，在襄阳的隆中也出现了诸葛亮躬耕的纪念性建筑，并渐渐有了一些影响和名气。

有明一代，随着诸葛亮政治地位及政治评价的升高，各地修建武侯祠的热情不断高涨，南阳、襄阳两地为诸葛亮躬耕地所在而进行的争论日趋激烈，最后竟是由明嘉靖帝出面了断。他认定南阳卧龙冈“实为亮藏修发迹之所”，并将诸葛亮躬耕受三顾的庙祀与祭典确定在卧龙冈的武侯祠，而襄阳则被说成是“亮与隐士庞士元往来游息之地”。清初所修的《明史·地理志》也将卧龙冈与诸葛亮联系起来，可见在明代时官方是以南阳卧龙冈为诸葛亮躬耕的正式纪念地的。但是争论并没有停止，而且还有愈演愈烈之势，所以才有顾嘉蘅上述对联的问世。

中华人民共和国成立后，南阳、襄阳两地关于“诸葛亮躬耕地”的争论曾经长期停歇，当代著名史学家、曾任中国科学院院长的郭沫若先生曾经分别给南阳和襄阳题写了“诸葛草庐”的匾额，表现了当代人对此一疑案的宽容心态。但从20世纪80年代后期开始，随着旅游热的出现，南阳、襄阳又围绕诸葛亮躬耕地何在的问题展开反复争论和辩驳，形成了一种十分有趣的文化现象。这些争论和辩驳虽然仍未有水落石出之效，但却非常有力地推动了两地对各自武侯祠的建设和保护。“地无论宛襄，有诸葛庐自堪千古”，古人的这句名言，应当被我们奉为圭臬。

2. 襄阳隆中武侯祠

诸葛亮在东汉末年战事蜂起之时，跟随叔父诸葛玄南迁荆州，投奔驻守襄阳的荆州牧刘表。“玄卒，亮躬耕陇亩”（《三国志》卷三十五《蜀书·诸葛亮传》）。据此，诸葛亮在出仕之前，确曾在襄阳生活过一段时期。

最早讲到诸葛亮居于襄阳隆中的材料，见于西晋人王隐的《蜀记》一书。王隐写道：“晋永兴中，镇南将军刘弘至隆中，观亮故宅，立碣表闾，命太傅掾犍为李兴为文曰：‘天子命我，于沔之阳，听鼓鼙（pí）而永思，庶先哲之遗光。登隆山以远望，轼诸葛之故乡……昔尔之隐，卜惟此宅……今我来思，觌尔故墟。”其后，东晋人习凿齿又在《汉晋春秋》一书中将隆中的所在指为襄阳城西二十里处。不过，无论是王隐还是习凿齿，他们所说的隆中并不具体地指今沔水南岸的隆中山，而是指沔水北岸的某一地点。

南北朝时期，襄阳一带的沔水两岸处于进退东南或西北的咽喉地带，沔北的诸葛亮故宅屡遭破坏，旧貌难寻。入唐以后，对诸葛亮的祭祀蔚然成风，“鼓吹青林下，时闻祭武侯”，襄阳一带的诸葛庙便由沔北移到了沔南，这大概就是今日襄阳古隆中武侯祠的由来。

隆中武侯祠在今湖北省襄阳市西15千米的隆中山东。这一带山清水秀，树密林深，风景之幽美，在全国各武侯祠中堪称首位。

在明弘治年间，襄王朱见淑曾因“慕隆中山佳奇，择为茔地”，将这里的诸葛祠迁往山之左臂，“地既非宜，庙且陋小”，很快就墙倾壁圮，先前所建成的所谓“隆中十景”也惨遭破坏。明武宗以后，隆中东山又建造了新的诸葛祠，但其规模却很小，不成气候。入清以后，古隆中诸葛祠几经扩建整修，乾隆年间正式定名为“汉诸葛丞相武侯祠”。

隆中武侯祠的“隆中十景”素有盛名，三顾堂、六角井、草庐亭、

图 5-6　襄阳武侯祠古隆中坊

躬耕田、梁父岩、抱膝石、老龙洞、小虹桥、半月溪、武侯祠等依山傍水，浑然天成，它们与武侯祠的其他建筑交相辉映，使游人流连忘返。

隆中武侯祠右前方的一座石牌坊尤为引人注目，此坊为四柱三间出檐式，中间一坊高大宽阔，上书“古隆中”三个大字，左右为一副对联：“三顾频烦天下计，两朝开济老臣心。”左、右两坊较中间又小些、窄些，形制相同，分别书有“宁静致远”“澹泊明志”，这是诸葛亮的名言，也是历代文人学士所追求的境界。武侯祠为四进三院，沿山势排列在一条中轴线上，由山门、过厅、大殿、抱膝亭、草庐碑亭、三顾堂、静轩等组成。大殿内有武侯像，祠内还有刘备、关羽、张飞及其他文臣武将塑像35尊，历代名联名匾琳琅满目，书法精湛，木刻、石雕、彩绘也是精美华丽，美不胜收。整个建筑祠宇森森，殿堂庄严，层层错落，古朴端庄。

“诸葛大名垂千古，隆中胜地永清幽”，与诸葛亮结下不解之缘的古隆中风光秀丽，环境幽雅，成为人们凭吊抒怀的胜地。

3. 勉县武侯祠

“武侯祠堂不可忘，中有松柏参天长。干戈满地客愁破，云日如火炎天凉。”诗句出自唐代诗圣杜甫的《夔州歌》，描写了诗人当年瞻拜武侯祠时的所见所感。诗中提到的武侯祠堂，即是我国历史上第

一座，同时也是蜀汉后主刘禅御旨所建的诸葛亮祠庙——陕西勉县定军山下的旧武侯祠。

据史书所载，诸葛亮病逝之前遗命“葬汉中定军山，因山为坟，冢足容棺，殓以时服，不须器物”。他去世之后，部属杨仪、姜维等人扶柩回汉中，遵其遗嘱，在定军山下安葬了这位杰出的政治家和军事家。当刘禅于景耀六年下诏准为诸葛亮立庙之后，时人就在诸葛亮的墓前修起了祠庙。可是，当我们今天来到勉县拜谒武侯祠时却发现，祠庙已经远距墓冢10余里，这是怎么回事呢?

原来，勉县武侯祠自建成以后，历代迭有修葺，位置也长期保留在定军山下。到了明正德八年（1513年），都御史兰璋认为祭祠在定军山下，每年祀奉都要涉汉水而过，颇有不便。于是便在当时的勉县县城（今老城）附近新修了一座武侯祠，此处据说是诸葛亮的行营旧址，既邻近县城，又在通往巴蜀的金牛道旁，所以不仅便于达官显贵凭吊，而且也为来往的商贾行人进香提供了方便。

新祠规模不小，布局严整，现存18个院落中有不少精美雅致的建筑，琴楼即是其中之一。它分为上下两层，下层是券洞式门洞，可供人行走，上层则为一雅室，四壁艳彩而绘有诸葛亮与司马懿斗智斗勇的画面，中间则摆放一张精心制作的石琴，一看便知它是由《三国演义》中“空城计”的故事演绎而来。勉县城关的这座武侯祠，历来给人以“欺世盗名”之感，而琴楼的修建及其内部陈设，更让人有浮俗之讥，相比之下，还是定军山下的旧武侯祠更有吸引力。

当新祠建成之后，这里改名为武侯庙，仍然保持着墓庙合一的古制。整个陵园占地320余亩，二水环抱，古木参天，云雾缭绕，风景宜人，确实是人们凭吊先贤、观光游览的好去处。

进入头道大门，但见一处古木遍布的葱绿土岗横卧，当地人称其为书案梁，寓意诸葛亮虽已长眠，但其英灵仍以此梁为书案，处理军国大事，这真是“鞠躬尽瘁，死而不已”了。岗西是一片草坪，有乐楼矗立，是清明时节人们祭祀庙主唱戏娱乐的地方。据说，定军山下的诸葛庙会由来已久，在方圆百余里颇有影响。

二道大门之上高悬“武侯墓”三个金光熠熠的大字，笔力刚劲。门内即是祠宇建筑，勉县的部分出土文物及诸葛亮所研制的扎马钉、弩机、木牛流马等模型分别在厢房展出，大殿、献殿的门、柱之上，楹联、匾额众多，其书法艺术及内容远比那些塑像更引人入胜。

武侯墓冢位于大殿之后。墓为覆斗状，高约 5 米，古风浓郁。墓前有明万历二十二年（1594 年）所立“汉丞相诸葛武侯之墓”石碑，墓后的两棵桂树高达 20 余米。干径 1 米，冠盖如伞，庇护墓冢，因此被人们爱称为“护墓双桂”。每当开花时节，双桂幽香远溢，似诸葛武侯关心国事的品德一般沁人肺腑。据说，诸葛墓冢乃头西脚东，有“永怀西蜀，兴复汉室”之意。这些景观与传说，无疑给这座高大的坟冢增添了许多动人的魅力。

“定军山前寒食路，至今人祠丞相墓”，南宋人陆游的诗句，恰好为今天人们观拜武侯墓的情形做了记录。虽然这里的气氛不如古时凝重，但人们对诸葛亮人品及事迹的钦佩，却是一如往昔的。

图 5-7　勉县武侯祠祠堂

4. 五丈原诸葛亮庙

“出师未捷身先死，长使英雄泪满襟”，诸葛亮为兴复汉室，鞠躬尽瘁，死在了五丈原大营之中。虽然他在五丈原仅仅生活了100多天，但这里的人们都十分怀念他，在他死后建了诸葛亮庙以为纪念。

五丈原位于陕西省岐山县城南约20千米的地方，原高120多米，东西宽约1千米，南北长3.5千米。西接麦里河，东界石头河，南临棋盘山，北据渭水，周围是峭壁，陡直险峻，形势险要，是兵家必争之地。

诸葛亮庙就建在五丈原的北端。大约在唐朝末年，这里就设立了祭祀诸葛亮的神龛，但据祠庙中的碑文和《岐山县志》记载，现在的祠庙始建于元朝初年，明嘉靖和清乾隆、道光、光绪年间都进行过重建或扩建。现存房屋33间，整个建筑以中轴线贯穿前后，山门、献殿、八卦亭、正殿一线排开，左右对称建有钟楼、鼓楼，具有非常浓郁的传统建筑风格。

正殿是全祠的主体建筑，面阔五间，出檐挑角，五脊六兽，红柱灰瓦。殿内正中为诸葛亮彩色塑像，殿内外有许多赞颂忠武侯的楹联、匾额和石刻，书法精湛，风格多样。殿前有八卦亭一座，十分别致，设计精巧，结构严谨，意在说明诸葛亮善用八卦，用兵如神。民间有许多关于诸葛亮大摆八卦阵的传说，八卦阵也就是八阵图，关于八阵图的遗迹，历来说法众多。《水经注》上说，在陕西勉县诸葛亮墓旁有八阵图；《寰宇记》记载八阵图在四川省奉节县江边；而《明一统志》则说四川省新都县牟弥镇也有八阵图。诸葛亮在五丈原渭河之滨摆八卦阵的传说流传了很久，于是人们建了这座八卦亭以为纪念。实际上，八卦阵就是一种行军作战时队伍的排列形式，它灵活多变，进可攻，退可守，故而被人们所神化，诸葛亮也因善用八卦阵而似乎成了能呼风唤雨的神仙。不论八阵图遗迹何处为真，何处是假，都充分显示了诸葛亮在民间影响的深远

图 5-8 五丈原诸葛亮庙

与广大。

在这里，最值得一看的是献殿内岳飞所书的前、后《出师表》石刻。这些石刻共有40块，均为2尺见方的大青石刻成，用行草书写，气势磅礴，潇洒流畅，恰如明太祖朱元璋所赞颂的“纯正不曲、书如其人”一般。前、后《出师表》写于南宋绍兴八年（1138年）八月中旬，岳飞行军经过南阳，被雨阻挡，住在一座庙中。庙中道士向岳飞求字，岳飞乘兴笔走龙蛇，挥毫留下了这珍贵墨宝。墨迹在清代被左宗棠的军幕袁保恒收藏，袁保恒在西安把它刻于石上，公之于世。清光绪年间，岐山知县方鸿宾在重修祠庙时，依西安石刻重新镌刻，镶在献殿墙壁上。岳飞是人们所敬重的抗金将领，存世墨迹极少，由他书写的诸葛亮的前、后《出师表》可以说是合璧之珍。这40块墨迹刻石，就成了珍贵的历史文物，在书法史上也极受重视。

站在忠武侯祠前，放眼望去，平川无垠，遥想当年诸葛亮在五丈原运筹帷幄，指挥千军万马，是何等儒雅，何等风度，怎不令人心驰神往！

5. 成都武侯祠

门额大书昭烈庙，世人都道武侯祠。
由来名位输勋业，丞相功高百代思。

这是有关四川成都武侯祠的一首诗，它道出了该祠的一个重要特点——君臣合庙。当你走进武侯祠时，抬头看到庙门上挂着的却是“汉昭烈庙”的金字匾额，这是怎么回事呢？

历史上，成都分别建有武侯祠和刘备庙。刘备病死以后，葬在成都惠陵，即现在武侯祠内的刘备墓，同时又在陵内建庙。当时庙的规模很小，仅仅是用来祭祀，称作“先帝庙”。南朝齐时加以扩建，改称“昭烈祠”。大约在5世纪的时候，刘备墓的旁边建造了一座武侯祠，到了唐代已经颇具规模，与刘备的先帝庙毗邻而居。明代初年，身为皇室显贵的蜀献王朱椿来武侯祠祭拜，看到这里香火旺盛，百姓祭奠不断，而相隔不远的刘备庙却门庭冷落，心中十分不快。因而，他提出武侯祠太靠近刘备墓、庙，与礼制不合，下令毁掉了武侯祠，在刘备庙东庑附祀诸葛亮，达到君臣一体的目的。统治者总是要把自己摆在一个正统的位置上，绝对不能让臣子超越自己的地位。而老百姓则不去理会这些，虽然武侯祠被搬进了刘备庙，但他们不屑于君尊臣卑的礼仪，反而把刘备庙叫作武侯祠，完全不去理会刘备，实在是与当权者的愿望背道而驰，这也说明了诸葛亮在人们心目中的地位。

此后，该祠庙的名称也有反复。明嘉靖二十一年（1542 年），在浣花溪梵安寺旁边又建起了一座武侯祠，以满足人们祭拜的要求。明末的战乱使刘备庙和后建的武侯祠都遭到了毁坏，只剩下了刘备的孤冢。清康熙年间，在刘备庙的废墟上，建起了新的祠庙。这次修建，兼顾了君臣礼仪，建成了一座君臣合祭庙。昭烈殿在前，孔明殿在后，形成了现在的大体规模，但仍以祭拜诸葛亮为主，称作武侯祠。到乾隆时，四川布政使周琬认为该祠庙与旧制不合，又改叫昭烈庙，但人们已经叫惯了武侯祠的称呼，虽改成了昭烈庙，但仍然以武侯祠相称。

成都的这座武侯祠是我国现存武侯祠中规模最大而又最负盛名的一座，它坐落在四川省成都市区武侯区，占地约 15 万平方米，溪水环流，古柏葱翠，环境幽雅，祠庙壮丽。祠内殿堂楼阁、水榭亭台，布局严谨中见灵活，并不拘泥于规制。以刘备殿—诸葛亮殿为一线的殿堂建筑和刘备墓构成了整个祠庙的主体建筑。这两部分建筑结构严谨，庄严肃穆。两组建筑中间及附近又有多处楼、榭、轩、舫杂陈其间，规整中见活泼，使整个建筑群动静相合，趣味盎然。

诸葛亮殿是武侯祠的重要建筑，位于刘备殿之后，这种君臣合庙的格局在封建时代是很少见的，武侯祠无疑是一个特例。为此，在建筑上也处处体现出了君臣的尊卑等级关系，但古代的设计师们匠心独运，既突出了刘备的地位，又不过分压制诸葛亮。整组建筑以刘备殿为主体，诸葛亮殿紧跟其后，刘备殿殿基高大，而诸葛亮殿的殿基就矮了许多。诸葛亮殿殿内装饰简朴，庄重典雅，正是诸葛亮“澹泊以明志，宁静以致远”精神的体现，因此该殿被叫作静远堂。钟楼、鼓楼分立在两侧，前有过厅，左临鱼池，右映荷塘，碧水楼影，一派南国风光。院中环境幽雅，恬淡怡人，衬托出诸葛亮澹泊、宁静的内心世界与精神风貌。

站在大殿前，抬头望去，门两侧一副长联映入眼中：“能攻心则反侧自消，从古知兵非好战；不审势即宽严皆误，后来治蜀要深思。”这副对联概括了诸葛亮的文治武功，客观地评价了他的治蜀用兵和管理措施。进入大殿，三尊栩栩如生的贴金塑像映入眼帘，他们是诸葛亮祖孙三代。中间的一位慈眉善目，头戴纶巾，手摇羽扇，凝目静思，神态安详持重，透出一派儒雅之气，不用说这位就是诸葛亮。看着这塑像，人们自然会想到诸葛亮熟读兵书，运筹于帷幄之中，决胜于千里之外的不凡风度，崇敬之情油然而生。诸葛亮的左边是他的儿子诸葛瞻，右边是他的孙子诸葛尚，祖孙三代忠贞报国，名留青史，三尊塑像表达了人们的崇敬与思念之情。

图 5-9　成都武侯祠（龙霄飞摄）

诸葛亮像前陈列着三面铜鼓，被称作“诸葛鼓”，它包含了许多有关诸葛亮的传说。据说诸葛亮南征时，亲手创制了铜鼓，白天行军时用来烧火煮饭，夜晚宿营时用来敲击报警。其实，铜鼓早在春秋战国时就已经出现了，与诸葛亮并无多大关系，在我国西南地区比较多见，用于集会、庆典和祭祀，既是乐器又是权力和财富的象征。这三面铜鼓是根据有关诸葛亮的传说而搜集的，把它称作诸葛鼓说明了诸葛亮在我国西南地区受到的敬重非同一般。

文物在武侯祠中占有相当大的比例，各类人物塑像、碑刻、匾联、鼎、炉、钟、鼓都不同程度地反映了诸葛亮的历史事迹，是重要的实物资料。其中，最令人称道的要数“三绝碑”了。“三绝碑”本名《汉丞相诸葛武侯祠堂碑》，树立在武侯祠大门内的右侧碑亭中，何以称为“三绝碑”呢？该碑碑文是中唐时著名的宰相裴度撰写的，对诸葛亮鞠躬尽瘁为统一大业不辞辛劳的精神予以了盛情称颂。碑文由当时著名的书法家柳公绰（柳公权之兄）书丹，通篇书法端庄浑穆，布白严谨，刚劲笃实，笔画丰满。而刻碑的则是当时的镌石名匠鲁建，通碑刀法挺劲，把书写者的精神表现得淋漓尽致。文、书、刻均臻精妙，独步当代，所以就有了“三绝”之誉。“三绝碑”不仅是珍贵的文物，而且也是十分有用的历史资料，能保存至今，也很不易。

“丞相祠堂何处寻，锦官城外柏森森”，让我们吟着诗圣杜甫的名句一览成都武侯祠的风采吧！

三 关羽诸祠庙

“关公”的大名在中国可以说是家喻户晓，人尽皆知，而关羽死后不断受封，由“侯而王，王而帝，帝而圣，圣而天”，褒封不尽，庙祀无垠的情况也是古代中国一个十分醒目而有趣的社会现象。

图 5-10 关羽像

关羽生前最高的军职是“前将军”，爵位只是“寿亭侯”，并不显赫，死后被蜀后主刘禅追谥为“壮缪侯”。此后，由魏至宋初的八百多年间，并没有人去注意关羽。从宋绍圣三年（1096 年）哲宗封关羽为“显烈王”、建显烈庙开始，关羽才逐渐受到人们的重视。历代封建统治者出于政治目的，把关羽看作维护封建纲常忠义的化身，不断美化、加封他。宋徽宗封关羽为“忠惠公”“武安王”，直至“义勇武安王”，宋高宗加封他为“壮缪义勇武安王”，宋孝宗封他为“壮缪义勇武安英济王”；元文宗封其为“显灵义勇武安英济王”；明神宗时加封帝号，为“协天护国忠义帝”“三界伏魔大帝神威远镇天尊关圣帝君”；清世祖敕封其为“忠义神武关圣大帝”，清高宗时又加谥“灵佑”，清仁宗时加封“仁勇”二字，清宣宗时再加封“威显”二字，此后的历代皇帝都为其加封号，直至清德宗，即光绪年间，关羽的封号长达二十六字，为“忠义神武灵佑仁勇威显护国保民精诚绥靖翊赞宣德关圣大帝”，终于完成了其由人而神的改造。

由于受到历代帝王的尊崇，关羽地位显赫，受到官民的普遍祭祀，被称为“武王”“武圣人”，与有着“文王”“文圣人”之称的孔子并肩而立，他的祠庙香火也十分旺盛。关羽为什么如此受人尊崇呢？因为他适应了不同人的需要。他忠心护主，在历代封建统治者眼中是忠臣义士；他桃园三结义，同甘共苦是真朋友的楷模；他讲义气，危难之时忠贞不移，遇困难不退缩，敢承担风险。关羽集众美德于一身，成为世人的典范。

关羽的祠庙遍布神州大地。要说中国什么庙最多，关羽庙当之无愧。仅以北京为例，据《京师乾隆地图》记载，当时北京城内的关帝庙有 116 座，占全北京城庙宇数量总和的近 1/10，如果把位于郊区的关帝庙也计算在内，恐怕要超过 200 座了。关羽庙数量多，名称多样，种类各异。关羽庙可以分为专祀和合祀两大类。专祀庙为专门祭祀关羽一人的祠庙，如关帝庙、关王庙、关圣庙等。合祀庙则为关羽和其他古代名人同时受人祭祀的祠庙，如关岳庙（与岳飞合祀）、三义庙（与刘备、张飞合祀）、五虎庙（与张飞、赵云、马超、黄忠合祀）等。不论专祀庙还是合祀庙，关羽的地位都不同凡响，其声名与影响颇巨。

历史上的关帝庙虽然多如牛毛，但成规模又保存较好的却并不多。下面我们将要介绍的几处关帝庙，会使人们较为真切地了解到关帝庙的历史风貌。

1. 解州关帝庙

在多如星辰的关庙建筑中，最负盛名且保存最为完整的是山西省运城市的解州关帝庙。“解州关庙甲天下”的俗语及“小故宫”的美称，把解州关庙的显赫地位很好地凸显出来。

解州关庙的盛名，首先源于它的悠久历史。现存解州关帝庙的建筑乃是清康熙年间重修后的遗迹，但它早在隋文帝开皇九年

（589 年）便开始建造，距今有 1400 多年，在全国各地的关庙中，它是傲然居于长者之列的。

解州关庙的盛名，又与其地望有关。关羽的故乡虽在解州城东南约 10 千米的常平村，但人们通常都不做过细的考究，径直把关羽称为解州人。所以，解州关帝庙往往被视为关羽的正祠，俨然成为关庙的祖庭。

然而，仅仅凭恃悠久历史和契合地缘，并不能使解州关帝庙享有甲天下的美誉，它历久不衰的盛名，归根结底是靠其气势之宏大和建筑之精美来支撑的。

图 5-11　解州关帝祖庙端门

解州关帝庙的气势宏大，首先表现在其选址上。它背靠银湖（盐池），面对中条山，周围景色秀丽宜人，同时又隐含着一种勇武的阳刚之气。由于关羽被后世帝王封君封帝，所以他的祠庙往往可以仿帝王宫殿而建，解州关帝庙的设计者们利用这一点巧做文章，大胆地使用了黄、绿、蓝三色琉璃瓦覆盖屋顶，在突出中轴线建筑的同时，又采用了“前朝后寝”的帝王宫殿的布局，从而形成了解州关帝庙建筑布局严谨、颇有王者气派的风格。

解州关帝庙坐北朝南，其建筑主体占地不足 2 万平方米，整个建筑群分为南北两部分：南部是依照刘备、关羽、张飞“桃园三结义”故事而建的“结义园”，在结义坊、君子亭、三义阁等建筑的周围是片茂盛的桃林，很好地营造出了当年三大英雄结义的意境。北部是正庙，是解州关庙的主体部分，它分为前后两个院落：前院中线上依次有端门、雉门、午门、山海钟灵坊、御书楼、崇宁殿等建筑，其两侧又有石坊、木坊及钟鼓楼等附属建筑；后院是本庙的核心所在，以气肃千秋坊为导引，春秋楼高高耸立，刀、印二楼卫护两翼，威武之气扑面而来。特别值得一提的是，北部庙宇虽被分为前后两进院落，但却由百余间廊屋回护缀联而浑然一体，前后呼应，表现出古代建筑师们良好的整体意识和建筑规划大局观。

解州关帝庙的建筑之美，经常为学者和游人所津津乐道，崇宁殿、春秋楼和御书楼是其中的精华。崇宁殿位于御书楼的北侧，是拜祭关羽的主殿。崇宁殿因北宋徽宗封关羽为“崇宁真君”而得名。大殿为重檐歇山式顶，面阔七间，进深六间，四周建有回廊，廊下有 26 根石雕盘龙大柱。石柱上盘龙腾绕于云间，毛发飘扬，四爪伸开，轩昂抖擞，盘曲绕行。正所谓“殿阶石柱，雕龙飞腾，庙貌宏丽，甲于天下”。这 26 根盘龙柱设计巧妙，构思独特，雕刻生动，技法纯熟，是关庙中不可多得的艺术佳构，很好地彰显了关公的雄武与神勇之气。进入大殿，正中是一座精雕细刻的神龛，龛内为关老爷的坐像。但是，人们的目光往往并不停留在神龛之内，而是集中在龛前的那张青铜案几之上，尤其是案上那几道明光锃亮

的刀痕，更每每勾起人们的好奇之心。如果你就此发问，当地人便会告诉你，每年农历五月十三是关老爷的磨刀日，解州一带通常在此前下上一场小雨，因雨量太小，所以百姓说它是为关老爷磨刀所用的“磨刀雨”。每当磨刀完毕，关老爷总要在这青铜案上砍上几下，试试刀锋，年长日久，便留下了这些已形成凹槽的刀痕。这虽是传说，但也反映出关羽在解州民俗文化中留下了深深烙印的事实。

图 5-12 解州关帝庙气肃千秋坊

春秋楼建在后院北部，与崇宁殿同在一条中轴线上，但中间以矮墙隔开，设计上体现了“前朝后寝”的帝王建筑格局，这在忠臣祠庙中是极少见的实例。春秋楼在参天古柏的掩映下，巍然肃穆，气势宏大，秀丽的景色与恢宏的气势和谐地交织在一起，使关帝庙庞大的建筑群平衡于一个均匀稳妥的重心上，可谓匠心独运，不同凡响。春秋楼面阔七间，进深六间，四周环廊，两层三檐歇山式屋顶，于明万历年间建造。今天的春秋楼乃清同治九年（1870年）重建，是一座典型的清代楼阁式建筑。它总高33米，居关帝庙所有建筑之冠。两层廊均设有勾栏，下层为石雕，上层为木制，廊下的栏额、昂咀等构件上雕刻着龙、凤、人物、花卉、飞禽、走兽等各种图案，精巧至极。檐下斗拱也已由结构部件转变为装饰艺术，造型优美，雕刻精良。春秋楼最引人注目之处，是其“悬柱挑梁”，即二层周围的“悬空回廊”。二层的26根檐柱，上承檐头负荷，下端则刻成莲瓣状悬挂在半空，成为二层平座上的垂莲柱。它的负荷全部由下层大梁（即楼板下的腰梁）伸出檐外挑承，梁上负荷通过檐柱和金柱传递。若从下层向上看，垂莲吊柱好似虚设一般，高大敦实的楼体似乎不是拔地而起，而是浮于半空之中。这种构造，常在小木作神龛和天宫楼阁雕刻之上见到，但在大型建筑实物中却是罕见的实例，一定是出自大师之手。当人们踏上悬空回廊举目眺望时，往

图5-13　解州关帝庙春秋楼（陈大钢绘）

往会忍不住为我国古代建筑师们的聪明才智击掌叫绝！

春秋楼之得名，源于其二楼暖阁中的关羽夜读《春秋》的塑像：在昏黄的烛光之下，关羽头戴官帽，足蹬云靴，身体微倾，右手扶案，左手拈须，专心致志地阅读案上的《春秋》，其情其景，宛如为赶考而苦读的儒生，而与人们心目中勇敌万夫的武将相去甚远，这也正表现了关羽儒雅的一面。类似的塑像或绘画，在其他关帝庙中也时常可见，细说起来，这倒不全是演义。据《三国志·蜀志·关羽传》注引江表传云："羽好《左氏传》，讽诵略皆上口"，看来关羽生前确实对《春秋》下了一番苦功。由孔子亲自删定过的《春秋》一书，深著微言大义，强调名分节义，后人便把关羽重义轻利的品格与其熟读《春秋》联系起来，认为读《春秋》使关羽浩气长存，无愧青天，所以在关羽的祠庙中才每每有夜读《春秋》的艺术作品出现。

御书楼位于午门以内中轴线的前隅，原称八卦楼，后因悬挂了康熙皇帝手书的"义炳乾坤"匾而改称今名。御书楼是清代楼阁

图 5-14　解州关帝庙御书楼（陈大钢绘）

式建筑的又一典范，外形整洁劲健，雄丽壮观，仿佛一位力士昂首站立。楼身面宽、进深各5间，平面近方形，为两层三檐歇山式顶，上下两层皆有围廊和勾栏，底层前面当心间，凸出龟须座一间，上筑门楼瓦顶。楼身背面则凸出抱厦三间，为单檐卷棚式屋顶，4根包厢檐柱矗立在台明以下。正是这种少见的平面设计使御书楼在清代楼阁式建筑中独领风骚，深受专家的好评。

解州关帝庙内文物众多，精品无处不在：绚烂美艳的琉璃影壁，精工细刻的石牌坊，纹饰华缛的万斤铜钟，铸造精美的铁香炉等等，真是数不胜数，美不胜收，将它誉为天下第一武庙，诚不为虚也！

2. 常平关帝庙

一说到关帝庙，人们首先想到的是山西解州关帝庙，而在关羽故里，一座规模更大的关帝庙常常被人们所忽视，那就是常平关帝庙。它位于山西省运城市盐湖区常平乡，当地人深为家乡出了这样一位名人而自豪，于是在关老爷的故居上建起了祠庙。

常平关帝庙又叫作关帝祖祠。该庙始建于隋朝，当时的规模很小，直至金代才建成庙宇。随着关羽地位的不断提高，关帝庙也不断重修与扩建，目前的建筑大多是清朝遗构。

全庙共有六进殿堂，中轴线上依次排列着山门、午门、享殿、关帝殿（又叫崇宁殿）、娘娘殿、圣祖殿。中轴线两侧有厢房、配殿、回廊，主从有致。整个建筑群在总体布局上体现了“前朝后寝”的帝王体制。庙前有牌坊3座，两边的为木质，中间的为石雕，较为别致。牌坊左右是钟楼和鼓楼。关帝殿是关帝庙的主体建筑，面阔五间，进深四间，大殿四周建有围廊，殿内神龛中供奉关帝像，庄重威严，龛外侍者恭敬谨慎。走出关帝殿，穿过一道垂花门，就来到了娘娘殿。该殿面阔五间，进深五间，为重檐歇山式顶，左右两厢有配殿，自成一个小院。大殿内的娘娘像堪称清代塑像的典范。关夫人凤冠霞帔，端然稳坐，面容清逸，神态自若。塑像比例适度，衣纹刻画精细。该像在塑造上充分考虑了关夫人的地位，既要体现出夫人的身份，但又不能过分矜持。其尺度把握准确，反映了清代工匠高超的工艺水平。此庙在设置上与其他关帝庙的不同在于它有圣祖殿。该殿面阔三间，为悬山式屋顶，殿中供奉关羽的始祖忠谏公、曾祖先昭公、祖父裕昌公、父成宗公及三祖夫人像。正因为有此祖殿，该庙才又被称作关帝祖祠，这一设置在其他关帝庙中是没有的。庙院的东南角有一座八角七层砖塔，是专为祭奠关羽的父母建造的，它建于金大定十七年（1177 年），为金代古塔的研究提供了珍贵的实物资料。

常平关帝庙虽专为祭祀关羽而建，但关羽并非唯一的主角，从庙的建筑布局来看，既有祖先祭堂，又有夫人配祀，还有关氏祖祠，透露着浓厚的家族气息，活脱脱一座规模宏大、结构完整的关氏宗祠。

3. 阳泉关帝庙与定襄关王庙

我国的关帝庙虽然数量众多，但大多数是明清时期的建筑，早期建造的关帝庙完好保存至今的为数不多，山西阳泉关帝庙和定襄关王庙就是两处早期的关庙遗存。

阳泉关帝庙是我国现存年代最早的一座关帝庙，它位于山西

图 5-15　阳泉关帝庙

省阳泉市东北郊的林里村。这座关帝庙始建于北宋熙宁五年（1072年），重修于北宋宣和四年（1122年），足见其历史之悠久。庙院规模并不是很大，背山面水，环境清幽，现存正殿是宋朝的原物，弥足珍贵。大殿面阔三间，进深三间，为六架椽，平面近似正方形，为歇山式屋顶，殿前出廊有檐，斗拱、梁架在制作上具有宋朝建筑的风格，结构严密，制作规整。最为重要的是，在殿内的脊板、六架椽袱和四椽袱下，保留了宋朝重修时的题记，为确定该殿确切的建筑年代提供了重要的证据。

关帝庙在我国分布极广，数量极多，但宋朝所建造的关帝庙，到目前为止仅阳泉关帝庙一处，它在中国古代建筑史上和祠庙制度史上都是重要的实物资料，弥足珍贵。

坐落在山西省定襄县北关村的关王庙也是现存较早的关帝庙之一，始建于宋徽宗宣和五年（1123年），元至正六年（1346年）再次重修，明嘉靖、清康熙年间曾不断修葺。

一般祭祀关羽的地方都被称作关帝庙，为什么这一座叫关王庙呢？关羽在宋代先后被封为武安王、义勇王、英济王，被封为帝则要晚到明神宗之时。因此，元代以前关羽只是王而非帝，所以被称作“关王”，他的庙顺理成章就叫作关王庙了。

定襄关王庙只剩下一座关王殿，面阔三间，进深二间，为单檐歇山式顶，花琉璃脊饰。大殿为金代建筑原构，前檐明间特别宽大，而次间却很窄。最为难得的是，该殿斗拱十分特殊，结构形制有8种之多，这么小的3间殿堂，竟有8种斗拱，这在中国古代建筑史上是较为罕见的。大殿保存有清嘉庆八年（1803年）所画的《三国演义》故事壁画，绘制形象，造型生动，反映了清朝民间的绘画艺术水平。

庙内还立有金、元、明、清的碑刻多块，详细地记录了关羽所受封号的变化和修庙历史，可补史料的不足。

定襄关王庙规模虽小，遗存亦少，但由于它在建筑结构方面有独特的风格，成为我国古代建筑史上一处珍贵的实物标本。

4. 洛阳关林

我国民间历来有关羽“头枕洛阳，身困当阳，魂归山西”的说法。据《三国演义》的叙述，关羽遇害之后，孙权派人把其首级送到了洛阳，企图嫁祸于曹操。但曹操并没有上当，而是将计就计，用沉香木雕刻了关羽的身躯，与首级一起以王侯之礼安葬，为自己赢得了一片赞许。曹操埋葬关羽首级的地方，据说就是今天洛阳的关林。

关林位于河南省洛阳市南 7 千米的关林镇，始建于明万历年间，经清乾隆时期的增修、扩建，形成了今天的规模。在方圆百亩的范围内，殿宇堂皇，碑碣林立，古柏苍翠，深邃幽雅。关林虽是晚起，但却保留了“墓庙合一”的古制，由关帝庙和关帝冢两大部分构成。整体建筑坐北朝南，以表现出关圣帝的威严与等级。而“关林”这一名称同样显示出了关老爷地位的不同凡响。在封建社会里，皇帝的坟墓称作“陵”，王侯的墓称作“冢”，“坟”只是对普通老百姓而言，“林”则是对圣人墓的称呼。孔子曾被封为“文王”，所以他的墓地称为“孔林”；而关羽受封为“武王”，因此他的墓地也自然称作“关林”了。

关帝庙由三重大殿和东西厢房组成。大门的对面是一座呈凸字形的舞楼，这座清乾隆时期修建的舞楼是祭祀关羽时专用的演戏的舞台，每年关帝的诞辰日、成道日和忌日，这里都好戏连台，热闹非凡。大门为五开间三门道硬山式建筑，两边有八字形墙，“关林”金字匾高悬门额之上。大门的东西两侧各有一对清道光元年（1821年）建造的石牌坊，坊额上分别题有“刚健中正”“博厚高明”“允文允武”“乃神乃圣”，坊柱上共有四副对联，称颂关公“义存汉室，志在春秋”的浩气丹心。题额与对联对关羽的一生给予了高度的评价，充分体现出后人对关圣帝君的崇敬之情。大门之内是仪门，取“有仪可象”的意思，钟楼、鼓楼分立东西，走过有石雕栏板围护的甬道便是拜殿，又称启圣殿，是百官僚属拜谒关帝的地方。

大殿与拜殿相连，是关林中的主体建筑，面阔七间，进深三间，为单檐庑殿式顶，它修建在一个砖砌的高台上，衬托出大殿的庄严

图 5-16　洛阳关林关帝冢

与雄伟。殿顶有六神兽跃武，庞涓、韩信、罗成、周瑜四员大将立于四檐角，守护四方，威风凛凛，杀气腾腾，这种装饰在他处并不多见。庞涓、韩信、罗成、周瑜四人在民间被认为是心胸狭窄之人，他们在殿顶的位置正好是前无去路，后无退路，如此窘迫只好给关老爷做守护将了！大殿内正中是关老爷的坐像，俨然一副帝王装束，圣人气派：头戴十二冕旒帝王冠，身穿锦缎绣龙袍，面如重枣，唇若涂脂，卧蚕眉，丹凤眼，二尺美髯飘洒胸前，相貌堂堂，端正威严。左边有关平按剑，右边是周仓持刀，两侧有王甫、廖化、陆秀夫、张世杰随侍。大殿肃穆庄严，每当风儿吹过，柏枝摇曳，风铃叮当，更加烘托出一种幽远深邃的气氛，使人肃然起敬。

关帝冢是一座 10 米多高的不规则八角形土堆，冢前石碑上面刻写着“忠义神武灵佑仁勇威显关圣大帝林”15 个大字。冢门额题“钟灵处”三个大字，“神游上苑乘仙鹤，骨在天中隐睡龙”的对联点明此处乃关羽首级的葬处。墓冢的上上下下及庙宇周围遍植柏树，郁郁苍苍，生机盎然，古朴而壮观，使关林风景独具特色，关林翠柏也被誉为“洛阳小八景”之一。

图 5-17 洛阳关林舞楼

关林是古都洛阳一处著名的古建筑群，它拥有众多工艺精湛的雕刻作品，享誉艺林。从仪门到大殿中间，有石雕栏板围护的甬道和月台，在栏板之间的望柱上都雕有狮子。形态各异，造型多样，或戏球，或嬉闹，或张望，或搔痒，个个玲珑活泼，逗人喜爱，表现得惟妙惟肖。甬道旁的华表巨龙盘绕，天兽盖顶，气势磅礴。除石雕外，还有砖雕、木雕。焚香炉为砖构建，外观是仿木构式样，炉的四周用砖雕作为装饰，风格独特，特别是炉后壁上的大幅砖雕较为少见，中间为山峦叠嶂，层层叠叠，松、竹、梅三友挺立山上，寓意刘备、关羽、张飞三结义，枝头鸟雀飞舞，下边海水翻腾。整个作品雕刻生动，表现逼真，技法纯熟。木雕要数大殿正门上的高浮雕关公故事图，“桃园三结义”“战吕布”“斩蔡阳”“单刀赴会”“斩颜良”等内容表现了关羽一生的重要活动，雕刻细致，手法多样，构图严谨，是不可多得的艺术佳作。

洛阳关林人文历史厚重，一直是游人了解、学习中国古代文化的好课堂。同时，关林在相当长的一段时间内，还是洛阳周围数百里商品贸易的中心地，有着数百年历史的关林庙会，始终吸引着众多的商家和普通百姓，洛阳关林也因此而扬名天下。这种文化与经济相互促进的现象，是颇令人深思的。

5. 周口关帝庙

周口市位于河南省的东南部，沙河、颍河、贾鲁河在其境内交汇，三岸鼎立，自古即是水运十分发达的地方。明清时期，大批商贾云集此地，这里迅速成为舟车辐辏的贸易中心。清康熙三十二年（1693 年），为协调与当地人士的关系并祈求买卖兴隆，一些来自山西长治、新绛，陕西大荔、澄城等地的商人集资筹款，在周口最繁华的地段修建了一座关帝庙。此后，经雍正、乾隆、嘉庆、道光年间的不断重修、扩建，至清咸丰二年（1852 年）

全部落成。一座关帝庙，居然接连不断地修建了 159 年，这种情况，确是不多见的。

作为河南省内现存最大的关帝庙，周口关帝庙是一座雄伟富丽、具有鲜明地方风格的古建筑群。整个庙宇为三进院落，占地约 21000 多平方米，它以照壁、山门、钟楼、鼓楼、铁旗杆、石牌坊、飨殿、大殿、戏楼、月台、拜殿和春秋阁等建筑

图 5-18 周口关帝庙

构成中轴线，布局严谨。整个古建筑群为仿宫殿式，飨殿、大殿、拜殿和春秋阁等巍峨壮观，气象不凡。

铁旗杆是周口关帝庙内最具特色的文物之一。清嘉庆二年（1797 年），陕西同州府大荔、朝邑、澄城天平会的众商为表达对关帝的崇敬，向周口关帝庙敬献了两根铁旗杆。它们均高 22 米，直径 0.28 米，重达 3 万余斤，旗杆下端为六角须弥式铸铁座，其下则为六角青石浮雕底座。在铸铁座的每一立面上分别铸有铭文及山水花卉、龙凤鸟兽等图案，造型别致，工艺精湛。更让人称奇的是，旗杆的杆身并非是光棍一根，而是饰有莲花、蟠龙、飞凤、日徽月徽、寿字如意方斗等，旗杆的上端赫然铸着“大义”“参天”四字。以高大的旗杆来象征关羽与日月同辉的忠义品格，这是为其他地方的关帝庙所不见的。

雕刻精美是山西民居的一大特色，由山西商人出钱修造的周口关帝庙中的建筑自然出现了许多精美的雕刻，从而构成了它的又一突出之处。周口关帝庙的雕刻，除去屋顶的脊饰，可分为石雕、木雕、砖雕三大类，其中的不少雕刻，都具有较高的艺术水准。例如，置于飨殿前的石牌坊，其中精雕了“二龙戏珠”“凤凰牡丹”“八仙过海”“竹林七贤”“天马行空”“喜上眉梢”等神话、历史故事和山水花卉、仙鸟灵兽等。正面透雕的“二龙戏珠”神龛，刀工精细，玲珑剔透。夹柱上的石狮更是惹人喜爱，它们或戏耍绣球，或挠痒嬉咬，或昂首张望，或仰天长啸，体态各异，生动有趣。四柱上悬挂的石雕四天王像则威武雄伟，英气逼人。拜殿的木雕，构图巧妙，刀法娴熟，显示出高超的技巧。这些雕刻的数量之多、内容之丰、工艺之精，均居当时中原建筑之冠，是清代中晚期追求奢华之社会风尚的集中反映。

在关帝庙建筑群中设计戏楼，是一种常见的现象。周口关帝庙的戏楼建在中院大殿的山墙之后，坐南面北，正对拜殿。这座戏楼面阔和进深均为 3 间，为重檐歇山式顶，玲珑精巧，装饰妍丽。与他处相比，周口关帝庙的戏楼并不是一座孤立的戏台，而是一座封闭式露天剧院当中的有机部分。春秋阁院即是露天剧院，在拜殿的两侧建有看楼，是专供人们看戏用的建筑。由于是商人在商业繁华区修建的关帝庙，所以周口关帝庙自然就带有较为浓厚的商业意味，在庙内的许多地方，都开有商业店铺，人们在瞻拜关帝之余，顺便可以逛逛市场，买点东西。这种情况，也为其他地方的关帝庙所少见。正因如此，周口关帝庙才能为研究清朝中后期中原地区商业贸易、文化交流、行业神崇拜及市场状况提供重要的参考。

6. 东山关帝庙

东山关帝庙又称武庙，坐落在福建省东山县城岵嵝山东麓，是目前我国唯一的一处靠山傍海的古关帝庙，别有气象。这座关帝庙始建于明洪武二十年（1387 年），当时为了防御倭寇的侵扰，修筑了铜山城，守城官兵们为壮军威，建了关帝庙以求得护佑。明正德年间，此庙又有扩建，以后历朝不断修葺，整个庙院基本保持了明清时期的建筑风格。

东山关帝庙建筑精美，尤其是雕塑工艺精湛，堪称一绝。庙门为宫殿式建筑，用 6 根圆石柱顶托数百支纵横交错的斗拱，拱架上有一座宫殿式的楼亭，称作“太子亭”。太子亭上的雕刻图案独具闽南地方风格。这些雕塑装饰全部为瓷质，正面是“八仙过海”和“八兽图”，背面是唐宋故事情节中的 120 个人像。瓷塑是我国古代陶瓷装饰手法的一种，制作工艺较一般瓷器的制作要复杂得多，需要经过模印、镶嵌、手工镂、捏、塑、雕等工序，然后上釉入窑烧制。太子亭上的瓷塑人物体现出了我国古代高超的工艺水平，要塑好这么多的人物，既要保证他们神态各异，还要形神兼备，没有一定的技术水平是做不出来的。特别是瓷塑和其他雕塑不一样，制作时要考虑到干燥和烧成收缩，防止翘扁变形及裂纹斑疵等。人物造像更是如此，稍有差错，就会走样，失去装饰意义。太子亭瓷塑人物眉清目秀，生动活泼，是不可多得的瓷塑艺术品。这些瓷塑作品综合运用了圆雕、透雕、捏雕等多种技法，根据人物的不同造型使用相应的技法，以表现出最佳的艺术效果。除了瓷塑，庙内还有许多木雕、石刻，也都是颇有观赏价值的艺术品。

东山关帝庙在东南沿海一带声名显著，它是台湾众多关帝庙分灵入台的祖庙。明嘉靖年间，这里的官兵去台湾驻守，他们的胸前都挂着“铜陵关帝君”的香火，祈求平安。一些人在台湾定居后，关帝的香火也就留在了那里，成为人们的保护神。以后，台湾各地不断地分灵，建宫立庙，关帝信仰得到了广泛的传播。

东山关帝庙依山临海，气势巍然，以其独特的历史风貌，享誉东南沿海。

图 5-19 东山关帝庙

第六章　道德的讲习所

——忠臣祠庙（下）

四　卫辉比干庙

有明一朝的皇帝中，明孝宗朱祐樘算是不错的一个。明孝宗在其 18 年的皇帝生涯中，曾经做过一些可以称道之事，比干庙的重建，即是其善举之一。

明弘治七年（1494 年），明孝宗下发一道诏书，要为殷商末期的名臣比干重修祠庙，当时的卫辉知府金舜臣闻风而动，亲兼督造之任，从四月八日破土动工，昼夜不停地连干 132 天，一处“庙宇耽耽，规模屹屹”的精美建筑便告完成。

比干的盛名，由来已久。根据史书记载，比干乃殷纣王的叔父及先王顾命大臣。他曾经辅助纣王东征西讨，建下了一番功业。殷商末年，纣王日益昏暴，文臣武将纷纷另择明主，商王朝统治岌岌可危，但比干依然坚守故国，不断抨击纣王的荒淫暴虐，犯颜直谏，希望纣王改弦更张，弃恶从善，但最终却被纣王剖胸取心，惨烈而死。从此，比干便因正直刚强、无私无畏而彪炳史册。

图 6-1　比干庙坊（龙霄飞摄）

人们对比干的尊崇与景仰，由来已久。比干死后仅仅一年，周武王便率领大军灭了商朝。为了收揽人心，同时也为了表达对比干的敬佩和褒奖，周武王曾派专人整修了比干之墓并隆重祭祀。从此以后，历朝历代的明君英主、仁人志士和黎民百姓，莫不对这位爱国爱民的忠臣大加赞颂。

立祠建庙以纪念比干，起始亦不为晚。现存比干庙内的碑刻中，有一首相传为晋人刘梦熊所作的《题比干庙》，从其中“荒祠落日倚孤坟，夜对猿啼不忍闻”两句来分析，似乎当时已有比干之庙，乾隆年间所修的《汲县志》说，“魏孝文帝南迁至此，因墓立庙，此庙之由昉也”，但不知其所据何在。据史载，唐太宗、宋仁宗、元仁宗都曾下诏对比干庙进行维修、保护，只可惜这些早期建筑都不复存在了，今天我们所能看到的，仅是明弘治七年重建后的比干庙的遗存。

比干庙，位于河南省卫辉市比干庙村，当地俗称“忠臣古庙”，相传周武王赐比干之子姓林，因而比干被奉为林姓太始祖，比干庙又有“林姓家庙”之称。庙宇是一个坐北朝南的长方形院落，主要建筑沿南北中轴线布置，约略分为三组：南边为影壁、三道门楼、石坊和碑廊，中间是祭祀大殿院落，北端乃墓域区。仅就建筑样式和风格而论，比干庙似乎没有多少出众之处，但因比干生前曾官居高位，唐太宗又追封他为“太师”，谥“忠烈公”，加上此庙乃是皇帝敕建、官方修造，所以比干庙不仅规模宏大，而且还配置了代表威严与权力的石狮，种植了象征富贵与等级的松柏。因此，比干庙除了具有严谨而幽深的肃穆之相以外，更具有一般祠庙所没有的恢宏堂皇之气。

比干庙内文物价值较高的遗存，是那64座古代碑刻，碑文全部出自前来祭祀、凭吊比干的帝王将相及官吏文士之手，内容大多数是斥责殷纣王的昏庸暴虐，歌颂比干的忠贞刚直，抒发了对比干的敬仰与怀念之情。这些祭辞诗文，内容深刻，想象丰富，情感真实，辞句优美，具有较高的文学价值。其镌刻也十分讲究，书体包括草书、隶书、篆书等不少堪称书法珍品。其中北魏孝文帝《吊比干文碑》（又称《太和碑》，宋代重刻）、唐太宗的《祭比干文碑》（又称《贞观碑》，元代重刻），更是举世闻名，乃为镇庙之宝，其书法和史学价值一向被世人所称道。细细观览这些碑刻，不仅可以受到很好的爱国熏陶，而且更是一种美的享受。

图6-2 《吊比干文碑》（龙霄飞摄）

比干庙的墓域区包括了石坊、墓亭、墓冢等建筑，比干庙中较为奇特的景观，均集中在这里。

穿过大祭殿，便可以看到古柏簇拥之下的一座石坊，此坊名为“丹心坊”，坊额刻有“殷太师比干墓”六个大字，两侧镌刻对联一副：“孤忠心不死，故社柏犹存。”坊顶两侧蹲立两尊狻猊石雕，象征着比干的刚直不屈，中央为一组祥云飞渡、日月捧心的雕塑，寓意比干那颗爱国丹心犹如日月，光照千秋。

丹心坊后便是墓亭，这座四角墓亭内竖有墓碑一块，上刻“殷比干莫”（莫、墓二字古代可以通用）四字，据说是孔子亲手镌刻的遗迹。相传孔子周游列国时曾来拜祭比干，事后便用佩剑刻下了这块碑碣。这件事情的真实性无法判明，但孔子确实高度赞扬过比干，将他称为仁人，这倒是明载于史的。

图 6-3 比干庙拜殿

跨出墓亭，眼前豁然开朗。在空阔的天宇之下，便是比干那小山一般高大的墓冢，直径达 50 米，高 20 米。有人认为它是我国有史记载的第一个坟丘式墓葬，说它是“马鬣封”式坟墓的典型代表。这种观点，不妨姑妄听之。相比之下，有关此墓成因的一个民间传说，更具有动人之处。相传比干被纣王剖心之后，单骑驰出朝歌，一路南行，打算到心地（今河南省新乡市）另安一颗心脏。谁知刚刚到荒郊牧野，便被那千年狐狸妲己所变的老妇拦住。这老妇手提一篮野菜，高声叫卖，比干问她所卖何物，老妇说是“没心菜”。比干又问：“菜没心能活，人若无心，又该如何？”老妇冷笑一声，恶狠狠地答道：“菜没心能活，人没心就得死！”比干听得此言，立刻口吐鲜血，大叫一声，坠马身亡。霎时间，天悲地痛，狂风大作，飞沙走石，将比干的遗体掩埋起来，一座大自然卷土而成的坟墓立时出现。因此，人们将比干墓称为“天葬墓”。似乎是为了证实这个传说，今日比干墓冢之上，居然到处生长着一种三叶无心植物，当地人说，这就是传说中的“没心菜”，原为比干的七窍丹心化成，是比干忠贞为国、耗尽心血的象征。耳听这样神奇的传说，眼望这护满墓冢的“没心菜”，人们怎能忍心去怀疑这“天葬墓”的真伪呢？

与“没心菜”同样让人叹为观止的，是墓冢周围的 300 余株“开心柏”。这些柏都是平冠柏，受天地之正气，秉日月之精华，高高大大，虬枝老茎，铁骨铜干，远远望去，犹如一个个护冢守陵的强壮武士，凛然不可侵犯。细细一看，但见树干都从中间开裂，据说这是因为柏树有知，痛感比干死于非命，所以情愿掏出自己的心来献给比干，以使这位长眠于此的无心英雄重返人间，继续为民请命，伸张正义。由于有这样的传说，这些古柏似乎也都成为与民同心的灵物，令人肃然起敬了。

五 周公三祠庙

周公姓姬名旦，又称叔旦，是西周的开国之君周武王的弟弟，因其采邑在周（今陕西岐山县北），爵为上公，史称周公。作为西周初年最有权威的政治家，周公曾经协助武王指挥了攻灭商朝的牧野之战。武王重病之时，遗命周公继位。但武王去世后，周公却拥立武王幼子诵（周成王）为王，自己则称王摄政，辅佐成王。当管叔、蔡叔等人伙同殷纣王之子武庚发动叛乱时，周公毅然领兵东征，平定叛乱。此后，周公主持了分封诸侯及营建洛邑等事，又制礼作乐，即制定了各种典章制度，发展文化教育事业。周公的这些做法不仅有力地巩固了周朝的统治，而且还对此后中国的政治与文化产生了深远的影响。周成王长大成人之后，周公坚决还政于他，自己则称臣留守东都洛邑，后周公老死于丰。成王为尊其功，将他葬于宗周附近，与周文王墓相邻。

图 6-4 周公像

后世人们心目中的周公，是忠心报国、公而无私的宰相，同时又是一位文化巨人。孔子有生之年，不仅竭力鼓吹周公的学说，而且还以不复梦周公为自己的一大悲哀，由此可知，周公在孔子的心中占据着何等崇高和神圣的地位。

建庙奉祀周公，大约始于周公死后不久。从文献记载可知，后世修建的周公庙数量很多，分布范围比较广泛，但规模较大、建筑较好的，还是在与周公个人关系较为密切的曲阜、洛阳和岐山三地所建的祠庙。恰好这三地的周公庙也是目前国内保存较好、影响较大的周公祠庙。

三座周公庙各具风采。从位置上看，曲阜周公庙建在周公的封地，岐山周公庙建在周公的故乡，洛阳周公庙建在周公曾亲自指挥修建的城池中，三地都与周公联系紧密；从建筑规模上看，曲阜周公庙最为宏大，洛阳周公庙次之，岐山周公庙居末，但不论规模大小，都能反映出周公作为大政治家的地位与气魄；从其建造时间上看，曲阜周公庙年代最早、历史最久，岐山周公庙与洛阳周公庙在伯仲之间。

周公既是名臣，又是一位文化巨人，他的学说受到后人的推崇，曲阜、洛阳、岐山都是我国的历史文化名城（镇），名城配名人，周公祠庙立于这些文化之邦中，相得益彰，熠熠生辉。

1. 曲阜周公庙

曲阜是孔子的故乡，同时也是周公的封地，只是因为周公需要留在京师辅国，所以才由他的长子伯禽替父受封，到曲阜建立了鲁国。但不管怎样，周公与曲阜的关系还是十分密切的。

曲阜的周公庙历史相当久远，它始建于周武王时期，原是周公长子伯禽受封做了鲁国国君之后，在国都中心建立的太庙，周公去世后，这里成为祭祀周公的场所。鲁国灭亡后，庙宇也随之破败荒废，直到北宋大中祥符元年（1008 年），周公被追封为“文宪王”后，才在鲁国太庙的旧址上重修周公庙，以后元、明、清各代不断增建修葺，形成现在的格局。

曲阜周公庙是目前国内历史最悠久、规模最大的周公祠庙，整个建筑群呈长方形，共三进院落，占地面积达 75 亩，共有殿、庑、门、坊57间，依次为棂星门、成德门、达孝门、元圣殿等。棂星门是周公庙的大门，四柱三间，四重斗拱，朱漆木柱，飞檐翼张，青瓦盖顶。四根木柱顶部各站立琉璃烧制的天将一尊，威严勇猛，护佑着周公庙门。以棂星命名，意在褒扬周公乃是天上的文星之神，他创办学校，设立史官，左史记言，右史记事；制礼作乐，明德慎罚。庙门左右各有牌坊一座，东边为“经天纬地”坊，西边为“制礼作乐”坊，正说明了周公的伟大创举和赫赫政绩。

图6-5 曲阜周公庙棂星门（龙霄飞摄）

图 6-6 曲阜周公庙大殿（龙霄飞摄）

穿过成德门，跨进达孝门，展现于眼前的就是元圣殿，它是全庙的中心建筑，是举行祭祀周公仪式的场所。元圣殿面阔五间，高 11.4 米，四周由 24 根巨柱支撑，飞檐斗拱，绿瓦覆顶，殿内外红漆贴金彩绘，色泽浓丽，华贵庄重，颇有大气。大殿正中是周公的塑像，头戴冕旒，手执镇圭，外套紫袍，仪态端庄，神情沉穆，气宇轩昂，将周公的大政治家气派表现得淋漓尽致。周公塑像的两侧分别立有伯禽的塑像和嘴上贴有封条的金人像。伯禽塑像无可称道，而那尊金人像却每每引起观者的注意和深思：嘴巴被封，这已经让人称奇。而金人背面的铭文，更让人读来心动："戒之哉，戒之哉……"显而易见，所戒者肯定是妄言狂语。据说，一心奉公为国的周公痛感自己屡屡遭人诽谤诬陷，临终之时特地嘱咐伯禽要深知政坛险恶，谨言慎行，以免祸从口出，所以便有了这尊金人像及其背后的铭文。这个传说的真实性，已无从考证，但它所反映出来的问题，却是饶有意味的。我国从很早就有所谓"君子敏于事而慎于言""君子不妄言"等圣人之训，这不仅仅是对个人品德的要求，同时也是对君主专制制度下政治生活的一种指控。在君主专制制度下，帝王是一言九鼎，而臣子则人微言轻，一言一语不合君意，轻则丢官失爵，重则被杀头治罪。所以，祸从口出就成为千年古训，谨言慎行就成为历史上许多庸臣的护身法宝，君子应有的坦荡正直被视为狂狷。元圣殿中的这尊金人像，其实完全可以看作反映中国古代君主专制制度下政治之腐朽、黑暗的一个绝好物证。

由于地处圣人故乡，所以曲阜周公庙退居配角，一向不大被人们注意。其实，曲阜三孔等处已太过熙攘，而周公庙的相对冷清，反倒为游人思古提供了可能。所以，如果你有机会走到曲阜，一定不要忘了要先去周公庙看看。

2. 洛阳周公庙

唐武德元年（618 年）九月，被瓦岗军将领李密包围在东都洛阳的隋将王世充为摆脱困境，“诈称左军卫士张永通三梦周公，令宣意于世充，当勒兵相助击贼。乃为周公立庙，每出兵，辄先祈祷”。（《资治通鉴》）王世充修建的周公庙就是今天洛阳周公庙的前身，它位于河南省洛阳市老城西关外定鼎南路中段东侧。

“阶前台榭余芳草，门外山川映古林”，这是古人描绘昔日周公庙景色的诗句，今天的周公庙虽然已经失去了古柏森森、芳草茵茵的宜人景色，但它仍是洛阳市内一处保存较为完好的古建筑群。据记载，周公庙在隋末唐初建成后，又于唐贞观年间、明万历年间、

图 6-7　洛阳周公庙

清康熙年间进行了重修和扩建，现存有大殿、二殿、三殿及东西厢房等建筑，基本上保持了明清的建筑风格。名为“定鼎堂”的大殿是周公庙的中心建筑，为祭祀周公的场所。它面阔五间，进深三间，为单檐歇山式屋顶，上覆绿琉璃瓦，从其建筑构件如斗拱、柱头等看，具有明代建筑的典型风格。大殿庄严雄伟，气势宏大，与周公大政治家的地位十分相符。殿内正中原有周公石刻像，左右配祀其弟召公和毕公，两侧站立周公的儿子伯禽和君陈，现在都已被毁坏了。

周公庙历尽沧桑，是许多重要历史事件的见证人。明末崇祯十四年（1641 年），李自成率农民起义军攻破洛阳，大营就设在周公庙内，之后在周公庙的大道边处死了恶贯满盈、民愤极大的福王朱常洵和南京兵部尚书吕维祺，至今庙内还有一块“明大司马赠太傅吕忠节公殉难处”碑，记述了吕维祺被处死的经过。

如今，周公庙以崭新的面貌呈现在我们的面前，它已经被辟为洛阳周公庙博物馆，成为在洛阳周公庙的基础上建立起来的一座弘扬周公文化、展示周公史迹的专题博物馆。这对周公庙来说，无疑是一个非常适宜的安排。因为在全国众多的城市当中，唯有洛阳是经过周公本人亲自规划的，他还直接参与了洛阳（洛邑）的营造。在还政于成王之后，周公又曾在洛邑（今河南省洛阳市）居住了数年，替成王镇守广大的东方。总之，可以说周公对洛阳城市的早期开发做出了巨大贡献，在他的祠庙里兴办一座纪念周公的博物馆，不啻是对周公的一种最好的纪念。

3. 岐山周公庙

岐山周公庙位于陕西省岐山县城西北的凤凰山南麓。《诗经》中曰：“有卷者阿，飘风自南。”指的是东、西、北三面环山，仅南面与平地相通的地形特征。凤凰山就是这样一种地形，好像一只簸箕，因此这个地方自古被叫作卷阿。周人发祥于岐山，周人的始祖后稷，原来居住在邰（今陕西省武功县），到公刘时迁到豳（今陕西省旬邑县）。公刘之后又九世的古公亶父为了躲避北方戎、狄的侵扰，率领族人迁到了岐山之南的周原（今陕西省岐山县）一带。

一直到西周灭亡，这里都是周人的政治活动中心，周公庙就是处在这样的环境之中。

岐山周公庙最早是在隋唐时期营建的，历代屡有兴废，目前所见的庙宇建筑是清代修建的。整个建筑较为朴素简洁，由大门、庑廊、戏台、献殿、寝殿组成。献殿与寝殿为主体建筑，雕梁画栋，红墙碧瓦，民族传统特色鲜明。庙中种有楸、柏、槐、杨等高大的树木，其中许多还是汉唐时期栽种的，庭院中古树千姿百态，衬托出幽翳肃穆的氛围。

庙中竖立着唐宋以来的历代石碑刻数十通，这些石碑刻是珍贵的文物遗存，唐宣宗大中二年（848 年）敕赐润德泉答诏、凤翔节度使崔琪奏状、谢表等石刻尤为宝贵。此外还有历代文人雅士题咏周公庙的碑刻，既反映了后人对周公的景仰，又是了解这些文人雅士生平与艺术的绝好资料。其中宋代大文豪苏东坡写有关于周公庙的诗，诗曰：“吾今那复梦周公，尚喜秋来过故宫，翠凤旧依山硉兀，清泉长与世穷通。至今游客伤离黍，故国诸生咏雨蒙，牛酒不来乌鸟散，白杨无数暮号风。”诗中描述了宋代周公庙的情景，既是艺术创作，又是珍贵的历史文献。

图 6-8　岐山周公庙天下归心牌坊

岐山是周公的出生地，也是他的采邑所在地，在这里建庙祭祀他，自有其特殊的意义。

六 留坝张良庙

“豪杰今安在，看青山不老，紫柏长存，想那志士名臣，千载空余凭吊处。

神仙古来稀，设黄石重逢，赤松再遇，得此洞天福地，一生愿作逍遥游。”

当年，冯玉祥将军来到位于陕西省留坝县的张良庙拜谒，感触颇多，挥毫留下了这阙题词。

张良（约前250—前186），字子房，秦末汉初时人，是汉高祖刘邦的龙兴之臣，与萧何、韩信共享“汉初三杰”的美誉，刘邦对张良十分器重，曾经说过“夫运筹策帷帐之中，决胜于千里之外，吾不如子房”。（《史记·高祖本纪》）张良本是战国时韩国的贵族，秦始皇灭韩以后，他图谋复国，与力士在博浪沙（今河南省原阳县东南）刺杀秦始皇，但没有成功。秦末农民战争中，他跟随刘邦屡出奇计，为大汉一统天下发挥了重要作用。汉朝建立后，张良受封为留侯。

图6-9　留坝张良庙（陈大钢绘）

张良庙位于柴关岭南麓、紫柏山东南脚下，距留坝县北17千米处的庙台

子街上，相传是张良辟谷的地方。分别发源于柴关岭和紫柏山的两条小河在此形成钳状，张良庙就建在这两河的交汇之处。四周群山环绕，苍松翠柏，浓荫蔽日；庙外水声淙淙，清新秀丽。

张良庙又称留侯祠，始建于汉代，隋、唐、宋各代进行过大规模的重修、扩建。清康熙二十二年（1683年）再次重建，形成了现在的格局。张良庙共有六进院落，房屋150多间，都是明清时期的建筑。张良的一生，颇有传奇色彩，其中张良与黄石公的交往是最具神秘性的一节。据《汉书·张良传》记载：一天，张良正在散步，走到圯桥，碰上一位穿着十分普通的老者。老者看到张良走了过来，故意把鞋子一下子甩到桥下，对张良说："娃娃，把鞋给我拿上来。"张良看他年纪这么大，就忍气下桥把鞋捡了上来。谁知，老者又说："给我穿上！"张良又跪下去把鞋给他穿上。老者什么也没说，笑着走了。张良十分纳闷。过了一会儿，老者又走了回来说："孺子可教矣。五天后早晨在这儿等我。"一连两次，当鸡鸣头遍张良来到桥上时，老者已经在等他了。老者十分不悦，仍叫张良五天后同样时间等他。张良可不敢怠慢，半夜就守在圯桥上等着。老者来了以后，看张良在等他，十分高兴，随后拿出一本书送给张良，说："读此书可以做帝王师。"说完便扬长而去，这位老者就是黄石公，张良看到的书就是《太公兵法》。张良庙内的许多建筑都是依据这段传奇故事而建造的，其中主要有进履桥、拜石亭、授书楼等。

进履桥是连通大门和二门之间的一座木桥，桥下有水，桥上有亭，"进履"意指张良在圯桥给黄石公拾鞋的经历。大殿在二门以内，是全庙的中心建筑，由两个四合院组成。前边为拜殿，专做诵经朝拜焚香祭祀之用。大殿在后，面阔三间，为歇山式顶，正脊高高抬起，檐角上翘；檐下正中悬挂"相国神仙"黑底金字大匾。拜石亭在大殿左侧的北花园内，亭子为六角形，取张良拜黄石公之意。亭内墙壁上嵌刻有明隆庆五年（1571年）的《怀山歌》石碑一方。经拜石亭左侧的回云亭拾级登山，沿曲径盘道过草亭就来到了授书楼。授书楼建在一百多米高的山上，恰好位于紫柏山的正中，所以称为“紫柏中峰授书楼”。“授书”指的是张良在圯桥遇黄石公后，黄石公授给他《太公兵法》一书，教他兵法战策。张良勤学苦记，寒暑不辍，终于成就大业。授书楼位于张良庙的最高处，用大理石和南阳玉砌筑而成。在楼上，极目远眺，山峦起伏，松柏苍翠，景色宜人，真似仙境一般。

张良庙内还有灵官殿、方丈院、五云楼、辟谷亭等，整个建筑更多地表现了道教建筑的艺术风格。张良庙虽然是祭祀留侯的，但史载张良辟谷，道引轻身，显是崇尚黄老道术之人。后世的道人往往非常乐意把张良引为同好，甚至视为前辈仙人，于是，张良的形象频频出现在道教宫观之中。留坝县的张良庙早期曾被道家占据，建有许多道教建筑也是顺理成章的了。此外，紫柏山顶上还有张良老庙数间房舍，由于山高不易攀登，才修建了山下这座祠庙。

祠院内古雅清幽，建筑庄严宏丽，“收秦关百二山河，奇谋独运；辅汉家统一事业，功成不居”的留侯功高百代，为后世所景仰，供人们瞻仰、祭祀的张良庙也流芳百世。

七 云阳张飞庙

张飞是深受百姓喜爱的传奇性人物，这不仅因为他对君忠，对友义，也不仅因为他英勇与威猛，还因为他率直、真诚、坦荡。相对于他的两位结义兄长来说，张飞的祠庙较少，但位于重庆市云阳县的张飞庙却有不少超乎刘备和关羽祠庙之上的地方。

张飞庙又被人们叫作张桓侯庙，它前临浩瀚的长江，背靠风景秀丽的飞凤山麓，和北岸的云阳古城隔江相望。张飞庙依山取势，前边是危崖峭壁，整个建筑拔地而起，楼台亭阁，纵横交错，山岩之上亭阁矗立，绿荫之中楼台掩映，画栋雕梁，一派辉煌气象，享有“巴蜀一胜境”的美誉。

关于张飞庙的建立，老百姓口中流传着一个动人的故事：关羽遇害后，张飞随刘备兴兵伐吴，为关羽报仇。张飞接到刘备伐吴的命令后，严令三军赶制白旗白甲，挂孝出征，限期三日完成，否则杀头。范疆、张达对此命令提出反对，遭到张飞的鞭打，二人怀恨在心，趁张飞酒醉沉睡之时，刺死了张飞，割下他的头颅，投奔东吴。当二人在半路上听说东吴向刘备求和的消息后，进也不是，退也不是，索性把张飞的人头扔进长江逃走了。张飞的人头随波逐流，漂到云阳时，被一位老渔翁捞了上来，老者一看，吓得又扔进了江中，谁知人头就在老者船边打旋，不再往下漂了，老渔翁吓

图 6-10　云阳张飞庙大门（陈大钢绘）

得赶紧回家了。夜里，老人梦见有人跪在面前，泪流满面地对他说："我是张飞，被人所害，我生是蜀国人，死是蜀国鬼，那颗人头就是我，请把我埋在蜀国土地上吧！"老人一下惊醒了，急忙回去捞出人头，将其安葬在飞凤山下。云阳百姓敬仰张飞，修了一座小庙纪念他。千百年来，人们都为这传说而感动，不断修整、扩建张飞庙。

据史载，张飞庙最早建于蜀汉末年，与上述传说中的时代大致相符，距今已有1700多年的历史。经历代的不断修葺，现在保存的张飞庙为宋、元、明、清四代的建筑，主要有结义楼、望云轩、

正殿、助风阁、得月亭、杜鹃亭等，整个建筑群依山而建，参差错落，飞阁崇楼，碧瓦朱门，雄踞江岸，气势宏壮，很好地映衬出张飞神武勇猛的形象。

结义楼在山门以内，很明显，它的名字取自于刘备、关羽、张飞桃园三结义的故事。整个建筑飞檐挑阁，面临长江，气势雄伟，登楼远眺，巴山蜀水尽收眼底。结义楼之后是正殿，为张飞庙的主要建筑，而且是最高的建筑。大殿内的张飞塑像十分引人注目，像有 3 米多高，需仰视才能一窥全貌。张飞身子向左前方微侧，一手按在膝上，一手握拳，右脚内收，左脚伸出，尤其脸部的刻画极为生动：环眼圆睁，浓眉倒竖，一脸怒气面对长江，好像正提枪上马，杀奔东吴为兄长报仇雪恨。整尊塑像生动传神，性格鲜明。看着这塑像，人们不禁会为张桓侯那疾恶如仇、铁骨铮铮的不屈精神而动情。

张飞庙中最具传奇色彩的建筑要数助风阁了，这是一座五角形亭阁，它的名字来自一个关于张飞的传说。相传张飞的头颅在此处安葬后，为了报答渔翁和云阳百姓为自己修坟建庙的恩德，他就在长江上保佑来往的船只。从张飞庙前的三旋沱到上游的三靶溪，每天上午张飞都要吹上 30 里顺风，让大小船只顺利通过，所以这座亭阁名为“助风阁”。现在庙前还有块石碑，刻有“三十里风，舟船助顺”的铭文。当然这并不是张飞在“吹”风，只是一种自然现象而已，因为江峡特有的地形和温差形成了空气的定向流动。把这种现象说成是张飞神助并以此建阁纪念，无非出于人们对张飞的崇敬之情，反映了一种独特的民俗崇拜现象。

除了这些传说，云阳张飞庙内的书法石刻也是珍贵的文物。这里有近 200 块石碑、摩崖石刻，200 多幅木刻书画。著名的要数唐代大书法家颜真卿的行书《争坐位帖》了，颜氏草书与他行世的颜体楷书一样，久负盛名，该帖是颜真卿的代表作品之一，也是我国古代书法艺术中的名作。其他的还有苏轼书写的前后《赤壁赋》、黄庭坚的《幽兰赋》，均是名家名作。这些书法石刻与张飞一文一武、相辅相成，相得益彰。

云阳张飞庙作为长江沿岸的著名景点，游客往来，络绎不绝。由于要兴修三峡工程，张飞庙被划在了淹没线以下，在有关部门的精心安排下，张飞庙被整体搬迁，依其原状重建于云阳县的盘龙镇龙安村。现建筑坐东南朝西北，北面为长江，与云阳县新县城隔江相望。因山体地形的限制，庙宇的平面布局只能分上、下两层台基依山势错落建造。我们相信，这座千年古庙，虽然异地迁建，但得到了很好的保护与利用，一定会在未来的岁月中大放异彩。

图 6-11　云阳张飞庙

八 代县杨业祠

中国历史上有许多可歌可泣的人物，他们的事迹往往不是通过史书让平民百姓了解，更多的是用文艺的方式使之家喻户晓，流传久远。杨家将就是通过这种方式深深地扎根于普通百姓的心中。杨家将的故事在民间广为流传，它的传播多是通过评话、戏曲、小说等文艺形式来实现的。在人们看来，杨家将已不是一群普普通通的人物，而是转化为一种人格力量，一种能够激励民族奋进的精神力量。一提起杨家将，人们就会十分兴奋，就会脱口而出杨老令公、佘太君、杨六郎等一串名字，言谈中流露出无比的崇敬与自豪。

杨家为世家，是麟州（今陕西省神木市）地方势力的首领。杨业（？—986），初名重贵，后来被他父亲杨弘信送到太原刘崇的北汉政权做了刘崇之子刘钧的养子，出任建雄军节度使，守卫北边，英勇善战，号称“无敌”。北汉灭亡后，降宋，恢复杨姓，单名为业，出任知代州兼三交驻泊兵马都部署，多次出兵大败契丹军。北宋太宗雍熙三年（986年），宋军大举北伐，杨业率军收复了云、应、寰、朔四州，但因东路宋军战败，奉命撤退。由于主帅潘美和监军王侁的错误指挥，杨业被敌军困在陈家谷口（今山西省宁武县），中箭受伤被俘，他坚贞不屈，绝食3天而亡。他的儿子杨延昭（即杨家将故事中的杨六郎）、孙子杨文广在与辽、西夏的战斗中英勇善战，屡建功勋。杨家的不朽功绩在民间广泛流传，经过民间艺人的加工，逐渐形成了完整的杨家将故事。

人们崇敬英雄，希望通过祭拜他们来祈求国泰民安，于是从宋辽时期起，人们便为杨家将建祠造庙。杨氏子孙的后代也时时追念先人，而朝廷更乐意为这样一位忠于君王的贤将树碑立传，以励世风。元至元十六年（1279 年），杨家的十七世孙奉旨在杨家将战斗、生活过的代州（今山西省代县）建了一座祠庙，称杨忠武祠。明、清两代又经不断修葺，形成了如今的规模。

杨业祠庙门三间，“奕世将略”“一堂忠义”“三晋良将”三块金字横匾一字排开，悬挂在前檐，正中门楣上是盘龙蓝底竖匾，上书“忠武祠”三个金字，十分醒目。祠堂分为前后两个院落，规模严整，保存完好。前院东、西、北各有堂屋三间，是祭祀杨业后代的地方，后院正殿为五间，两庑厢房各有三间。正殿内供奉杨业和佘太君，廊柱上一副对联概括了杨老令公的丰功伟绩：“丰功伟烈著边疆，勇冠千军称无敌；浩气英风留古塞，声威万代佩专城。”对联写得气势磅礴，掷地有声，与杨业一文一武相得益彰，字里行间让人感受到一种无形的力量。殿内台上正中是杨业夫妇塑像，乃文乃武，英武端庄。两侧是杨家八郎的塑像，东、西、南三面站立着杨家历代名将 22 人，威武英俊，神采奕奕。

祠中有碑刻 4 块，其中有元天历二年（1329 年）赵鹤鸣撰写的《龙虎卫上将军杨友碑》和《杨族世系碑》，极有史料价值。杨氏宗卷也是较珍贵的文物，包括宋孝宗乾道元年（1165 年）加封杨存中昭庆军节度使敕令一件，杨时、杨存中等画像 5 幅，范仲淹赞杨家将诗 5 篇。这些遗存既是研究宋代历史可资借鉴的实物资料，又是研究杨氏家族历史面貌不可多得的宝贵材料。

九 合肥包公祠

合肥环城公园是利用原古城墙基址和护城河水系而建，它设计精巧，景色秀丽。名满天下的包公祠，就坐落在安徽省合肥市南环城的包河景区。

包河原是合肥城南的一段护城河。相传北宋仁宗皇帝顾念包拯居官清廉，家境不丰，曾经有意把千里巢湖赏赐给包家，包拯坚决不受，但皇恩浩荡，最后包拯只好接受了家乡的这段护城河。不过，河水不是田产，包家不能靠此脱贫，其后代子孙多依河而居，靠捕鱼、挖藕为生，所以这段护城河便有了包河的美称。

穿过包河景区的山门，但见碧水萦回，绿荫匝地，风光旖旎，宛如江南。沿着翠色笼烟的杨柳小道西行不远，就来到了著名的香花墩。这个小岛背依环城南路，三面临水，莲荷盈盈，蒲苇数里。相传包公当年家居合肥时，淝水流经他的屋后，包公在临河的一个土墩上种草栽花，筑屋读书，时人雅称其地为“香花墩”。明嘉靖年间，包公祠由城内落水桥畔迁至此处，香花墩的美名也随之而来。

绿树掩映之中的包公祠是一处四合院建筑，粉墙黛瓦，古朴素雅，宛如民居。绕过照壁墙，便是三开间八字形的大门，一块“包孝肃公祠”的大直匾高悬其上，甚是夺目。“孝肃”是包拯死后的谥号，史载包拯为尽孝于父母，在进士及第后曾辞官不仕长达10年，直到39岁时才离乡为官，是当时天下知名的孝子。他在25年的宦海生涯中，始终克己奉公，清廉刚直，被誉为清官的典范，所以在他去世之后，宋仁宗不仅加封他为东海郡开国侯，追授礼部尚书，

图 6-12 合肥包公祠（朴识摄）

而且还赐美谥以为表彰。祠两侧外廊门拱上分别刻有“廉顽”“立懦”四个大字，它们与黑漆大门上那副“忠贤将相，道德传家”的对联交相辉映，集中体现了封建时代对包拯其人的最高评价。

进入大门后又过长桥，迎面马头高墙耸立，一门洞开，其上又有楷书砖雕直砌“包孝肃公祠”五个金光闪烁的大字，这便是包公祠的二门。入得二门，天井深阔，人们一眼便可见包公的塑像端坐于五间正殿的中央，古铜色的面庞神情坚毅，正气凛然，令人肃然起敬。几块大横匾上金字闪光，“高风岳立”“色正芒寒”“庐阳正气”“节亮风清”，尽是对包拯的讴歌之辞。可惜这些陈设皆是“文化大革命”后的重造之物，虽然不乏感人之力，但却说不上具有什么文物价值。相比之下，倒是嵌于正殿右壁的一块石刻画像显得弥足珍贵。

这幅石刻画像所刻人物头戴乌纱帽，身着朱袍，脚蹬粉底靴，方脸白皙，眉目疏秀，长须飘然，手持朝板而立，于威严之中又见慈祥，这幅画像正是包拯任开封知府时请画师绘下的真容。晚清时期，太平军与清兵两度争战庐州（今安徽省合肥市），包公祠化为灰烬。1882 年，回合肥居母丧的直隶总督兼北洋大臣李鸿章捐银 2800 两，重修了包公祠，形成了今日的格局。当时的一位安徽学使以传世的包公画像的范本，请人临摹刻制了这块石画像，因此后人可以一睹白面包公的风采。细观此画，人们不难发现，包公的身材非但不如印象中的那般雄壮高大，反而是比较矮小的，因此，便会觉得他头上的帽翅似乎过长。对于这一点，过去包氏的后人有一个颇为自豪的解释：据说包公任开封知府时，常因断案之需亲临现场，百姓闻讯后都来争看包公的官仪，往往把身材不高的包公挤得寸步难行。皇帝获知此情，便赐给包拯一顶特制的乌纱帽，其上的

图 6-13　合肥包公祠内景（陈大钢绘）

帽翅长出其他官帽 3 寸。同时又下令说，今后凡是碰到包拯之帽翅者，一概杀无赦。爱民如子的包拯唯恐殃及无辜，每逢步行办案之时，辄令随从高声宣呼皇帝敕命，使百姓让路避祸。如此说来，这过长的帽翅反倒成了包公仁德的象征了。

正殿两侧的厢房中陈列着不少与包公有关的文献与文物，但摆放在正殿西侧的三口大铡刀和位于正殿东头的廉泉亭，似乎更能引起一般游客的兴趣。龙、虎、狗三口大铡刀的来历，早已为人们所熟知，这里不再赘述。而“廉泉”则指祠内的一口古井，传说此井之水因沾了包公的灵气，而具有彰善惩恶的神奇功能，凡为官清廉者饮此井水，但觉味寒而香烈，心旷神怡；而贪官污吏饮此井水便立刻头痛不止。合肥的一个剧团依此创作了《廉泉试官》的历史剧，上演时场场爆满，大受欢迎。到过合肥的人们，大多都知道包河藕和包河鱼是当地有名的特产。七孔的包河藕味道甜美，而且断之无丝，使“藕断丝连”的成语在此不能成立；包河鲫鱼则脊背乌黑，与普通鲫鱼的青褐色脊背迥然有别。当地人便附会说，因为包公铁面无私，所以连包河里的鱼也黑背，藕也无丝（私）。

上述传说虽是虚构附会之作，但确能与历史上包拯公正廉明的形象相吻合。他曾专门向皇帝写了《乞不用赃吏》等奏疏，大力抨击贪官污吏对国计民生的危害。临终之前，包拯又写下如此家训：“后世子孙仕宦，有犯赃滥者，不得放归本家；亡殁之后，不得葬于大茔之中。不从吾志，非吾子孙。”他要求将此遗嘱刻石嵌于堂屋东壁以昭示后人，表现出了在他那个时代难能可贵的高风亮节。

距包公祠西面约 500 米处，有一座包公墓园。不少人起初都误以为这里只是一个纪念性、象征性的包公衣冠冢，其实非也。安葬在这里的，确确实实是包拯的遗骨，这是一座名副其实的包公迁葬墓。细说起来，其中还有段令人心酸的往事。

宋仁宗嘉祐七年（1062 年），包拯病故于开封，次年八月归葬合肥东郊的公城里东村（今称大兴集）。不料 67 年后，包拯墓竟被南犯的金兵捣毁。悲愤的包氏后人在距离原墓 30 米远的低下

之地又挖了个深坑，将包公遗骨及被金兵砸碎的墓志重新安葬。为保护祖先，他们还在这座墓的上首堆了个假坟头，所以，从南宋中期以后，人们便把包公夫人董氏之墓误以为包公墓而瞻仰和祭奠。1973年，附近的一家工厂扩建征地，包家坟地悉在其中。省文物部门为保护文物，先行发掘清理，终于发现了包公的遗骨和墓志。当时曾有人建议将包公遗骨迁回肥东县解集乡的包公故里下葬，但却被人视为搞封建宗族活动而横加斥责和阻挠。在这种情况下，包公的遗骨只能存放于合肥的一位包氏后裔的屋檐下。后来，包氏后人在一个月色朦胧的夜晚，将包公遗骨装上一辆平板车，偷偷地埋葬于解集乡的龙山脚下。直到1987年，合肥市相关部门才仿照北宋二品官的葬制，在包公祠附近新建了这座包孝肃公墓园。在中国古代的名人当中，身后有如此曲折而神奇之经历者，恐怕只有包拯一人。自南宋以来，包公便不断被人神化，但在这座墓园里，人们却可以实实在在地感觉到历史的真实。所以，如果你到了香花墩，包公祠与包公墓是不能不去的。

十 杭州岳王庙与汤阴岳庙

靖康耻，犹未雪。

臣子恨，何时灭！

驾长车，踏破贺兰山缺。

壮志饥餐胡虏肉，

笑谈渴饮匈奴血。

待从头，收拾旧山河，朝天阙。

读着这慷慨激昂、壮怀激烈的词句，谁能不为岳飞的一腔爱国深情而感动呢？岳飞“精忠报国”的事迹为世人所熟知，人们尊敬他，爱戴他，对他加以奉祀。

岳飞（1103—1142）是我国南宋时期著名的抗金将领，字鹏举，相州汤阴（今河南省汤阴县）人。宋室南迁以后，岳飞率军抗击金兵，收复失地，反对与金人议和，与投降派展开斗争，后受诬下狱，以莫须有的罪名被杀害。但人们没有忘记他，宋孝宗即位后也为他昭雪，立庙奉祀。岳飞被人们当作忠义的化身，受到百姓的尊崇。他的祠庙有两座最为著名，一座在他的故乡河南汤阴，一座在他的葬地浙江杭州。此外，全国其他地方也有为纪念岳飞而立的祠庙。民间传说岳飞是忠义神武的关羽转世，所以把他和关羽合祀，称作关岳庙（如北京鼓楼大街的关岳庙）。

浙江杭州西湖之畔的栖霞岭下，长眠着岳王忠骨，岳王庙就坐落在这里。宋绍兴十二年（1142 年），岳飞遇害于风波亭，狱卒隗顺冒着杀头的危险，把岳飞的尸骨悄悄背出城外，安葬在钱塘门外九曲丛祠的北山坡上。二十年后，宋孝宗即位后，才给岳飞平反昭雪，将他改葬在栖霞岭下，这便是现在所见的岳坟。到宋宁宗在位时，岳飞被追封为鄂王，同时在其坟旁建起一座规模宏大的岳王庙。800 多年来，栖霞岭下的岳王庙几经兴废，历尽沧桑，现在所存的岳庙，大多为清代及以后重建的。

图 6-14　杭州岳王庙主殿

岳王庙由墓、庙两大部分组成。庙分为忠烈祠和启忠祠两部分，忠烈祠是奉祀岳王的主殿。大殿为重檐歇山式顶，中间挂着“心昭天日”的金底大匾。进入大殿，迎面正中是岳飞的大型坐像彩塑，高约4.5米，岳王一身戎装，身穿紫蟒铠甲，头上戴盔，二目圆睁，左手按剑，右手放在腿上。像的上方是岳王手书的“还我河山”巨匾，四字写得铿锵顿挫，刚劲有力，有一泻千里之势，表达出岳王心系北方，志在收复失地的耿耿之心。大殿的两壁上有明代洪珠写的“尽忠报国”四个大字，天花板上还画有370多只姿态各异的仙鹤，表达了岳飞壮怀激烈的事业心和忠贞不屈的凛凛正气。

岳庙前的精忠柏也似有灵性一般，成为岳飞坚贞不屈精神的象征。精忠柏位于岳庙正殿西面的柏亭内，现在所能看到的仅是八块柏树的化石。好端端的大树怎么会成为断开八截的化石呢？相传柏树原来在风波亭的前边，岳飞被害前，柏树枝叶繁茂，生机勃勃，而岳飞死后，枝叶却突然低垂下来，很快就枯死了。枯树历经元、明、清600多年，树干越变越硬，傲然挺立。太平天国时期，太平军攻下杭州后许多士兵突然生了病，吃了许多药也无济于事。后来，一位老者告诉他们风波亭旁的柏树皮可治这病。于是士兵们找到了这棵树，剥下一些树皮，煎汤服用，果然好了。太平军退走后，清军到了这儿，他们也生起了病，当知道这柏树皮能治此病后，也去剥树皮，但他们贪得无厌，将树皮大片大片地剥下，熬了几大锅浓汤，有病没病的都喝了，结果不仅有病的没治好，没病的也反倒病了。清军大怒，放火烧树，可却怎么也烧不着，树干反而更加坚硬。清军更加恼火，他们用大石头猛击大树，树被击成了八段。当地百姓乘夜把八段柏木收了起来，后来就建了这个“精忠柏亭”，把柏树的化石收存在里边，供人们瞻仰。人们传诵着这些动人的故事，感受着岳王精神的力量，为之震撼。人们都相信美好的东西，谁还会去辨析它的真伪呢?

启忠祠在忠烈祠的西边，是奉祀岳飞父母的地方。岳王庙的左侧设有庭园，有南北两道碑廊，陈列着125块石刻，是具有较高文物价值的遗存。北廊是岳飞的诗词、奏札手迹，南廊是历代名人的凭吊题咏。

从庭园过精忠桥，便进入了岳飞墓园。墓前有照壁一座，上书“尽忠报国”四个大字，甬道两边有石人、石兽相护。走上平缓的石阶，岳飞墓出现在眼前：墓前立一石碑，上写“宋岳鄂王墓”，墓周围遍植古柏，郁郁森森，浓荫蔽日，肃穆庄严。墓冢有石栏围护，正面的两根望柱上刻着一副对联：“正邪自古同冰炭，毁誉于今判伪真。”是啊，一个人的功过得失，历史是最好的证明，岳飞的丰功伟绩也不是秦桧之流所能掩盖得了的。

墓门的两侧有四尊生铁铸的跪像，这四个人就是诬陷、残害岳飞的秦桧夫妇、万俟卨和张俊，他们被反剪双手，低头跪伏在地，任世人唾骂。看看青山墓冢，再瞧瞧这几个卖国贼子的丑像，正应了墓阙石柱的那副千古名联：“青山有幸埋忠骨，白铁无辜铸佞臣。”

西湖美景甲天下，但它的美太过柔媚，太过华丽，以致鲁迅先生把它看作是“会消磨人的志气”的地方。屹立在西湖之畔的岳庙，无疑给西湖增添了几分阳刚雄伟之气，激发着人们精忠报国的豪情壮志。

河南汤阴是岳飞的故乡。明正统十四年（1449年），翰林院侍讲徐珵在巡游了岳飞故里以后，上疏请求为岳飞建祠。第二年春天开始正式兴建，于当年十一月完成，以后又经过多次重修、扩建，

图6-15 杭州岳王墓

岳飞庙的面积、规模不断扩大。坐落于河南汤阴县城西南隅的这座岳庙又称精忠庙，坐北朝南，共有六进院落，整体平面呈长方形，院落结构严谨，建筑精工，殿堂宏丽，亭台秀美，碑碣林立，古柏参天，刻绘铸塑多姿多彩。

汤阴岳庙在建筑布局上也是按照传统的中轴线对称排列，但它在具体的安排上却有自己的特点，虽名为岳飞庙，实际上却是与岳飞同时的名臣良将的合祀庙。正殿是全庙的中心建筑，专门奉祀岳飞；正殿后是贤母祠，纪念岳母姚氏；正殿左右分别为岳珂祠和张宪忠祠；贤母祠东西分别是岳云祠与孝娥祠；全庙的最前边是施全祠（施全曾行刺秦桧，被擒遇害）；庙的东北角有一独立的庭院，名曰“三代祠”，供奉岳飞的父母、祖父母和曾祖父母三代，可以说是岳家的家祠了。这样看来，岳飞庙中奉祀的人都与岳飞有着密切的关系，有他的亲人，有他的部将，也有为他申冤被害的义士。像汤阴岳庙这种在一个人的专祠中，有如此之多的陪祀祠存在，在其他地方还是不多见的。

汤阴岳庙的建筑精湛，为世人所称道。庙院的第一道建筑是精忠坊，该坊又叫棂星门，是一座建造精美、结构独特的木牌楼。牌楼为六柱三间五楼，呈八字形排列，从一面看，只有四柱三楼，而它是前后两面都有，向四面八方展开，风格独特，排列紧凑，飞檐斗拱，吻合严密。牌楼正中是“宋岳忠武王庙”匾额，两边的八字形墙上嵌有“忠”“孝”石刻擘窠大字。精忠坊威严庄重，体现了力量美与造型美的完美结合。

正殿是岳飞庙的中心建筑。大殿面阔五间，进深三间，单檐硬山式屋顶，覆绿琉璃构件。正脊是彩龙腾云，脊中为狮子宝瓶，两端饰龙形鸱吻，张口吞脊，背插宝剑，虽算不上壮丽辉煌，但却突出了大殿的庄重质朴与恢宏气势。

塑像是汤阴岳庙的又一特色。庙内塑像众多，男女老少，丑恶忠奸，造型准确，刻画生动，既有艺术性又有历史性。正殿内的岳王像，端然稳坐，头戴金盔，身穿战袍，臂露金甲，手握宝剑，

图 6-16　汤阴岳飞庙

英姿飒爽，气宇轩昂。贤母祠中的岳母刺字组塑逼真传情，岳母深明大义，忧国忧民，忍痛刺字“精忠报国”，勉励岳飞以身报国。同样，人们在缅怀忠烈的时候，也能看到奸佞的丑恶嘴脸。曾经陷害岳飞的秦桧等人也有塑像，秦桧、王氏、万俟卨、张俊、王俊五尊铁像并排跪在岳庙的山门前。五个人蓬头垢面，低头不语，袒胸露脐，双手倒剪。五跪像面朝北，与大殿内岳飞像正相对，人们痛恨这五个奸臣贼子，让他们永远跪在岳王脚下，接受世人唾骂，遗臭万年。此外，还有岳云、岳雷、张宪、施全、孝娥等人的塑像，或立或坐，或文或武，造型各异，各具特色。

汤阴岳庙内有碑碣、石刻近两百块，是既具艺术价值又有史料价值的珍贵文物遗存。这些碑刻的内容大多数是历代文人学士为颂扬岳飞而作的诗词歌赋，以及岳王的书迹。其中最早的一块石刻是明景泰三年（1452 年）的“岳穆王诗序碑”。留下书迹的人中既有开一代风气的大书画家董其昌，也有好附庸风雅的乾隆皇帝，而且乾隆皇帝还特别建了一座雍容华丽的御碑亭。岳飞的手书碑刻主要镶嵌在贤母祠的四壁上，“还我河山”刚劲有力，挺拔威武；《满江红》潇洒飘逸，神完气足；《宝刀歌》稳重劲健，落落大方。岳飞的传世书法墨迹十分罕见，从这些珍贵的手书碑刻中可以体味到岳王的精神气质和人格品德，确是文如其人，字如其人，此言不妄矣！

杭州岳庙是墓庙合一，建筑布局上体现了江南园林的特色，但又不失典雅庄严的肃穆之气；汤阴岳庙为宫殿式建筑，规模宏伟。杭州岳庙依山傍水，风景秀丽；汤阴岳庙身临闹市，傲然独尊。两座岳庙，一南一北，共奠忠魂。

十一 北京文天祥祠

“人生自古谁无死，留取丹心照汗青。”这两句诗千古传诵，激励了无数仁人志士，文天祥本人也以实际行动践行了自己的诺言。文天祥历来是坚贞不屈、精忠报国的爱国英雄的典范，受到人民的爱戴，不少地方都建祠以示纪念。

文天祥（1236—1283），字履善，号文山，吉州庐陵（今江西省吉安市）人。在他的家乡，有文氏祖族祠堂，堂内藏有文天祥画像和历代石刻多块，是研究文天祥生平的珍贵历史文物。南宋德祐元年（1275 年），文天祥听说元军东下以后，在赣州组织了义军开进临安（今浙江省杭州市）守御，第二年出任右丞相，奉命到元军营中谈判，被元军无理扣留。后来他设法逃出元营，到浙江温州北瓯江江心的一个孤岛上居住了一个多月，他在这儿召集温、台、处三地的仁人志士共商抗元大计。这里的人们为纪念他，于明成化十八年(1482 年)建造文信国公祠，现存祠庙为清代建筑，肃穆清雅，大殿里塑有文天祥像，神态自若，从容不迫。大殿四周有 8 幅壁画，反映了文天祥一生的活动。此外还有《正气歌》石刻和历代文人学士咏赞文天祥的诗文碑刻多方，都是较为珍贵的历史文物资料。

在纪念文天祥的建筑中，要数北京的文天祥祠最为著名了。文天祥从浙江辗转到福建、广东，与张世杰、陆秀夫等继续抗元，于宋端宗景炎三年（1278 年）在五坡岭（今广东省海丰县）被元军俘获，掳至大都（今北京），关在兵马司土牢中。在被囚的 4 年中，他与元朝统治者进行了不屈的斗争，《正气歌》就是在这段时间内写成的。元至元十九年（1282 年）十二月，文天祥在柴市（今北京市东城区府学胡同西口）英勇就义。明太祖洪武九年（1376 年），按察副史刘崧主持在柴市顺天府学右侧建造了文丞相祠。当时把柴市一带也改为教忠坊，“教忠坊”石刻现在就嵌刻在祠堂正殿的西壁上。明永乐六年（1408 年），朝廷把祭祀文天祥列入祀典，每年春秋两祭，由顺天府官员主持祭祀仪式，同时重修了祠庙。到明万历年间，祠堂由府学右侧迁到了左侧，规格进一步提高。清嘉庆、道光年间都不断对祠堂加以修缮，保存至今日。

图 6-17　文天祥祠“教忠坊”石刻（龙霄飞摄）

文丞相祠坐北朝南，自南向北由大门、过厅、享堂（正殿）三部分组成，现有面积近 600 平方米。穿过牌楼式大门就是过厅。过厅正中为文丞相彩塑像。在建祠的时候，文天祥塑像着儒服，后来才改为宋丞相的官服：头戴高冠，手执笏板，面容安详，双目炯炯有神，直视南方，三绺黑须飘洒胸前，一派儒雅风范。塑像反映出的是正统思想，似有千篇一律之嫌，不足以表现出文丞相的精神力量，不知建祠当初的儒服像是什么样子，想来应比现在的塑像更有独特风格吧！过厅现已辟为文天祥生平展览室，从中可以看到文天祥壮烈的一生。雅室虽小，但却洋溢着一种巨大的人格力量。

图6-18　文天祥祠大门（龙霄飞摄）

过厅里面保存了历代石刻等珍贵文物，最著名的莫过于东壁上嵌刻的唐代大书法家李邕所写的《云麾将军李秀碑》断碑二块础石，很有艺术价值。北墙前有明代的《宋文丞相传》石碑，清《重修碑记》石碑及《宋丞相信国公像》碑，都是研究文天祥的宝贵实物资料。

过厅后面的一座灰筒瓦悬山顶的建筑便是享堂了，这里是举行祭祀仪式的地方。树，是祠庙中不可缺少的，文丞相祠内种的并不是郁郁葱葱的松柏。祠内现存有枣树一棵，位于享堂前东侧，相传是文天祥被囚于兵马司时亲手栽种的。这棵枣树的奇特之处就在于它尽管枝干虬曲，但却都自然倾斜向南，与地面成约 45 度角，似乎也在学着主人“臣心一片磁针石，不指南方誓不休”的精神。

虽然文天祥去世已经 700 多年了，但他那正气凛然、坚贞不屈的气概却深被每一个中华儿女所钦慕。面对着文天祥的塑像，耳旁仿佛又听到他慷慨的吟叹：“辛苦遭逢起一经，干戈寥落四周星。山河破碎风飘絮，身世浮沉雨打萍。惶恐滩头说惶恐，零丁洋里叹零丁。人生自古谁无死，留取丹心照汗青！”

图 6-19　文天祥祠享堂（龙霄飞摄）

十二 扬州史可法祠

明朝末年，清军入关，直逼南明小朝廷。明弘光元年（1645年）四月十五日，清军由豫王多铎率领，兵临扬州城下，形势十分危急。坐镇扬州的抗清名将史可法应付自如，他在梅花岭召开了誓师大会，下定决心与清军一决高下。他带领军民构筑工事，并亲自守卫要冲西门。清军多次派人劝降史可法，史可法都严词拒绝，不为高官厚禄所诱惑。恼怒的清军开始攻城，经过10天的激战，明军寡不敌众，清军从扬州城西北角攻进城内。史可法曾想自杀殉国，但未死，被部将拥至小东门，正碰上杀入城中的清兵，史可法高声呼叫："我就是史可法！"这样他被清军捉住。多铎再次劝降，史可法断然拒绝，怒斥道："吾头可断，身不可屈，愿速死……我意已决，即碎尸万段，甘之如饴……"豪迈之言掷地有声，铿锵作响，气吞山河。史可法以42岁之年殉国，死前曾有遗言："我死当葬梅花岭上。"

梅花岭在古城扬州广储门外，是明州官吴秀浚河时堆土而成的小山，因为当时在土坡上种了许多梅花树，每逢梅花盛开，满坡红艳傲傲，所以这里就有了"梅花岭"的美名。著名学者全祖望有《梅花岭记》传世，记述了史可法与梅花岭的一段生死情结。从此，史可法与扬州梅花岭难解难分，几乎成了同义词。史可法的祠墓就坐落在梅花岭上，称史公祠，又叫史可法纪念馆。

史公祠在梅花岭天宁寺东侧，这里在明代是为诸生讲学的"崇雅书院"，到清雍正年间重建为"梅花书院"，著名的桐城派领袖姚鼐就曾在此讲学传道。清乾隆年间，清廷统治者开始褒扬明末死节的忠臣烈士，贬抑降清的“贰臣”。史可法由此而受到朝廷的重视，被追谥为“忠正”，普通百姓也可以名正言顺地祭拜史公了。在清乾隆三十三年（1768 年），扬州人为纪念史可法将此地建成了史公祠。史公祠坐北朝南，分为祠和墓两部分建筑。祠堂在西，墓茔在东。围墓冢建有飨堂、读书楼、遗墨厅等，祠堂内有桂花厅、牡丹阁、芍药亭等建筑。

迈入史公祠大门，首先映入眼帘的是甬道左右两棵高大参天的银杏树，往后可以看到庄严的飨堂和飨堂之后的墓丘。两棵银杏树生机勃勃，枝繁叶茂，坚壮挺拔，高耸入天，仿佛也体现着史公坚贞不屈、傲然独立的铮铮铁骨。抬头便可见“史可法纪念馆”六个大字，是朱德的手迹。两旁的檐柱上悬一副长联：“时局类残棋，杨柳城边悬落日；衣冠复古处，梅花冷艳伴孤忠。”这副对联点明了史可法当时的处境与身后的际遇，可谓贴切而精到。进入飨堂，“气壮山河”四个大字扑面而来，气势非凡。原先举行祭祀史公仪式的地方，现在已改变为史公事迹陈列室。香烟缭绕中的繁缛仪式变成了清静雅致中的事迹陈列，不是更能让人们了解史公，传承史公的精神吗？难道不是对史公最好的纪念方式吗？明代扬州城池图中，十座高耸的城门和环城的城河告诉人们史公曾为保卫这一古城而浴血奋战；铁炮炮身拓片展示了史公的赫赫战绩；头戴乌纱，身穿红袍的史可法画像让人们直观地、正面地领略到了英雄的英烈与气概。此外，不可多得的史公的书法墨迹和玉带片都从不同侧面展现了一位英雄的风采。

穿过飨堂就看到一座砖牌坊，上面嵌有隶书“史忠正公墓”五字石刻，两旁有短墙围护，牌坊后就是墓茔封土，前立石碑，上书“明督师兵部尚书兼东阁大学士史可法之墓”。其实墓内并没有史可法的遗骸，而仅是一座衣冠冢。这是怎么回事呢？原来当年史可法英勇就义后，他的养子史德威因找不到其父的尸骨，便把史可法生前穿用过的衣物埋葬在了梅花岭，就是现在的墓冢。墓周围种满了梅花、松柏，象征史可法忠贞不屈。北侧有梅花石

图 6-20　史公祠飨堂

刻 4 块，左右各开一月洞门，上嵌“梅花岭”石额，门外便是梅花岭土阜。梅花岭是当年史可法抗清誓师的地方，也是最能引发人思绪的所在。

站在梅花岭上，一种敬意油然而生。每当梅花盛开之时，冷艳清香，沁人心脾。梅花的傲骨与节操不正是史公忠心铁骨的绝好写照吗？

十三 台南郑成功庙

宝岛台湾是中国的一颗明珠，美丽如画，风光旖旎，它一度被外国殖民者强占。台湾人民不会忘记，是郑成功赶走了荷兰殖民者，使宝岛回到了祖国的怀抱。郑成功，是我国杰出的民族英雄，受到了举国上下的钦慕，特别是台湾民众更对他寄予了深切的情感。在台湾，为纪念郑成功而建的祠庙有 50 多座，其中台南市的郑成功庙以时代最早、祭祀最隆盛而备受国内外的瞩目。

郑成功（1624—1662），原名森，字大木，福建南安人，明末清初曾高举旗帜反清复明，以金门、厦门为根据地，连年出击粤、江、浙等地，后战败。明永历十五年（1661 年）率领数万人从厦门出发去台湾，围攻荷兰殖民者，经过 8 个月的战斗，将荷兰殖民者赶出了中国。郑成功在台湾建立政权，推行屯田，促进了台湾社会经济的发展。不幸的是，郑成功在收复台湾 5 个月后赍志以殁，年仅 39 岁。台湾民众十分悲恸，嗣王郑经建祖庙祭祀郑成功，民间也纷纷建庙奉祀，其数量十分可观，但在清掌握政权以后，由于郑成功曾进行过反清复明的活动，大大小小的郑王庙逐渐消失了。然而民间老百姓仍暗地里偷偷祭祀，为遮人耳目，郑成功被称作“开山圣王”，建筑改叫“王爷庙”了。清朝统治者深知郑成功在民间具有极大影响力，不能过分压制。这样，对郑成功的祭祀活动逐渐从秘密走向了公开。

台南市的郑成功庙就是在如上的背景中建立的，所以当时称作开台圣王庙（亦称开山圣王庙）。它始建于清初，乾隆皇帝在位时予以扩建；清道光二十五年（1845年），又一次重修；清同治十三年（1874年），该庙的祭祀被列为国家祀典；清光绪元年（1875年），郑成功被追封为延平郡王，庙再一次得以扩建，改称延平郡王祠，形成了现在的规模与格局。

图 6-21 郑成功像

郑成功庙占地三万多平方米，掩映在一片翠绿的榕荫之中，红墙碧瓦，格外醒目，这是一座具有闽地传统建筑风格的祠庙。正殿是全庙的主体建筑，四周回廊环护，朱漆大柱排列整齐。殿内供奉郑成功塑像一尊，刻画生动形象，逼真传神，两侧陪祀甘辉与张万里，二将气宇非凡，正气凛然。每年的农历正月十六，这里都要举行隆重的祭奠仪式。殿中挂满了称颂郑氏的楹联与匾额，字里行间流露出对郑成功的钦慕与敬仰之情。

郑成功庙中最有传奇色彩的要数大殿后的两株“忠梅”了。为什么叫“忠梅”呢？这两株古梅之大在台湾是很少见的，据说是郑成功亲手栽种的。1895年，日本人占领了台湾，有人曾在梅树上挂了“延平郡王遗爱古梅”的牌子。在日本占据台湾的50年中，两梅长期没有开花，但1945年日寇投降之后，两棵梅树突然在冬天怒放，香远益清，令人称奇。两株梅树好像颇有灵性，与郑成功一样忠贞不贰，因此被人们称作“忠梅”。人们在游览之余每每驻足于此，深思不语，是感动于梅树的灵性呢，还是由此而想到了郑王的伟大呢？或许二者皆有吧！

郑成功庙倾注了台湾人民对开山圣王的一片深情，人们不会忘记这位收复台湾、赶走荷兰殖民者的民族英雄，郑成功亦将随开台圣王庙一起名垂青史，光照后世。

第七章 社会良心的纪念馆

——文人祠庙

一 中国古代的文人群体

我们在此谈到的文人，又可称为士人、文士，他们的主体，近似于现今人们所说的知识分子。

中国古代社会中的士人，其起源与西周时期实行的宗法分封制有关。当时，周天子、诸侯、卿大夫都需要依照宗法原则，将嫡长子以外的其他诸子或同宗兄弟分封出去以另立小宗支庶，形成了天子—诸侯—卿大夫—士四级宗法贵族。作为最末一等的贵族，士的社会职业，首先和主要的是充任武士，从军打仗；其次是在天子、诸侯的宫廷或基层行政机构中担任低级的职事官；此外还可以去当卿大夫的邑宰或家臣，为他们管理采邑并统理庶民。自春秋中晚期始，随着社会变革的加剧，士这一阶层日益失去其原有的稳定性，上层贵族由于种种原因不断下降为士，同时又有大批庶民阶级上升为士。于是，士阶层急剧扩大，但其作为一个社会等级却逐步解体。同时，士的社会角色也由以武为主转变为以文为主。到了战国初年，一个游离于各种固定的封建关系之外的新的知识阶层——“士民”

已勃然兴起，宣告了中国古代独立的知识分子的诞生。

由于遭遇了列国纷争这样特殊的历史机遇，新生的士人获得了空前绝后的人格独立。尽管这种独立人格具有相对性，但因为他们拥有知识和智慧，同时却没有固定的人身依附关系，所以他们可以在社会上自由流动，可以自由择业，可以独立思考和自由言论。而各国的君主出于富国强兵的考虑，竞相采取厚招游士、笼络人才、优礼士人的措施，使这一时期的士人拥有了较高的社会地位和充分施展其才华、抱负的大舞台。他们或为王者师友，朝秦暮楚，纵横捭阖，"入楚楚重，出齐齐轻，为赵赵完，畔魏魏伤"（《论衡·效力》），在当时的政治、军事、外交斗争中唱起了主角；或建立门派，著书立说，在思想、文化领域大放异彩；或冷眼观潮，逍遥于世，甘以隐士的身份去追求自我价值的实现。当然，谋利之辈也不在少数。

战国时期士人的独立人格和主体意识，是为日益发展的专制君权所不容的。所以，当秦始皇建立起统一的专制主义中央集权封建国家之后，士人与专制政治的剧烈冲突就在所难免。"焚书坑儒"悲剧的发生，宣告了士人社会地位转变的开始，表明了封建专制统治者要将士人重新纳入封建政权制定的规范之中的决心。经过汉初几十年的无为而治，从汉武帝时期开始，西汉政权又用"独尊儒术"控制言论，制约士人的思想意识，用建立学校和打击养士控制士人的培养，阻拦士人的政治出路，终于把士人的主体部分赶进了为统治者特制的牢笼之中，使之成为依附于专制皇权的政治力量，成为对专制皇权俯首帖耳的御用工具，完全失去了先前曾经有过的独立人格和地位。

士人的此种巨变，究其根本原因，是他们没有独立的经济基础和自给的经济实力。他们是以知识和智慧作为立身之本的，而且也只能以知识和智慧服务于社会并换取社会对其存在和价值的承认。他们的这种社会属性，决定了其对社会的必然依附性，当社会环境发生变化后，他们只能屈从这种变化而随之改变。前述战国时期士人的自由与自豪，主要是缘于分裂和战争的社会背景，而大一统封建专制主义集权国家的建立，则使天下士人尽在专制政权的控制之下，取之不尽，用之不竭，“抗之则在青云之上，抑之则在深渊之下，用之则为虎，不用则为鼠”（《汉书·东方朔传》），其重要性和社会地位自不可与战国时期同日而语。再加上士人以入仕为基本出路，就必然出现士人把专制皇权当作自己的政治靠山，由“游士”变为“士大夫”的局面。

在中国古代知识分子刚刚出现在历史舞台上的时候，作为中国知识分子第一人的孔子便已努力给它贯注一种理想主义的精神，提出了“士志于道”的命题，要求他的每一个分子都能以道义为己任，希望他们怀有远大的志向和抱负，不去苦苦追求自己个体和群体的利益，而是对整个社会抱有深切的关怀。检诸史籍，我们可以发现，先秦诸学派虽然思想体系有异，又有重道义、重功业和重自我等分别，但在理想主义精神方面，却表现出了惊人的一致。

在大批士人蜕变为灵魂扭曲的奴才的同时，又有一些杰出的知识分子顽强地保持着以先秦儒家为代表的那种视道义为己任的忧患意识，保持着作为社会良心和历史脊梁的可贵品格。这样的杰出人士，多数也入仕为官，效力于某一政权，但并没有在思想上完全成为封建统治者的依附者。相反，他们都具有经邦济世的主人翁意识。他们的理性，总在促使他们对封建本体有所认识和批判；他们的良知，又总在促使他们对现实政治进行批评和干预。然而，他们往往不能改变自己作为朝廷命官的依附者的身份，所以便每每把自己抛进了独立意识和依附者身份这二律背反的矛盾旋涡之中，不仅使自己的内心世界充满了痛苦与彷徨，而且也导致了他们个人的悲剧命运。他们的思想和言行，虽然没有也不可能脱离其所在的社会历史条件和阶级属性，却经常与统治思想相出入，与统治者的个人意志相冲突，所以他们势不可免地成为统治者或当权派压抑、排挤甚至打击、迫害的对象，他们的一生也就不可避免地历经坎坷、备受磨难。从西汉的司马迁、唐代的柳宗元，到北宋的苏东坡、清代的林则徐,我们可以不大费力地找到许许多多这样的悲剧性的人物。

从某种意义上说，正是这种悲剧性帮助这些文人实现了自己的价值，完善了自己的人格；也正是这种悲剧性帮助这些文人确定了自己在历史上的地位，尤其是在黎民百姓心中的地位。今天我们所能见到的一些文人祠庙，大多是各个历史时期由民众或私家兴建的建筑，有的也得到了地方官员的资助。这些文人祠庙，一般都没有官方祭祀活动和官定祭日，对文人的纪念，主要是民间自发的行为。这种情况，很好地说明了百姓对于那些杰出文人的广泛同情和景仰。

文人祠庙的规模一般都不大，建筑也多无华丽可言，但这里仍然是一个内涵十分丰富的大世界。拜谒文人祠庙，往往会使我们获得一个比较全面、细致地了解某一文化巨人的宝贵机会，因为现存的文人祠庙通常都是一个专题博物馆，集中陈列了与祠主有关的文物、文献及大量的研究成果。这些祠庙还保存了许多凭吊和颂扬祠主的诗文，人们在吟诵诗文的同时，不仅会被诗文的真情实意所感动，而且还会加深对黑暗腐朽的封建制度的认识。拜谒文人祠庙，经常会给人以沉重感，但这种沉重往往是由于责任心和使命感被唤醒而来的，所以，它是弥足珍贵的。

图 7-1　竹林七贤之嵇康

二 曲阜颜庙

世称孔子三千弟子，七十二贤人，其中品学兼优、深得老师赞赏与器重的是被后世尊为复圣的颜回。

颜回（前521—前490），春秋末年鲁国人，字子渊，山东曲阜有专门为纪念颜回而建的颜庙，由于元朝统治者曾追封颜回为“兖国复圣公”，所以颜庙又称复圣庙。它位于曲阜北端的陋巷街。孔子曾说：“一箪食，一瓢饮，在陋巷，人不堪其忧，回也不改其乐。”陋巷因此而得名。颜庙始建于汉高祖十二年（公元前195年），当时刘邦东巡路过鲁地，祭孔之后又建了颜庙，唐至元历代屡次重修、扩建。明万历二十二年（1594年）重修后形成了现在的规模。颜庙占地达85亩，坐北朝南，共五进院落，第三进院落后分为东、中、西三路建筑，计有殿堂厅坊159间，多数为明清时代风格的建筑。

大门前有三座石牌坊，四楹三间。中间的牌坊下有抱鼓石，上有辟邪蹲立，坊额刻有“复圣庙”三个篆书大字；东、西两坊上则分别刻有隶书“卓冠贤科”和“优入圣域”，两坊相对，

飞檐斗拱，雕刻工丽。三座牌坊以透雕石栏相连接，组成了一个庙前小院。穿过复圣门，便进入了幽静的大院，院中有一座伞形屋顶的六角古亭，亭内石碑上写着“陋巷井”三个大字。据说这里就是《论语》上说的“颜子居陋巷”的遗址。陋巷井的伞形亭顶有一个圆形天窗，正好与水面相对，不管阳光从什么地方射过来，总能够透过窗口照到水面上，波光粼粼，满井透亮，为庄严肃穆的颜庙增添了几分灵气。

陋巷井的北面并排有三座大门，自东而西分别是克己门、归仁门、复礼门，其来源于《论语·颜渊篇》：

颜渊问仁。子曰：“克己复礼为仁。一日克己复礼，天下归仁焉。为仁由己，而由人乎哉？”颜渊曰：“请问其目。”子曰：“非礼勿视，非礼勿听，非礼勿言，非礼勿动。”颜渊曰：“回虽不敏，请事斯语矣。”

图 7-2　曲阜颜庙牌坊

三门的命名，正体现了儒家“仁”的核心，意在表明颜渊为孔子最得意的弟子之一，继承孔子之学的意思。

复圣殿在仰圣门内，是颜庙的中心建筑。大殿建于宽阔的高台基上，面阔五间，进深三间，为重檐歇山式顶，飞檐斗拱，油漆彩绘，四周回廊环绕，围以 26 根巨大石柱。前檐下正对殿门的 4 根石柱，雕刻精湛，双龙上下飞舞，活灵活现，其余石柱或雕龙凤、孔雀，或刻牡丹、山水，题材丰富，手法各异。进入大殿，迎面是富丽华贵的神龛，龛内供奉颜回像及牌位。复圣头戴冕旒，双手执圭，完全是帝王打扮，与人们印象中的那位穷书生相差十万八千里。像上悬乾隆帝手书“粹然体圣”大匾，意思是赞颂颜回德行高尚，是圣人的精粹。

图 7-3　曲阜颜庙刻石

以上属于中路建筑，主要是围绕颜回而建的，东、西两路为附祀建筑。退省堂、三代祠、神厨为东路，杞国公殿、寝殿为西路，是祭祀颜回父亲颜路和母亲姜氏的纪念性建筑。其中杞国公殿在我国的古代建筑史上很有价值，此殿是典型的元代建筑，歇山式大屋顶下的拱条，每根按约 60 度左右的夹角倾斜，整齐划一，结构别致。我国著名的古建筑学家梁思成先生曾亲自考察过，称赞它是元代卓越的宫殿式木构建筑。

颜庙四周红墙环护，院内柏桧挺拔，辉煌秀丽，气势宏壮。

贤哉回也，壮哉颜庙！

三 邹城孟庙

“故天将降大任于是人也，必先苦其心志，劳其筋骨，饿其体肤，空乏其身，行拂乱其所为，所以动心忍性，曾益其所不能。”两千多年来，孟子的这段名言，一直激励着历代有识之士不惧艰难困苦，奋发向上。

孟子（前 372—前 289），名轲，字子舆，战国时邹国人，著名的思想家、教育家。他是鲁国公族孟孙氏的后代，幼年丧父，在母亲仉氏的教育下长大成人，又受教于子思的门人，他的学说对后世仕途文坛产生了极大的影响。因此，孟子是儒家学派的正统继承人和集大成者，与孔子合称“孔孟”，被尊称为“亚圣”，地位仅次于孔子。

图 7-4 孟子像

孟子死后被安葬在邹城市东北约 13 千米的四基山西南麓。北宋景祐四年（1037 年），由孔子第四十五代孙孔道辅主持，在这里修建了第一座孟庙，但由于此地距离县城较远，瞻仰祭祀十分不便，有人建议将庙建于城内。40多年后，宋元丰年间，孟庙迁址改建在邹城的东关，此后庙又因水灾多次修葺，至宋宣和三年（1121年）又重建孟庙，就是现在孟庙所在的地方。

现存孟庙位于邹城市南郊，占地约近5万平方米，整体建筑布局呈长方形，有五进院落，殿宇共64间。孟庙建筑布局严谨，疏密相宜。前三进院落为引导性庭院，后边两进院子又分为左、中、右三路排列，以主体建筑亚圣殿为中心，殿堂亭阁呈南北中轴线左右对称排列。进入庙门，但见左右各有一座木坊，皆为歇山转角，斗拱承托，左边的叫开来学坊，右边的叫继往圣坊，意在表彰孟子对儒家学说承前启后、继往开来的功绩。的确，孟子对儒家学说不仅全盘继承，而且有所发展与创新。他同情人民的疾苦，提出“民为贵，社稷次之，君为轻”的主张；他要求君主要施仁政，与民同忧同乐，对于不施仁政的昏暴之君，人民可以将其流放甚至诛杀。孟子还提出了“性善”“养气”之说，在儒家哲学中形成了一个理论体系，在中国传统文化中，占有重要的一席。开来学坊和继往圣坊是对孟子一生功绩的高度概括，在整个孟庙中，这两座坊是极为引人注目的建筑。

图7-5 邹城市孟庙亚圣殿

亚圣殿坐落在第四进院子中，是孟庙的主体建筑。大殿耸立在方砖铺地、条石砌筑的高台上，面阔七间，为重檐歇山式顶，上覆绿琉璃瓦。四周共有 26 根巨大的八棱石柱支撑，石柱通体浅雕龙凤花卉，石柱下是覆莲形柱础，据考证为宋代遗物。大殿雕梁画栋，斗拱、梁坊上绘有山水、人物、花卉等图案，颜色鲜艳，绘制精细。大殿上下房檐之间悬挂一匾，上写“亚圣殿”三个大字，蓝底金字，四周环绕精雕细刻的金龙图案，富丽堂皇，庄重典雅。进入大殿，迎面的两根大柱上有一副乾隆皇帝手书的对联：“尊王言

必称尧舜，忧世心同切孔颜。”神龛内供奉着孟子的塑像，孟老夫子身穿九旒九章的冠服，两只眼睛炯炯有神，三绺白须飘洒胸前，双手执笏于前。由于孟子在宋代被追封为邹国公，所以他的塑像也被打扮成帝王的模样，但表现出来的仍然是一个长者的神态，处处体现着“富贵不能淫，贫贱不能移，威武不能屈”的浩然正气。

今日的孟庙不仅是人们凭吊孟子之处，而且还是一座古代艺术的博物馆，这里珍藏有碑刻、陶瓷、汉画像石等珍贵文物。元代重刻的《峄山刻石》相传为秦相李斯所写，是体现秦朝文字统一的实物。王莽天凤三年（16 年）的《莱子侯刻石》在书法史上意义重大，该刻石继承了秦代篆书的风格，同时又体现了汉代隶书的风貌，技法多样，是研究汉代书法的实物资料。除此之外，还有初唐四家之一欧阳询所书的《苏玉华墓志铭》、明代大书画家董其昌的《题孟庙古桧》碑，都是我国古代书法艺术的珍品。在亚圣殿的东西两庑，陈列着邹城市境内出土的汉画像石 100 多方，内容丰富，雕刻精湛，反映了汉代该地区人们的生产、生活情况，是不可多得的民俗资料。

与孟庙齐名的孟府与孟林也离此不远。孟府和孟庙毗邻，是孟子嫡系后裔居住的府第，共有七进院落，分为前官宅、后内宅两部分。而孟林则是孟子和他后代子孙的墓地，是一处保存时间长、较为完整的家族墓地。孟庙、孟府和孟林三位一体，大量有关亚圣孟子的遗迹保存在这里，成为人们怀古、游览的圣地。

四 秭归屈原祠与汨罗屈子祠

“举世皆浊我独清，众人皆醉我独醒。”读着这惊世骇俗的诗句，仿佛看到了一位形容瘦削却又刚毅坚强的老者，听到了他满怀激愤的诉说，这位老人就是屈原。

屈原（约前340—前278），名平，字原，又自云名正则，字灵均，战国时期楚国人，是我国继《诗经》之后把诗歌创作推向新阶段的伟大诗人，同时又是一位进步的政治家。

屈原在人们的心目中有着很大的知名度，他热爱祖国，坚持为楚国的富强奔走出力，而且在屡受排挤和打击之后，仍不改初衷，一如既往，最终宁死不易节操，以身殉国。这种对祖国强烈的爱，深深震撼着每一个中华儿女的心。

屈原祠庙也就在这样的环境中出现了，主要分布在与屈原生活经历相关的地区。湖北省秭归县有屈原祠、屈原庙和屈原衣冠冢，湖南省汨罗市有屈子祠和屈原墓。

图 7-6　屈原像

湖北秭归是屈原的故乡，屈原祠就在城东约 1.5 千米处长江北岸的向家坪，该祠又名清烈公祠。据《归州志 · 艺文志》的有关记载，屈原祠始建于唐元和十五年（820 年），是在当时的归州刺史王茂元的主持下修建的，而且刺史还写有《楚三闾大夫屈先生祠堂铭并序》传世，高度褒扬屈原的节操。北宋元丰三年（1080 年），屈原受封为清烈公，修建屈原祠，此后就称作“清烈公祠”，以后元、明、清各代不断修葺、扩建。每年农历五月初五，这里都要举行隆重的祭祀仪式。

屈子祠

图 7-7　湖南汨罗屈子祠

现在的屈原祠已不在原来的位置上了，因葛洲坝水利工程的兴建，长江水位升高，屈原祠不得已易地迁建。屈原祠内有明嘉靖十六年（1537年）镌刻的屈原石像，是目前发现最早的屈原石刻像，弥足珍贵。屈大夫墓位于大殿后面，是后来人们建造的衣冠冢，墓前立有石碑一块，上书“屈大夫墓”四字，石坊、石阙都是清道光年间的原物。屈原庙坐落在秭归县城东北30千米的屈原故里香炉坪，这座庙原本是奉祀屈原姐姐女媭的，后来屈原与之一起受祀，才改为屈原庙。这里相传是屈原故宅所在地，唐元和年间建庙，清代曾经重修。

在纪念屈原的祠庙中，最负盛名的要算湖南省汨罗市的屈子祠了，这里是屈原被放逐时度过最后三年时光的地方。屈原抱石沉于汨罗江殉国之后，汨罗人民十分怀念他，为他建了祠庙奉祀。屈子祠位于玉笥山上，该祠始建于汉代，以后历代屡有修葺。清乾隆二十一年（1756年）重建，形成了现在的规模。大门由中部的牌楼门和两侧的砖墙边门共同组成，门为四柱三间三楼式，平面呈八字形，两侧边门采用附壁垂花门式，门道均为石构。牌楼门造型挺拔，高高居中，两边垂花门以白墙衬托，整体高洁明快，颇有气势。全祠共有正屋三进，正中为“德崇骚雅”殿，供奉“故楚三闾大夫屈原之神位”牌，中、后两进之间有过亭，前、后、左、右两侧有天井，完全是江南的建筑风格。建筑单层单檐，为砖木结构。

屈原墓在离此不远的烈女岭上，山上有12座突起的土堆，人称十二疑冢，是为迷惑秦军而设置的。相传屈原死后，楚国人民怀着悲愤的心情悼念他，并且在秦军中散布“楚虽三户，亡秦必楚”的誓言。秦军对此十分害怕，以为屈原灵魂不死，因此扬言要到汨罗掘墓鞭尸。屈原的姐姐女媭听说后，为了保护屈原墓，就在周围建起了11座大小形状相同的墓以迷惑秦兵。

屈原对于中国人来说是再熟悉不过了，随着屈原被列为世界文化名人，他已渐渐为外国人民所熟悉、敬仰。他的作品被译成了多国文字，在世界各地发行，传播着中华文明。人们在了解了屈原之后，都渴望着到屈原的故里看一看屈大夫为之生、为之死的地方，屈原祠庙这一重要的人文景观日益成为人们关注的焦点。

五 韩城司马迁祠

位于陕西省韩城市东北大约30千米的龙门，是黄河峡谷（又称晋陕峡谷）的出口，这里河床最窄处仅仅60余米，两岸山势峻峭，壁立百米，夹河对峙，宛如门阙，故名“龙门”。黄河沿着宽不足500米的峡谷奔腾而下，愈近龙门，河床愈窄，水流愈是湍急。一个突如其来的急转弯，使滚滚河水顷刻撞到峭壁之上，飞起层层雪浪。河水被迫掉过头来，咆哮着向对岸冲击，重掀巨澜，碰壁之后又迅速退回，与矗立在河心的礁石相撞。于是狂涛翻滚，排排浊浪冲天而起，然后跌入谷底，跳出了龙门，这就是所谓“龙门三激浪”的黄河奇观。

龙门不仅造就了这番气势磅礴的壮丽景象，而且还曾经孕育了一个伟大的生命。两千多年前，一个名叫司马迁的人在这片神奇的土地上诞生。10岁之后，司马迁离开了故乡，开始了他的学习、游历生涯。在当过一段郎官之后，司马迁又于汉武帝元封三年（公元前108年）出任太史令。后因为投降匈奴的李陵辩护而触怒武帝，惨遭宫刑，悲愤交加的司马迁不失其志，继续其开始已久的史书写作，终于完成了一部后来被称为《史记》的《太史公书》。这部长达52万字的鸿篇巨制，不仅开创了我国古代纪传体史书的先河，而且也是古代最为优秀的传记文学作品。为了纪念这位伟大的思想家、史学家和文学家，人们在他的故乡建起了一座祠庙，这就是位于陕西省韩城市南10千米处芝川镇南原的汉太史公祠。

司马迁祠始建于西晋永嘉三年（309年），距今已经近两千年，这在中国现存文人祠庙中算是历史悠久的一座。司马迁祠的建筑风格也极为独特，它不是像其他祠庙那样平地建造，而是建在梁山的山梁上，梁山沿黄河的支流滤水而立，山虽不高，但因陡峭峻拔，耸立于河滨而大有巍然之势。从山下仰观山峰，司马迁祠的各个建筑依从山势，高下错落，分布在依次升高的四层台地之上，层次分明，形势壮丽，四面环绕着带有垛口的砖墙，宛如一座古城堡，又好似一座纪念碑。孔子云“仁者乐山”，高耸的形象本身即给人一种崇高的感受，司马迁的伟人品格，首先便由这种雄奇非凡的气势强烈地昭示了出来，令每一个到此瞻拜的游人都感慨一番。

沿着石级向上攀登，在四层台地上建有四道牌坊，也可以说是四道山门。

第一层台立有木牌坊一座，上面写有"高山仰止"四字，取自《诗经·小雅·车舝》中"高山仰止，景行行止"一句，意在赞颂太史公像山一样高大，精神永垂。木牌坊后地势骤然陡峻，越往上坡越陡，几乎是斜立的石梯。

图 7-8 司马迁祠全景

第二层台上有砖砌的山门一座，门额上原来写有“龙门才子故里”六字。龙门指距此西北约 4 千米的龙门寨，是司马迁的出生地，他的祖先也都长眠于此，墓碑至今保存完好。

第三层台为一座砖砌牌坊，上额书“河山之阳”四字，取自《太史公自序》中“耕牧河山之阳”一句。它告诉人们，司马迁曾在家乡度过了一段牧童生涯。

第四层台是全部建筑的主体，居于最高处，放眼四望，正如古人所云：“徐入庙庭稍平息，置身已在青云端。”由于祠庙建在山梁之上，因而面积有限，就只有献殿、寝殿和墓冢，分为前后两个小院落。寝殿为正殿，殿中有太史公塑像一尊，是北宋时的作品。太史公端坐在高台之上，身穿红袍，头挽高髻，方脸长须，双眉入鬓，目视前方，一派凛然正气，显示出太史公非凡的抱负和刚毅不屈的气概。尤其是司马迁那双炯炯有神的眼睛，最为动人，他目光平静、安详而又深邃、真诚、坦率，透露出超人的睿智与精思。这双眸赋予了这尊塑像极大的艺术感染力，使人浮想联翩，产生无限的感慨。

寝宫后就是司马迁墓。墓冢利用地势的纵深，渲染了祭祀庄严肃穆的气氛。墓前立有清乾隆时大学者毕沅所题“汉太史公墓”石碑一座。这座墓只是衣冠冢，原为一堆土坟，元仁宗延祐元年（1314年）才用砖包砌。墓呈圆筒状，砌砖上刻八卦图案，因此也被称为“八卦墓”。墓顶上有五棵古柏，矫若蛟龙，枝繁叶茂，树干贴墓顶长一段后，呈直角状直冲云天，好像在告诉人们太史公的千秋伟业可与天同高，精神永存。

每年春天和秋天人们都要来祭扫一次，特别是清明节这天，祭祀仪式更为隆重。当地百姓结队抬上牲口香物，奏着鼓乐，来到庙内，每个人带一函纸钱，上面写着年、月、姓名，然后在坟上焚化，升降跪拜，进献祝辞。而秋天的祭祀又增加了戏剧的表演，以助祭飨，带有浓厚的民间乡土气息。

司马迁祠内还保存有宋、金、元、明、清历代碑刻 64 块，这些石刻或记载太史公生平与家族事迹，或为赞颂司马迁的诗文，或记述祠墓沿革和祭文，大部分具有较高的历史价值，是我们了解太史公的宝贵资料。

站在梁山顶上放眼眺望，四野景物又是那么令人感怀。北面山脚下有芝水流过，东面则有滤水，在绵延起伏的中条山脉远处，是浩浩荡荡的黄河。苍茫的山河给司马迁祠增添了强烈的纪念性色彩，而且也使人们淡化了空间与时间的久远，强烈地感受到了司马迁这位有德有志有才的伟人的吸引力。现代大文豪郭沫若先生的一首题司马迁祠的五律，很好地表达了人们的心意：“龙门有灵秀，钟毓人中龙，学殖空间富，文章旷代雄。怜才膺斧钺，吐气作霓虹，功业追尼父，千秋太史公。”

图 7-9 司马迁祠门景

六 南阳医圣祠

中华文明源远流长，中国医药的历史也十分久远。从神农氏遍尝百草，神医扁鹊的望、闻、问、切，到张仲景的《伤寒杂病论》，华佗的刮骨疗毒、麻沸散，孙思邈的《千金方》，再到明代李时珍的《本草纲目》，这些名医大家，创造了中华医学的辉煌。在中医发展的历史长河中，有一位承前启后的名医，他就是被后人誉为“医圣”的张仲景。

张仲景（约150—219），名机（一作玑），东汉时期南阳郡涅阳县（今河南省邓州市穰东镇）人。坐落在南阳市的医圣祠就是为纪念张仲景而修建的。一名医生为什么会得到人们的祭拜，还冠以“医圣”之号呢？这与张仲景在医学上的贡献，特别对治疗伤寒病的杰出贡献是分不开的。

张仲景在年轻的时候就向同乡的名医张伯祖学习医术，得其真传。后来被举为孝廉，又任长沙太守。而此时的东汉朝廷已摇摇欲坠，政治腐败，社会动荡，百姓生活困苦，疾病流行，伤寒病夺去了无数人的生命。张仲景家族近三分之二的亲属也死于疫症，张仲景十分不安，他决心救民于水火，愤而弃官从医。他深入民间，用自己的医术为百姓解除病痛。在长期的临床实践中，

图7-10　南阳医圣祠

他应用前人的成果，不断总结经验，经过多年的探索与努力，写成了《伤寒杂病论》《金匮要略》两部医学著作。这两部书有很高的理论价值和临床价值，是我国古代医学史上的经典著作。

然而，受中国古代轻视科技人才传统观念的制约，像张仲景这样伟大的医学家却长期没有专祠纪念，一直到清顺治十三年（1656 年），张三异才访得张仲景墓地，遂建祠宇。其后，清康熙、乾隆、嘉庆年间又屡有修葺，至清光绪九年（1883 年），南阳医学界集资重修、扩建，使张仲景祠殿宇毕具，规模宏敞。

今天的医圣祠是中华人民共和国成立以后修葺重建的建筑物，位于河南省南阳市城东的温凉河畔。这座祠庙保留了墓庙合一的古制，但在建筑格局上又与传统的祠墓一体建筑完全不同。一般来说，祠墓一体的建筑总是把祭礼所用的殿堂布置于祠宇的前区，而墓园则位于整组建筑的后部。这种布局设计，是想通过一系列的介绍来使拜祭者逐步加深对祠主的了解，从而唤起拜祭者对祠主的敬重之心，类似于写作中的正叙手法。而医圣祠的设计者们却别出心裁，把张仲景墓赫然放在祠庙的前院，祭礼建筑则退居墓丘之后。这种类似于写作中倒叙手法的安排，使每一个到此拜祭的人士都首先与张仲景的墓丘直接面对，接受这位医圣的审视。这种以墓丘为中心的祠庙布局，在国内还是仅见的实例，所以它给人们留下的印象也就特别深刻。

张仲景的墓丘高 5 米，周长 10 米，其上筑有一座歇山式屋顶的墓亭。墓丘和墓亭带有现代修葺的痕迹，都为现代所建，唯独墓前所立石碑乃是清顺治十三年（1656 年）墓祠初建时的旧物，但碑文却每每招来游人的讥议。因为碑文在“医圣张仲景先生之墓”之前，又赫然冠以“东汉长沙太守”

的官衔。想那长沙太守一职，乃是张仲景的遗弃之物，他一生为之自豪的，当是其医道、医德与医术，在墓碑上将所谓官职大字书写于前，恐与张仲景本人的意愿相违。更为重要的是，由此我们可以发现另一个事实，尽管碑文撰写者对张仲景本人充满了敬佩之情，但在他的骨子里却隐藏着对所谓“医巫之流”及布衣百姓的轻蔑。短短的一行碑文，将封建时代以官位为本的旨趣和对科技人才的偏见暴露无遗。

七 东至陶公祠与九江陶靖节祠

从很早开始，我国就有了“隐士”的存在。作为古代文人群体当中的一部分，“隐士”的情况十分复杂。他们当中有以其理论、逻辑行事的“崇理隐士”，如老子、庄子；有“坚持道德的隐士”，如孔丘的弟子原宪；还有一些“足志之隐士”“避世存身自洁之隐士”“待机之隐士”“与世之隐士”，当然还有不少招摇撞骗、附庸风雅的假隐士。在众多的“隐士”当中，东晋的陶渊明算得上是隐得最深、隐得最苦、隐得最真的一位。

陶渊明（约 365—427），字云亮，又名潜，浔阳柴桑（今江西省九江市）人。由于他出生在一个没落的官僚地主家庭，门第不高，所以才高八斗的陶渊明几番出仕时，都只能屈居低职小官。东晋义熙元年（405 年）秋，41 岁的陶渊明至彭泽小县为令。年终时节，浔阳郡派遣督邮来县视察，县吏让陶渊明携带礼物前往迎接，陶渊明慨然叹道：“我岂能为五斗

图 7-11 陶渊明像

米，折腰向乡里小儿!”随即解绶辞官并写下了著名的《归去来兮辞》。在彭泽的 80 多天，便成为陶渊明仕宦生涯的最后纪录。在其后漫长的村居生活中，陶渊明深居简出，弹琴读书以消愁，著文赋诗以示志，为后代留下了 130 余篇诗文，成为我国文学史上的伟大诗人之一。更为难能可贵的是，陶渊明自彭泽归来后，所对唯友朋乡亲，所至唯田舍山林，无论是地方大员的劝诱，还是中央朝廷的征召，都不能动摇他绝意仕途、安贫乐道的信念。纵然是饥寒交迫，旧疾新病交加，他也从未放弃清高，丧失气节。南朝宋元嘉四年(427 年)，陶渊明死于疟疾，其友颜延之取“宽乐令终曰靖，好廉自克曰节”之义，谥曰“靖节徵士”。

对于这位享有“隐逸诗人之宗”美誉的隐士，后人一直十分景仰，不断为他建祠奉祀。安徽省池州市东至县东流镇在东晋时属彭泽县管辖，算是陶渊明为官的旧地，因此，这里建有一座陶公祠。

东至陶公祠始建于明弘治年间，后经明万历元年（1573 年）和清顺治二年（1645 年）的两次重修，形成了今日的风貌。这座陶公祠仅有两排厢房、一座大厅，构造异常简单。厢房现被用作陶渊明的历史陈列展室，而大厅则以陶渊明的立像迎客。祠庙修建者的匠心显然不在建筑本身，他们孜孜追求的是再现陶渊明当年隐居

图 7-12　东至陶公祠

的环境。陶渊明流传于世的诗句以“采菊东篱下，悠然见南山”最为著名，宋人周敦颐更有“晋陶渊明独爱菊”的论断。所以，东至陶公祠院内遍植菊花，每当秋季来临时，这里菊花盛开，冷香沁人，或许这也正是当年陶渊明来此上任时所见的情形吧？陶渊明写有《五柳先生传》，这是诗人的自况之文：“先生不知何许人也，亦不详其姓字。宅边有五柳树，因以为号焉。闲静少言，不慕荣利。”为此，东至陶公祠的院中便栽种了五棵垂柳，这既是祠庙的题名标记，又是对陶渊明家居环境的刻意模仿。在祠庙之外，左有学湖，右有七里湖，波光粼粼，烟波致爽，使这里的景色更加秀美，环境更加宜人，以至于常常诱发游人的归隐之心。

和东至陶公祠有异曲同工之美的，是建于陶渊明家乡的陶靖节祠。该祠原在江西省九江市马回岭，1982 年时才迁建于沙河街东北隅的蔡家洼。祠庙为一进两幢砖木结构建筑，呈西北—东南走向，大门亦朝东南开启，非常独特。祠庙建筑朴实无华，处处充满了“结庐在人境，而无车马喧”的恬静闲适的生活气息，与陶公生前的追求颇为相合。在马回岭的面阳山上有陶渊明墓，虽是规模不大的纪念性坟冢，但对于景仰陶渊明的人们来说，仍是足可寄托情感的地方。目前这里已经修复扩建为陶渊明纪念馆，成为纪念高士陶渊明的重要场所。

八 江油太白祠与马鞍山青莲祠

李白（701—762），字太白，号青莲居士，是我国唐代著名的大诗人，有“诗仙”之美誉。他继承了屈原以来的浪漫主义风格，是我国浪漫主义诗歌发展史上的又一高峰。

一千多年来，李白的诗歌受到人们的喜爱，广为流传。李白本人在民间的影响也颇为深远，受到人们的广泛敬仰。各地有关李白的名胜古迹不胜枚举：四川的太白洞、太白祠、李白衣冠墓；浙江的太白书堂；山东的太白酒楼；安徽的青莲祠、李白墓，这些早已与李白其人一起名扬海内外。其中最有代表性的当属四川的太白祠和安徽的青莲祠。

太白祠坐落在四川省江油市城西南 15 千米的青莲镇，现存建筑为乾隆四十三年（1778 年）重修后的规模，共有三殿两院。太白祠大门口一副楹联悬挂左右，“盛唐诗酒无双士，青莲文苑第一家”真是恰如其分！院内大殿两侧各有古桂树一株，每当金秋时分，芳香飘溢，沁人心脾。全部祠庙建筑简洁明快，没有过多的雕饰。正殿内原本有李太白塑像，现已不存。大殿东、西两端各有石碑一座，分别是清嘉庆八年（1803 年）彰明县（今属江油市）知县张洪轩题《怀李太白》诗碑和清嘉庆十八年（1813 年）四川道台兼龙安府事赵金笏题《过彰明漫波渡谒李太白七古》诗碑，这些石碑有一定的文物价值。

与太白祠遥遥相对的是位于祖国东部的青莲祠，它坐落在安徽省马鞍山市的采石矶南山坡下。采石矶风景秀丽，景物众多，是一处历史悠久的历史文化风景区，特别是它与文学艺术紧紧相连，更给人以深刻的印象。采石矶又叫牛渚矶，相传是因“金牛出渚”的神话而得名，关于采石矶的传说丰富多彩、为人们所津津乐道。风流倜傥的才子李白与采石矶关系密切，他留下了不少吟咏采石矶的华章隽语。如《夜泊牛渚怀古》诗，就是借谢尚秋夜赏月知遇袁宏的典故来抒发自己怀才而不遇的怨愤之作；《牛渚矶》一诗则描绘了采石矶的险峰巨浪以及江岸万木峥嵘竞秀的景象。李白曾在此处长期游历，不仅留下脍炙人口的诗篇，而且也留下了诸如“写诗台”“太白酒”“捉月跳江”等优美的故事。瑰丽的诗篇与动人的传说把李白与采石矶紧紧连在了一起，在此处建祠纪念他，更是顺理成章。

青莲祠又名太白楼、谪仙楼，背山面水，环境清幽。据《太平府志》的记载，该祠始建于唐元和年间，当时称作“谪仙楼”。宋天圣年间（1023—1032）曾重建。元、明、清历代屡毁屡建。清雍正八年（1730年）再次重建，改名叫太白楼，也称作唐李公青莲祠。清同治年间又遭毁坏，现存建筑是清光绪三年（1877年）重建后的规模，前后三进，共有两个院落。两院虽前后相隔，但却有机地由洞门与游廊连为一个整体，房前有廊、洞门和两厢廊相接，直通主楼二层回廊，两厢廊外侧又有洞门和耳房相通。整体结构层次丰富，起承转合，高低错落，十分耐人寻味。大门前两只活泼的石狮分立左右，中间拱门楣上有“唐李公青莲祠”大匾，门上额头也罩有单檐歇山顶。主楼高三层，为重檐歇山式顶，屋顶四角翘起很高，这是与北方屋顶四角较平缓的样式不同。翘角高，几乎成“V”字形，是南方古代建筑的一个明显特征。屋顶原来覆以蓝色琉璃筒瓦，后来改为黄色。整座楼雕梁画栋，金碧辉煌，颇有气势。据说该楼是由湖南工匠修建的，因此带有强烈的湖南风格。进入楼内，迎面是一巨大屏风，屏风上绘有李白漫游采石矶的情景。楼的二层有李白雕像，该像用黄杨木精雕而成。李白身穿长衫，双手背后，头微上昂，双目前视，目光犀利，透出一丝傲世不屈的神态。这神色不由让人想起了“君不见黄河之水天上来，奔流到海不复回”“天生我材必有用，千金散尽还复来”的豪迈篇章。

太白楼造型美观，挺拔壮丽，充分展现了中国古代传统建筑的美。它“四面凌虚，珠帘高卷，朝晖暮雨，云烟变幻”，“自太

图 7-13 马鞍山青莲祠

白楼俯视，群芳献媚，扶疏古树出粉墙之巅，峰峦隐现，移影木末，极空灵缥渺；眺望大江南北，横山之雄姿，青山之烟云，天门之峭壁，大江之惊波，尽收眼底”。站在楼上，才能真正体会到“风月江天贮一楼”的美誉的确名不虚传。

九 杜甫三祠堂

“安得广厦千万间，大庇天下寒士俱欢颜，风雨不动安如山！呜呼！何时眼前突兀见此屋，吾庐独破受冻死亦足！”这豪迈的诗句，不正是诗人杜甫仁者怀抱、圣洁光辉精神的写照吗？一个悲天悯人的文人形象仿佛就在眼前。

杜甫（712—770），字子美，生于一个世代“奉儒守官”的家庭，是我国唐代大诗人。他的诗歌内容丰富，既有反映唐王朝由盛而衰重大历史事件的，也有记录当时人们日常生活的。杜诗朴实无华，感情真挚，具有高度的现实主义风格。在唐代，杜甫与大诗人李白并称“李杜”，并有“诗圣”之誉。

正因为杜甫的现实主义精神，他比前人更广泛、更深入地了解到了百姓的痛苦与不幸，并为之叹息、落泪，以诗歌表达了人们的情感与愿望，“朱门酒肉臭，路有冻死骨”的诗句不就是绝好的代表吗？杜甫忧国忧民，影响深远，受到世人的无限敬仰与崇拜，人们在吟诵杜诗的同时，也希望对杜公的一腔真情能有所表达，有所寄托，于是纪念杜甫的祠庙应运而生，遍布各地。

杜甫在长安（今陕西省西安市）一带居住、活动多年，有关他的遗迹相对多些，杜公祠就是其中较为著名的一处。杜公祠位于陕西省西安市长安区韦曲镇东的少陵原畔。唐朝末年，人们为怀念杜甫，在他居住过的地方修建了祠堂。现在所见的杜公祠，据《关中两朝文钞》记载，始建于明嘉靖五年（1526年），在明万历、清康熙年间曾大修过。杜公祠的建筑格局很简单，背靠少陵原，前临樊川，青山环绕，幽雅肃穆。中间大殿为主体建筑，两边有厢房。大殿内正中是杜甫的彩色塑像，造型准确，形态逼真，把诗人忧国忧民的情感刻画得淋漓尽致。大殿西边的墙壁上嵌有6块石碑，大都是明、清两代修祠时的纪念碑，是了解杜公祠历史的重要文物资料。这里还可以看到多种杜甫诗刊本，对研究杜甫具有十分重要的意义。

杜公祠内栽种了多种花木，古槐荫蔽，古柏参天，树木茂盛，幽静庄严，流露出一种文化古迹中的书卷气息，成为一处小巧的北方园林式的祠庙建筑小群落。

杜甫曾游历祖国的山河大川，足迹遍布各地。因此，人们对杜甫的纪念也十分普遍，在甘肃省成县也有一处杜甫的纪念性建筑——杜甫草堂。

这座杜甫草堂坐落在甘肃省成县东南的凤凰山下飞龙峡口，也称作杜公祠。它的建立与杜甫的生活经历息息相关。唐天宝十四年（755年）十一月，安史之乱爆发后，杜甫在去灵武朝见唐肃宗的路上被乱军掳去长安（今陕西省西安市）。他一路上目睹乱军烧杀淫掠，深刻地感受到了变乱的痛苦。后来他逃到凤翔，被唐肃宗任命为左拾遗，但不久因上疏触怒天子而被贬还家。此时，杜甫逐渐厌恶官场，决定弃官远走。乾元二年（759年），杜甫从华州出发，经过秦州跋山涉水来到了同谷，就是现在的甘肃成县，在飞龙峡口修建了容身的草屋居住下来，这就是最初的杜甫草堂。宋代时，草堂因破旧不堪而重建，以后历代不断修葺，我们现在所看到的杜甫草堂是清朝的建筑，占地300多平方米。草堂坐西朝东，有两进小院。大殿位于二门之内，共三间，早年殿内有杜甫塑像，现在已经看不到了。这处杜甫遗迹规模很小，但却朴实无华，简洁明快，与杜诗现实主义的风格相得益彰。杜甫居留此地的时间并不是很长，但他的《凤凰台》《发同谷县》《龛》《泥功山》《积草岭》等诗篇就是在这里完成流传后世的。

不久，杜甫从同谷出发，一路艰辛，来到成都，在城西的浣花溪畔又建起了一座茅舍，这就是有名的成都杜甫草堂。著名学者冯至曾经说过，人们提到杜甫时，尽管可以忽略他的生地和死地，却总忘不了成都草堂。

杜甫所建的草堂在中唐以后逐渐破败荒坏了，只是柱砥犹存。五代时期词人韦庄在遗址上重盖了茅屋，到北宋元丰年间，人们再次重修，并正式成为祠宇。以后元、明、清各代不断修葺、改建、扩建，前后达13次之多。形成现在的规模是在明弘治十三年（1500年）和清嘉庆十六年（1811年）大修之后。现在草堂面积达300多亩，从大门起，由南向北共有五进四重院落，依次排列着大廨、诗史堂、柴门和工部祠等建筑。

大廨是一座通堂式的敞厅，两侧壁柱上挂着清代顾复初撰写的对联："异代不同时，问如此江山，龙蜷虎卧几诗客；先生亦流寓，有长留天地，月白风清一草堂。"颇有气势，对杜公之崇敬溢于言表。大廨后面就是诗史堂，周围环境幽雅，恬淡宜人，小桥流水，西穿水槛，东傍花径，竹影红墙，一派田园风光，恰如杜公所言"清江一曲抱村流，长夏江村事事幽"一般。

图7-14　成都杜甫草堂之工部祠

过了柴门就是工部祠。杜甫曾做过检校工部员外郎，因此被人们称为“杜工部”，祠堂也被叫作工部祠了。祠内有杜甫泥塑像一尊，两旁还配祀黄庭坚和陆游塑像。杜甫被后人称作“诗圣”，他的现实主义诗歌对后世影响极为深远，黄庭坚和陆游深受杜诗影响，开创了江西诗派和剑南诗派，让黄、陆二人配祀杜工部也是顺理成章的。

工部祠东边的“少陵草堂”碑亭也是值得一去的地方。

图 7-15　成都杜甫草堂之少陵草堂

目前，杜甫草堂已建成了杜甫草堂博物馆，在了解诗人伟大一生的同时，我们还可以看到历代珍藏的杜诗版本，以及明清和近代名人的书画精品。

杜甫开一代诗风，为后世所崇仰，他的纪念性建筑在全国各地比较多见。河南巩义市南窑湾村是杜甫的出生地，杜甫故里纪念馆就设在这儿；陕西延安七里铺有杜公祠；甘肃天水街子乡北有子美（杜甫之字）村，村内有杜甫草堂；天水慧音山上南郭寺内也有杜公祠，此外还有历下亭、空翠堂、玉女潭等，不胜枚举。

杜甫，一个闪光的名字，一位令人难忘的诗人，英名永驻。

十　潮州韩文公祠与孟州韩愈祠

在我国古代文学史上，与柳宗元并称“韩柳”的是唐代杰出的文学家韩愈。韩愈（约768—824），字退之，河南河阳（今河南省孟州市）人。他在政治上反对藩镇割据；思想上尊儒排佛；文学上反对骈偶之风，提倡古文运动，被后世尊为“唐宋八大家”之首，有《韩昌黎集》留世。

由于韩愈在中国古代文学史上的崇高地位，历来受到文人学士的尊崇与敬仰。他的思想深刻，影响深远，同时他又是一位诤臣，不畏强权，为世人所钦佩。韩愈祠也随着人们纪念韩愈的要求而出现了，比较著名的有广东潮州韩文公祠和河南孟州韩愈祠。

唐宪宗信奉佛教，而身为人臣的韩愈却主张尊儒排佛，所以很不得皇帝的欣赏。唐元和十四年（819年），韩愈在任刑部侍郎时，因为阻挠皇帝迎奉佛骨进都城，惹怒了龙颜，便被贬官潮州任刺史。在潮州任上，他爱护百姓，勤俭奉公，口碑甚好，民间关于他的传说也很多。传说潮州恶溪中有一条鳄鱼，常常吃掉百姓饲养的牲畜，为害乡里。韩愈知道此事后，亲自写了一篇祭文到溪边祭告，当时恶溪上空电闪雷鸣，狂风大作，鳄鱼灰溜溜地跑没了影。虽然是传说，但却反映了韩愈爱惜民生，深受百姓的爱戴。当地百姓在韩愈去世后，建祠纪念，因韩愈死后谥“文”，所以祠就叫作韩文公祠。

韩文公祠在广东省潮州市东笔架山下，始建于宋真宗咸平年间，以后历代皆有修缮，先后重修达25次之多，可见其所受重视程度，正如韩祠正堂石柱楹联上所写：“辟佛累千言，雪冷蓝关，从此儒风开岭峤；到官才八月，潮平鳄渚，于今香火遍瀛洲。”整

图 7-16　潮州韩文公祠

座建筑简朴素雅，祠分前后两进，正中是韩文公塑像，左右两边陪祀潮州文人塑像。祭祀仪式就在此处举行，远近的人们每到祭日都纷纷聚集在此，进行公祭仪式，怀念曾为百姓父母官的潮州韩刺史。祠内比较有文物价值的是30余块历代碑记，其中以苏轼撰写的《潮州韩文公庙碑》最为著名。如今，韩文公祠得到了全面的整修，以韩祠为中心形成了韩文公祠风景区，以崭新的面貌出现在笔架山麓。

另外一座祠位于韩愈的家乡——河南孟州的韩庄村。这座韩愈祠是清代皇帝敕命而修建的，共有两重建筑，山门和前殿合二为一，享堂在后。享堂是主体建筑，飞檐凌空，气势非凡。祠中的七株古柏苍劲挺拔，虬枝屈曲，古意盎然。其中有两棵最大的树前还专门立了碑，上写着“唐柏双岐”，两棵树都向西南倾斜，被人们说成是韩愈想念长安城而致。这种说法多见于书载，但更多的是人们善意的附会与夸张而已。唐柏的北面有碑林，记述了韩愈的生平及后人对韩愈墓址的考证，是研究韩愈的珍贵实物资料。祠后是韩愈墓，坐落在一片丘陵中，北依太行雄峰，南临黄河激流，墓冢高大，四周砌有砖石围墙，墓周遍植松柏，浓荫蔽日，幽远而肃穆。

韩愈，中国古代的文化名人，长眠在中原大地的沃土之中。他的精神，他的文辞传于后世，影响着一代代中华儿女。

十一 柳州柳侯祠

位于广西壮族自治区柳州市柳侯公园内的柳侯祠，重建于清康熙四年（1665 年），是一座粉墙灰瓦，回廊构架的三进院落，占地面积不足 2000 平方米，乍一看去，似乎并无引人之处。

然而，每一个柳州人都因本地拥有这座建筑而自豪不已。因为，这里祭奠的是柳宗元——中国古代著名的文豪，今日柳州的第一公民。

细说起来，这个地方还是柳宗元本人亲自选中的，那是在唐宪宗元和十年（815 年）的夏天，柳宗元从遥远的国都长安（今陕西省西安市）来到柳州这块远未开化的南荒之地，继续他已经长达十年之久的贬谪生涯。在孤寂而荒凉的日子里，一个小小的罗池以及池边那一座破败不堪的罗池庙，成为柳宗元常去的地方，今天人们看到的这座柳侯祠，就建筑在罗池及罗池庙的旧址之上。

柳宗元得罪朝廷，缘于他参加了主张革新政治的王叔文集团。为此，他先在湖南的永州失魂落魄地当了十年的司马。由于不肯放弃自己的政治主张和文人品格，他在贬谪地又写出了《封建论》《永州八记》等在中国思想史、文化史上大放异彩的作品，但却触怒当时的统治者，所以又一次受到了惩罚，被贬到当时人烟稀少、瘴疫猖獗、到处被荒草野林覆盖的柳州来担任刺史。在他赠别难友刘禹锡的诗句中，我们读到了“今朝不用临河别，垂泪千行便濯缨”这样凄楚的文字，不难想象，柳宗元当时的心情是何等的灰暗和绝望。

然而，柳宗元毕竟是柳宗元，任何挫折和磨难，都无法泯灭他勤政爱民的良知。在短短的四年当中，他尽一切可能兴利除弊，免除了柳州百姓的各种债务，释放奴婢，掘井种树，兴办文教，为

猿吟鹤舞不绝弦歌
龍騰福地靈鍾公水惠州民

图 7-17 柳侯祠

柳州地方早期的经济开发和文化开化做出了突出的贡献，不仅完善了自己的文化人格，同时也赢得了柳州人民的崇敬和爱戴。

唐元和十四年（819 年），46 岁的柳宗元积劳成疾，不治而卒。当他的灵柩被其表弟护送北还时，挥泪相送的柳州百姓留下了他生前的一些衣物以为纪念。长庆元年（821 年），柳州人开始在罗池庙内供奉柳宗元并在庙北为他修造了一座衣冠冢。北宋末年，宋徽宗追封柳宗元为文惠侯，罗池庙由此改称“柳侯祠”，经历代兴衰，终成柳州的第一名胜。

柳侯祠由大门、中厅和后堂构成，其内保存、展示着许多与柳宗元有关的文物和资料，是一座研究柳宗元生平及成就的小型博物馆。中厅内有两口石井，据说是柳宗元“有德于民”的证物。当年的柳州虽然临近江边，但由于岸陡水低，城内汲水困难。柳宗元就任刺史后，派人四处勘地探源，掘井引水，为百姓解决了吃水问题。

后堂大殿是柳侯祠的主体建筑，为三开间木构，硬山式屋顶，覆以小青瓦，小院内竹柏葱翠，绿草茵茵，十分古朴典雅，颇有文人韵味。大殿内陈列有两块堪称国宝的石碑，一块是《龙城石刻》残碑，上面刻有这样几行行书：“龙城柳，神所守；驱厉鬼，出匕首；福四民，制九丑。元和十二年，柳宗元。”据说这是柳宗元现存的唯一的手迹，弥足珍贵。另一块是《荔子碑》，这块碑因“柳事韩文苏书”，即由韩愈来撰写赞颂柳宗元的碑文，由苏轼书写，所以自古便享有“三绝碑”的美誉。大殿的中央，是一尊柳宗元的巨型塑像：头戴褐色幞头，身着官服，盘腿而坐，手握一支狼毫笔，神色孤傲，真切地反映了他一生的抑郁与不屈。

祠之东厢是碑廊，保存了明清以来的 20 多块石碑，皆刻凭吊纪念柳宗元的文字。虽然不少碑文都已漫漶不可辨识，但仍然有这样一些句子赫然入目：“文字由来重李唐，如何万里竟投荒？”“自昔才名天所扼，文章公独耀南荒。”

面对古人所发出的这些感叹和疑问，我们不禁想到当代知识分子的责任与使命，我们的文化人格和思想品格，在这里将会得到升华。

十二 眉山三苏祠

父子同领一代风骚，是中国古代文学发展过程中一个十分有趣的现象。三国时有曹操、曹丕、曹植父子独占建安诗坛；五代有南唐李璟、李煜父子词风别具一格；宋代则有苏洵、苏轼、苏辙父子享誉文坛。四川省眉山市的三苏祠就是为纪念这三位著名的文学家而建的。

苏洵和苏轼、苏辙父子在宋代新古文运动中占有重要地位。父亲苏洵（1009—1066），字明允，号老泉，人称苏老泉，以文章著称于世，著有《嘉祐集》。苏轼（1037—1101），字子瞻，号东坡居士，称“大苏”，是三苏中成就最高的。他能诗、能词、善文，书法居宋四家（指苏轼、黄庭坚、米芾、蔡襄）之首，亦有名，有《东坡集》《东坡书传》《东坡乐府》等著作行世。苏辙（1039—1112），字子由，号颍滨遗老，苏洵的小儿子，苏轼的弟弟，称“小苏”，他的文风汪洋淡泊，疏荡纡折。父子三人在中国文学史上号称“三苏”，在“唐宋八大家”中位居其三，可谓绝无仅有，也足见其三人在中国古代文学史上地位之重要。三苏祠的建立正顺应了人们仰慕“三苏”，瞻拜“三苏”的愿望。

三苏祠位于四川省眉山市西南隅的纱縠行，三面环水，环境幽丽。此处原本是苏氏故宅，明洪武年间，人们为纪念“三苏”父子，就地改宅为祠，立了故里石坊，供奉“三苏”塑像，后毁于战火。清康熙四年（1665 年）予以重建，同治、光绪时期又加以修缮、新建，形成了现在的大体规模。祠堂占地近 5.2 万平方米，现存建筑有大殿、启贤堂、瑞莲亭、木假山堂、云屿楼、济美堂、抱月亭、坡风榭、碑亭等，大部分为木结构中式平房。三苏祠的建筑颇有独特风格，它完全没有其他名人祠庙那样给人以庄严、肃穆的压抑感觉，而是建成了一座别具特色的园林建筑。布局活泼生动，不拘一格，正与“三苏”豪放不羁，寄情山水的文人气质相呼应，是西南地区名人纪念园林的代表作之一。

站在祠院门口，抬头可见清代大书法家何绍基亲题的“三苏祠”黑底金字大匾，雄浑饱满，苍劲古朴。穿过甬道就进入前厅，中间三楹为敞厅，门楣正中悬挂“文献一家”匾，这是清道光十四年（1834年）眉州知州洪运开所书。旁边的门柱上挂着一副对联：“一门父子三词客，千古文章四大家。”进入祠院，只见绿树荫荫，殿宇轩敞，环境幽雅怡人，一股文人逸气扑面而来。飨殿内供奉苏氏三像，

图 7-18 三苏祠大门

正中的苏洵须发皆白，神志庄严而安详；左边的苏轼胸前飘洒黑须，潇洒飘逸；右边的苏辙英雄少年，风流倜傥。好一个“一门父子三词客”，真是名不虚传。木假山堂是三苏祠中一处著名的建筑，坐落在启贤堂的后面，堂内陈设着一座木质假山，它是苏洵的心爱之物。而在山堂的东、西、北三面是粼粼碧水和丛丛翠竹，这正应了东坡居士“宁可食无肉，不可居无竹”的名句。

三苏祠主体建筑被池水环绕，沿池修竹掩映，山石堆叠，曲径通幽；抱月亭朴素灵巧，直立水中；水池北畔的云屿楼同坡风榭互相映衬，在空间上、体量上起了平衡作用。池中有廊，廊中有亭，将水面一分为二，倒影婆娑，波光粼粼。鱼儿嬉戏水中，风光怡人，表现出浓郁的南方园林韵味。

人们在这如画的园林美景中可以尽情地追思“三苏”父子。祠内陈列着宋元以来“三苏”著作的历代版本，特别是苏轼的书法、绘画拓本，令人神驰；洗墨池、古井等苏氏遗迹尤其能生发怀古之幽情。

“三苏”名满天下，历来受到古今世人的敬仰与崇奉。“三苏”闻名满华夏，足迹遍天下，尤其苏轼更是受人关注和敬仰。除四川眉山“三苏”祠外，全国其他地区在“三苏”足迹所至之地还建有不少纪念三苏的合祀与独祀祠庙，无论这些祠庙规模大小，还是简朴华丽，都寄托了人们对于苏氏一门的崇敬，表达了世人对古代文人的敬仰、对于知识的尊敬，对文人风骨的颂扬！

后 记

坛庙是古代重要的礼制建筑，蕴含着深刻的文化与思想内涵，在中国漫长的封建社会中起着教化天下、传播礼乐文化、维护统治秩序、调节上下内外矛盾，强化民族团结、推动国家认同的作用。坛庙在古代社会中承担着如此凝重的责任，给人以庄严神圣的感觉，好像让人难以接近。由辽宁师范大学出版社主持编撰的“中华文明的印迹”丛书将“古代坛庙”作为中华文明的重要内容之一列入其中，目的是将这一极具庄重感的题材内容让更多人了解和接受。我们在写作的过程中，既要突出坛庙的历史深度，又要注重文字的易读性，力求生动有趣，从而较好地满足读者“卧游”与现场参观古代祭坛与祠庙的需要。

本书并不是专门论述我国古代坛庙祭祀与礼制文化的学术专著，而是以现存的具有代表性的坛庙古迹为主线，围绕古迹建筑本身从文化普及的角度展开叙述，把专门的学术内容转化成大众读者能够接受的文化知识。通过坛庙建筑中蕴含的文化特质，即其表现出的中华民族天人合一、敬天爱人、崇尚自然和谐等人文思想来表现我们悠久的历史文化传统，通过此书来实现我们传承中华文化、弘扬中华文明的人文理想追求。

书中涉及的一些文物古迹或因岁月的流逝，或因相关部门加大了对其的保护力度，都不同程度地发生了一些变化。虽然这些文物古迹基本的格局与框架不会改变，但其周围的环境也发生了很大的变化，对于这些变化，书中未能一一详述，留待读者诸君做今昔对比，以发感慨吧！

此书的出版，要感谢辽宁师范大学出版社的邓丽萍女士和李潇潇女士，编辑与出版等一系列繁琐的工作都由她们来负责，她们工作认真、细致，事无巨细，悉心打理，体贴周到，于书出版功莫大焉！这部 30 余万字、近 200 幅插图的书稿完成了，但我们却陡生惶恐，因为我们清楚，囿于个人识见和水平，书中难免出现遗漏错讹，敬希读者诸君指教。

作者

2021 年 6 月